# 한국의 종교운동

# 한국의 종교운동

노길명

KOREA
UNIVERSITY
PRESS
고려대학교
출판문화원

# 책머리에

동서고금을 막론하고 대부분의 사회에는 사회 성원의 대다수가 신앙하며 그 사회의 정치, 경제, 문화 등 모든 부문에 걸쳐 상당한 영향력을 행사하는 주도 종교가 존재한다. 이러한 사회에서는 종교 상황이 비교적 안정된 모습을 띠고 있으며, 그에 따라 종교문화도 어느 정도 확립되어 있다.

그러나 한국 사회에서는 다르다. 조선왕조 5백여 년 동안 주도 종교로 군림해 온 유교는 왕조의 멸망과 함께 그 영향력을 크게 상실하였으며, 그에 따라 한국 사회는 다양한 종교들이 경쟁하는 다종교 상황을 맞게 되었다.

이러한 한국 종교계의 상황은 한국 사회의 근·현대사 흐름과 맞물리면서 종교 시장의 활성화를 불러일으키고 있다. 조선 후기의 사회해체 상황과 조선왕조의 멸망, 일제강점기의 억압과 수탈, 해방과 분단 및 전쟁, 그리고 급속한 산업화와 도시화 등 한국 사회가 겪어 온 여러 변화들은 민중과 민족에게 수난과 고통 그리고 상대적 박탈감을 안겨 주었고, 그에 따라 사람들은 자신들이 겪는 경험들을 해석할 의미 체계를 모색하게 됨으로써 종교적 열기가 높게 나타나게 되었던 것이다.

이러한 상황은 각 종교들의 양적 성장으로 연결되었다. 그동안 한국 종교들은 세계적으로도 찾아보기 어려울 정도의 높은 양적 성장을 나타내왔다. 천주교와 개신교 등 그리스도교는 물론 전통종교인 무교나 불교 또한 최근에 이르러서는 그 어느 때보다 활발한 모습을 나타내고 있으며, 수많은 신종교들 역시 '신종교의 왕국'이라는 말이 나올 정도로 자신의 입지를 넓혀나가고 있다. 그리고 최근에는 삶의 질을 추구하는 소위 '웰빙(well-being)' 붐에 따라 기공, 단전, 초월명상, 선(禪), 요가 등 새로운 방식으로 자신의 영성을 추구하려는 신영성운동들도 급속히 확산되고 있다.

그러나 종교의 양적 성장이 곧 바람직한 종교문화의 형성으로 이어지는 것은 아니다. 주도 종교가 결여된 상태에서 각 종교들이 치열하게 전개하는 무한경쟁적인 선교 방식은 많은 문제들을 양산하고 있다. 종교 간의 갈등에서 비롯한 타 종교에 대한 물리적 공격은 물론 성장주의, 물량주의, 경쟁주의, 업적주의 등과 같은 사회 풍조의 유입과 확산, 종단 내의 분규와 분열, 탈세와 같은 일탈 행동, 시한부 종말론의 등장과 확산, 감각적 반지성적 성향의 신앙 행태 등은 한국 종교계에서 끊임없이 제기되고 있는 문제들이다.

이는 "양적 성장과 질적 저하"라는 말로 집약되는 한국 종교계의 특성을 드러내는 것이기도 하다. 한국의 종교계는 양적으로는 괄목할 만한 성장을 이루었지만, 아직 그에 걸맞는 종교문화를 형성하지 못하고 있다. 한국 종교들이 성장하고 발전하기 위해서는 무엇보다도 건전한 종교문화를 형성시켜야 한다. 그렇게 할 때 자신의 정체성은 분명하게 정립될 것이고, 사회 발전에 종교의 역할도 증대될 것이다. 현재 양적 성장이 일시적인 현상에 그치지 않고 진정한 종교계의 발전으로 연결되기 위해 한국 종교계가 해결해야 할 가장 시급한 과제는 바로 양적 성장에 걸맞는 건전한 종교문화의 형성이라고 할 수 있다.

저자는 조선 말부터 다양한 방식으로 전개되어 온 한국의 여러 종교운동들에 대한 그동안의 연구 결과를 몇 권의 책으로 출판하기도 하였다. 그러나 그 책들은 각 종교별로 그 전개 과정과 성격을 고찰한 것이었기 때문에 한국 종교계의 흐름을 전체적으로 파악하기에는 한계가 있었다.

이 책은 조선 말 이래 한국 사회에서 전개되어 온 여러 종교운동들을 분석한 것이다. 그러나 수많은 종교운동들을 모두 분석한다는 것은 대단히 어려운 작업일 수밖에 없으며, 아마도 여러 연구자들의 연구 결과를 종합함으로써만 가능할 것이다. 그럼에도 불구하고 이 책을 내놓는 것은 어찌 보면 혼란스럽기까지 한 한국의 종교현상을 독자들이 조금이나마 쉽게 이해할 수 있도록 하기 위해서이다.

이 책의 각 장은 저자가 발표하였던 논문들을 일부 수정한 것이며, 따라서 각기 개별 논문으로서의 성격을 지닌다. 그러나 전체적으로는 조선 말부터 전개되어 온 여러 종교운동들을 포괄하고 있기 때문에 한국 종교운동에 대해 이해를 넓혀줄 수 있을 것으로 기대된다.

이 책의 출판을 위해 수고하신 고려대학교출판부의 여러 선생님들께 감사를 드린다. 또한 저자의 연구에 여러모로 조언과 도움을 아끼지 않은 학계의 동료 연구자들과 종교계의 많은 인사들께도 이 기회를 빌려 감사의 말씀을 드린다.

2005년 8월
노 길 명

# 차 례

# 한국의 종교운동

제 1 장

# 조선조 종교문화의 성격과 종교운동의 분화

사회분화가 별로 이루어지지 않은 전통사회에서는 종교적 가치가 사회제도의 정당성과 합법성을 제공해 주는 기능을 담당하여 왔다. 즉, 종교적 가치체계는 단순히 종교적 영역에만 국한된 가치가 아니라, 사회의 모든 질서와 제도까지도 합법화함으로써 사회질서와 사회통합의 구심점으로 작용하였던 것이다. 이러한 전통사회에서의 사회제도 합법화과정을 일컬어 버거(Peter L. Berger)는 '성스러운 천개(天蓋, sacred canopy)'[1]라고 불렀다.

벨라(Robert N. Bellah)는 전통사회의 이러한 상황을 '사회적 용해성(社會的 溶解性, social fusion)'에 바탕을 둔 구조적 형태라고 표현한다.[2]

---

1) Peter L. Berger, *The Sacred Canopy*, Garden City, Doubleday & Copmany, 1969, Chapt. I : "Systematic Elements" 참조.

2) 로버트 벨라, 《사회변동의 상징구조》, 박영신 옮김, 삼영사, 1981, pp. 172-173 (Robert N. Bellah, "Epilogue", Robert N. Bellah(ed.), *Religion and Progress in Modern Asia*, Free Press, 1965).

사회적 용해성의 상황에서는 지배적인 종교적 가치로부터의 일탈이 곧 사회체제로부터의 일탈로 간주되기 때문에 지배종교가 제시하는 가치에 대한 부정이나 그로부터의 일탈은 종교적 제재와 정치적 제재를 동시에 받기 마련이다. 따라서 전통사회에서 지배종교에 대한 정면 도전은 거의 나타나지 않는다.

그렇다고 해서 전통사회에서의 긴장이나 갈등이 전혀 없었던 것은 아니다. 벨라도 지적하는 바와 같이, 사회적 용해성에 바탕을 둔 전통사회에서도 갈등을 산출해 내는 긴장은 있었다. 그러나 그러한 긴장과 갈등은 부분적인 현상일 뿐, 그 자체가 사회변동의 원동력으로 기능할 가능성은 거의 갖지 못하고 있었다.[3)]

조선시대의 지배종교는 유교였다. 조선왕조는 건국 초기부터 유교를 국시(國是)로 삼았을 뿐만 아니라, 사회체계는 유교적 가치체계를 구심점으로 하여 철저하게 짜여져 있었다. 따라서 모든 사회성원들의 사회적 행위와 사회제도들은 유교와 밀접한 관련을 맺으면서 그 의미와 방향을 부여받고 있었다.

유교적 가치가 철저하게 영향력을 행사하였던 조선 중기까지는 유교에 도전하거나 유교적 가치를 손상시키는 종교운동은 별로 나타나지 않았다. 그러나 조선 후기에 접어들면서부터는 다양한 종교운동들이 전개되기 시작하였다. 예를 들면, 천주교 신앙운동의 전개, 각종 비결(秘訣)과 참위 사상(讖緯思想)의 전파, 동학을 비롯한 신종교운동의 발생 등은 기존 지배종교에 대응하여 전개된 종교운동들이었다. 뿐만 아니라, 유교 내부에서도 경전에 대한 새로운 해석과 그에 따른 분파 운동이 나타

3) 위의 책, pp. 164-172.

나기 시작하였다. 따라서 단일 종교에 의해 통합되어 있던 조선왕조는 후기에 이르러 종교운동의 분화 현상이 나타나면서 점차 다종교사회로 변모해 가기 시작하였다.

여기에서는 조선 후기에 발생한 여러 종교운동의 전개 과정과 그 성격을 이해하기 위한 기초 작업의 하나로 조선조 종교문화의 성격과 그 변동 과정을 살펴보기로 한다.

## 1. 조선 전기 국가유교의 제도화와 그 성격

조선의 개국과 더불어 시행된 지배종교의 교체는 사회의 물적 토대의 변화에 따른 것이 아니었다. 또한 그것은 민중의 생활체험이나 종교적 체험의 근원적인 변화에 따라 자연적으로 이루어진 것도 아니었다. 다시 말하면, 조선조에 접어들면서 지배종교가 불교에서 유교로 바뀌게 된 것은 생산력이나 생산관계 또는 민중의 종교 체험에 따른 것이 아니었다. 그것은 고려왕조 후기에 성장한 신흥 세력들이 조선 개국의 주역으로 참여하여 실질적인 권력을 독점하게 되자, 구체제의 폐단을 척결하고 자신들의 권익을 보호하고 새로운 지배질서를 정당화하기 위해 단행한 정치적·행정적 조처였다. 조선 초에 있어서도 민중은 고려시대와 마찬가지로 주술적인 불교나 민간신앙에 친화성을 갖고 있었고, 학문과 교양을 통해서만 인지될 수 있는 유교적 가치와는 소원한 관계에 있었다. 따라서 조선조 지배종교의 교체는 사회의 물적 토대나 민중의 종교적 체험에서의 변화라기보다는 세속적 통치의 합리화를 위해 취해진 정책이었다고 할 수 있다.[4)]

민중의 생활 체험과는 관계없이 시행된 통치 이념의 전환 작업은 필연적으로 공권력에 의한 강제성을 띨 수밖에 없었다. 새로운 권력 집단은 법률의 제정과 행정적인 연결망, 그리고 사회교육적인 방법을 통해 유교로 개종할 것을 요구하기 시작하였다. 그러나 민중의 의식과 생활양식은 이러한 공권력의 강제성에 의해 쉽게 바뀔 수 있는 것은 아니었다. 오랫동안 불교적인 생활양식에 젖어 있던 민중이 유교적 방식으로 자신의 의식과 삶을 전환시키기 위해서는 생활 체험의 근원적인 변화나, 상당 기간의 적응 훈련이 필요한 것이다. 따라서 조선조에 있어서 유교사회로의 편입과 국가유교의 제도화는 개국 초기에 단행된 숭유배불정책(崇儒排佛政策)과 더불어 이루어졌다기보다는 조선시대 전 시기에 걸쳐 점진적으로 이루어진 정치적 내지 사회적인 과정으로 이해하는 것이 타당할 것이다.

조선조의 국가 이념으로 채택된 유교는 송(宋)나라의 주자(朱子)가 완성시킨 성리학(性理學)이었다. 주자학이라고도 불리는 성리학은 중국에서도 중소지주 출신 사대부의 학(學)으로서, 배불의식(排佛意識)

4) 조선 초 지배종교의 교체에 관해서는 다음을 참조할 것 : 노길명, 《가톨릭과 조선 후기 사회변동》, 고려대학교 민족문화연구소, 1988, pp. 23-30 ; 차성환, 〈고려 말 조선 초 가치체계의 변동과 사회계층〉, 《사회학연구》, 1, 1984, pp. 114-137 ; 황선명, 《조선조 종교사회사 연구》, 일지사, 1985, pp. 67-76. 그러나 일부 학자들은 조선왕조의 성립 자체를 생산력의 발달과 밀접한 관련이 있는 것으로 간주하기도 한다. 이들은 고려 말에 휴한법(休閑法)이 극복되고 연작법(連作法)이 채택되었다는 사실과, 조선 초기의 농업이 새로운 영농방법의 채택을 통해 발달했다는 사실, 그리고 조선 초기에 이르러는 고려 말과 전혀 다른 토지제도가 채택되었다는 사실 등을 들어 조선왕조의 성립을 생산력의 발달과 밀접한 관련이 있는 것으로 간주한다 : 이태진, 〈휴전고〉, 《한국학보》, 10, 1978 ; 이태진, 〈14-15세기 농업기술의 발달과 신흥 사족〉, 《동양학》, 9, 1979 ; 강진철, 〈고려 말기의 사전 개혁과 그 성과〉, 《진단학보》, 66, 1988. 그러나 적어도 조선 초 지배종교의 교체는 사회의 물적 토대나 민중의 종교적 체험보다는 지배권력의 변화가 더 큰 영향을 끼쳤다고 볼 수 있다.

밑에서 싹터 온 존화멸이(尊華蔑夷)의 도통(道統)을 정통시하는 춘추대의적(春秋大義的) 의리관(義理觀)에 토대한 학문이었다.[5] 중소지주적 기반에서 성장하였고 불교에 대해 비판적 태도를 갖고 있던 조선 개국의 주역들이 성리학에 대해 친화성을 가질 수 있었던 것은 성리학의 이러한 발생사적 성격과 사상적 특성 때문이었다. 이들은 성리학을 통해 배불이라는 자신들의 혁명 구호를 정당화하면서, 다른 한편으로는 민본(民本)과 위민(爲民)의 정책적 대안을 마련하였다. 따라서 조선시대에 성리학은 단순한 종교 사상을 넘어, 양반관료제사회로서의 지배질서를 정당화하고 국가의 존속과 방향을 결정짓는 정치 이데올로기로까지 승화되고 있었다.

원래 성리학은 명분론적 성격이 강하고, 그로 인해 일상적 규범인 예(禮)를 중요시한다. 특히, 성리학에서는 사회의 원초적 집단인 가족 내에서의 예, 즉 관혼상제(冠婚喪祭)와 같은 가례(家礼)를 중요시한다. 가례란 모든 규범 중에서도 특히 '효(孝)'를 출발점으로 하는 유학의 가부장적 윤리규범을 그 본원인 가정생활을 통해 익히도록 만든 것이다. 그렇기 때문에 가례에서는 조상숭배가 가장 중요시되고, 사당(祠堂)에 대한 예가 첫 자리를 차지한다. 따라서 가례를 생활화한다는 것은 곧 유교의 이념을 내면화하고 실천하는 최상의 방법이 되기도 하는 것이다. 조선 초의 지배계급은 이와 같은 가례의 보급을 통해 유교를 백성들에게 전하는 한편, 자신들의 통치이념인 민본적 덕치(德治)와 예치(禮治)를 지향하는 성리학의 고차원적인 윤리의식을 보급하고자 하였다. 숭조관념(崇祖觀念)에 바탕을 둔 조상숭배의 가례를 통해 사회 통합을 이루는

5) 윤사순, 《동양사상과 한국사상》, 을유문화사, 1984, p. 179.

것이 조선 초 국가정책의 중요한 목표였던 것이다.

물론, 주자가례(朱子家禮)는 조선조에 이르러 보급된 것은 아니었다. 그것은 성리학의 수입과 더불어 그 중요성이 인정되었으며, 따라서 강조되어 왔던 것이다. 그러나 조선조에 이르러서는 성리학이 국가 이념의 근본으로 채택되면서 보다 강력하게 보급되기 시작하였다.

사실, 조선조의 성리학은 예론탐구(禮論探究)와 그 실현을 위하여 발전되어 온 과정이라고 할 만큼, 예 추구에 투철하였다. 예 실현을 향한 열의는 같은 유교권 내의 중국과 일본에 비교할 수 없을 정도로 체계화되었다. 특히, 16, 7세기에 걸친 사림정치(士林政治) 시기 동안 예제(禮制)가 정쟁의 사단(事端)이 된 것은 성리학적 차원에서는 예가 모든 사회질서의 최상규범이기 때문이었다. 이것은 예 질서를 강요함으로써 사회변동을 억제하여 중세적 봉건질서를 유지하려는 조선조 통치 방법의 일환이기도 하였다.[6]

성리학은 세계관을 형성함에 있어서 원리성과 인간 심성의 내재성을 깊이 추구하는 반면, 이 문제에 관한 한 초월성 내지 초자연성의 개입을 거부한다. 따라서 주지주의적(主知主義的) 성격이 강하며, 존재론으로서의 초자연적 신 관념을 배척한다. 이 점에서 성리학은 합리주의적 성격이 강하다고 할 수 있다. 그러나 그 합리주의라는 것도 경험적 사실이나 실증적 요소의 수용을 용납하지 않기 때문에 추상적 정신의 자기완결성만을 고집하는 특성을 갖는다. 따라서 성리학 체계에서는 세계관의 고착화 내지 폐쇄성을 면하기 어렵다. 여기에 덧붙여, 유교 자체의 복고주의적 정통성에 대한 집착은 이러한 성리학적 세계관의 폐쇄성을 더

---

6) 정태환, 〈전통적 정치변동의 국내·외적 역학(I) — 유교정치의 전개과정을 중심으로〉, 《고려사회학논집》, 3, 1985, p. 4.

욱 가중시키는 요인이 될 수 있다.[7)]

16세기 사림파(士林派)에 있어서 성리학적 이해의 심화는, 형이상학적 관념론에의 몰입과 함께 사대부 이데올로기에 의한 사회의 재편성 및 사회적 가치의 실현에 도학적인 자기정화를 바탕으로 다져진 교도자(教導者)로서의 전 역량을 투입하게 된다. 그리하여 도학적 지치주의(至治主義)의 실현이 상부구조에 해당된다면, 향촌질서(鄉村秩序)의 장악을 통한 민생의 안정이나 농업 생산력의 증대 등을 도모한 것 등은 하부구조로서 사림파의 성리학적 이상주의의 구현에 상호 보완적인 관계를 갖는 것으로 볼 수 있다. 이는 군주로부터 일반 민중에 이르기까지 일사불란한 서열관계에 입각한 자기완결의 폐쇄적인 체계로서, 일체의 이단적인 관념 형태나 사회질서를 용납하지 않는 유일사상의 지배를 의미한다. 따라서 성리학자들이 구상한 '왕국의 평화(Pax Regina)'는 어디까지나 단일체계라고 볼 수 있다. 조선왕조에서 불교를 비롯한 여러 형태의 민간신앙들이 철저하게 탄압받은 원인을 바로 여기에서 찾을 수 있다.[8)]

이와 같이 조선왕조는 초기부터 성리학적 가치체계를 통하여 지배질서를 정당화하면서 자체의 통합성을 유지하여 왔다. 따라서 유교는 종교적 영역에 국한된 가치체계가 아니라, 가족·정치·신분·교육·경제 등 비종교적 영역에까지 그 영향력을 철저하게 행사하는 하나의 사회적 이데올로기로 작용하고 있었던 것이다. 조선시대의 가족은 유교의 기본 규범인 효에 의해 유지되고 있었고, 그 효는 단순히 가족 내의 관계뿐만 아니라 모든 인간관계, 더 나아가서는 국가에 대한 충(忠)의 개

---

7) 황선명, 《조선조 종교사회사 연구》, 일지사, 1985, p. 124.
8) 위의 책, p. 132.

념으로까지 확대되고 있었다. 또한 조선시대의 이상적인 정치는 유교의 이상적 인간상인 군자(君子)의 도를 실현하는 것이었고, 관료는 유교적인 지식과 덕성을 갖춘 자들로 충원되었으며, 신분제도는 이에 바탕을 둔 차별적이고 귀속적인 성격을 갖고 있었다. 그리고 교육제도는 군자의 도와 유교적 덕성을 함양시키는 데 목적이 있었으며, 경제제도는 유교적 가치에 따라 사(士)·농(農)·공(工)·상(商)의 위계질서를 지니고 있었다. 벨라의 말을 빌린다면, 조선왕조의 구조적 성격은 유교적 가치에 토대한 사회적 용해성에 있었던 것이다.

물론, 조선 사회가 초기부터 유교적인 가치에 의해 강력하게 지배되고 철저하게 짜여져 있었던 것은 아니다. 즉, 조선왕조의 성립과 동시에 모든 제도가 삽시간에 유교화한 것도 아니고, 모든 사회 성원들의 행동 유형이 단기간에 유교적인 규범 속으로 순화된 것도 아니었다. 그러나 이미 오랫동안 전승되어 오면서 사회규범적인 효력을 행사하고 있던 효의 가치가 점진적이지만 유교적인 신념의 강력한 정당성과 압력에 의해 확고하게 일차적인 가치의 우위성을 획득하면서 사회의 여러 제도적인 수준과 행동 유형을 규제하고 있었던 것은 사실이었다. 또한 철저하게 가족공동체 중심의 인륜관계에 기초를 둔 종교적 및 도덕적 가치의 우위성은 조선 사회의 계층구조와 관료제도, 그리고 교육과 교육과정을 통하여 큰 무리 없이 유지되어 왔다.

조선왕조가 적어도 전기까지는 자신의 전통질서를 유지할 수 있었던 것은 이와 같은 사회적 용해성의 상황을 견지하고 그것으로부터의 일탈을 방지할 수 있는 사회 통제의 수단을 마련하고 있었기 때문이었다. 유교적 덕목을 지고의 가치로 삼는 구조적 상황에서 지배계급은 유교의 사회적 전달자로서 '거룩한 계급'으로 인정받기에 충분하였고, 이에 동조할 유교적 교육을 받지 못한 민중은 사회적 국외자(局外者)로 간주될 가능성이 높았다. 또한 유교적 가치에서의 일탈은 곧 기존 질서로부터의 일탈로 간주되었기 때문에 유교에 대한 전면적인 부정 가능성은 거의 없었다. 더구나 종교적 영역과 세속적 영역 간의 미분화 상황에서는 세속적인 문제를 종교적인 것으로 간주하고 종교적인 문제를 세속적인 것으로 일체화시키기 때문에, 유교적 가치에 대한 부정이나 그로부터의 일탈은 종교적 제재와 세속적 제재를 동시에 받기 마련이었다. 따라서 조선왕조에서는 사회의 중핵적 가치와 종교적 이상의 정당성을 부정하는 행위는 곧 국가 반역죄로 간주되었고, 그에 따른 제재는 정치적인 면과 종교적인 면의 두 가지 측면에서 나타나게 되었다. 또한 유교의 틀에서 벗어난 가치의 신봉이나 유교적 가치체계를 변형하는 행위도 정치적 탄압의 대상이 될 수밖에 없었다. 그렇게 함으로써 조선왕조는 유교적 질서를 정당화하고 유지할 수 있었던 것이다.[9)]

## 2. 조선 후기의 사회해체 상황과 그에 대한 대응 방식

조선왕조는 초기부터 사회적 생산의 토대를 토지와 노비에 두고 봉건사회체제를 유지시키는 한편, 법제와 행정체제의 개편, 그리고 유교의례의 제도화와 사회화를 통해 유교적 가치에 입각한 양반관료제사회로서의 성격을 고착화시켜 나가고 있었다.

그러나 이러한 성격은 조선 중기에 접어들면서 점차 변화하기 시작하였다. 국가로부터 받은 토지는 점차 세습화되는 경향을 나타내고 있었으

9) 노길명, 〈개화기의 한국가톨릭교회와 국가간의 관계 — 한국 교회의 정책, 활동 및 그 결과를 중심으로〉, 《가톨릭사회과학연구》, 4, 1987, p. 58.

며, 양반 관료들의 토지 매입과 겸병(兼併), 그리고 새로운 토지 개간에 따른 사적 소유지의 규모는 점차 확대되고 있었던 것이다. 따라서 토지국유지의 관념은 희박해지게 되었고, 비록 서구형의 장원제적 봉건제는 아니었지만 대토지의 사적 소유에 입각한 봉건제사회로서의 성격을 나타내기 시작하였다. 그렇다고 해서, 조선왕조의 토지 소유가 중기 이후 국가소유로부터 완전한 사적 소유로 전환되었던 것은 아니다. 오히려 조선 후기의 토지소유관계는 관둔전(官屯田)과 궁방전(宮方田)을 바탕으로 하는 국가적 토지소유관계와 민전(民田)을 바탕으로 하는 사적 토지소유관계라는 중층적 구조를 나타내고 있었던 것이다.10)

한편, 조선왕조의 주요 생산력으로 기능하고 있었던 노비제도도 초기에는 교화 정책과 강압 정책이라는 양면적 정책을 통해 비교적 강력하게 유지되고 있었지만, 중기 이후부터는 면천(免賤)·피역(避役)·도망 등으로 인해 점차 붕괴되기 시작하였다. 뿐만 아니라, 임병양란(壬丙兩亂)을 거치면서 나타난 영농기술의 발달과 지대수취법(地代收取法)의 변화 등과 같은 농민경제의 새로운 양상과 특권상업의 변질·민간상업의 발전·금속화폐의 유통과 같은 상품화폐경제의 발전, 관청수공업의 변화·민간수공업의 발전·광업의 발달 등과 같은 수공업과 광업의 발전 등은 봉건사회체제의 하부구조를 점차 해체시키기 시작하였다.11)

이러한 변화들은 조선왕조가 초기부터 지향코자 하였던 봉건사회와 양반관료제사회체제를 해체시키는 결과를 초래하였다. 이러한 결과는 중세적 신분질서의 붕괴로 나타났다. 우선, 토지제도의 변화는 생산관계의 변화를 수반케 하였다. 대토지소유자의 기존 국가소유자에 의한

10) 안병태, 《한국 근대경제와 일본제국주의》, 백산서당, 1982, pp. 110-111.

11) 강만길, 《한국근대사》, 창작과비평사, 1984, pp. 70-113.

지주 - 소작관계와 함께 새로운 형태의 생산관계인 사적 소유자에 의한 지주 - 소작관계의 발생을 촉진하였으며, 그것은 사적 토지의 소유자는 경제외적 강제력을 갖지 못하였던 조선 전기와는 달리, 사적 지주의 정치적 입신을 통해 정치적 지주관료화의 현상을 가져오게 하는 요인이 되었다.

또한 임진왜란과 병자호란이라는 두 차례에 걸친 전쟁을 거치면서 몰락한 양반층이 생기는가 하면, 전쟁 후에는 계속된 당쟁으로 인해 양반사회 내에서의 분화가 발생하기 시작하였다. 양반의 극히 일부만이 권력권의 핵을 이루면서 권력을 통한 대토지소유자로 변해 갔고, 다른 일부는 양반 · 토호(土豪) 등에서 보는 것과 같이 권력의 주변에서 위치를 유지하면서 경제적으로도 일정한 지위를 확보하였다. 그러나 또 다른 상당수의 양반들은 정치적으로나 경제적으로 일반 농민층과 거의 다름없는 잔반(殘班)으로 몰락해 갔다. 그리고 양인(良人) 신분이 대부분인 농민층은 왕조의 후기 내내 꾸준히 신분적 분화를 계속하면서 사회경제적 지위를 높여 갔다. 농민층의 분화는 양반층으로의 상승보다도 이른바 양극 분화 현상에서 본격적으로 나타났다. 농민층의 일부가 상업적 농업 · 합리적 영농 방법을 통해 새로운 서민지주로 성장하거나 자영농민적인 중소상품의 생산자층으로 발전하는 한편, 대다수의 농민층은 소작농민이나 일부 임노동자의 처지로 떨어져 갔다. 즉, 조선 후기에는 권력을 배경으로 하여 성립된 종래의 중세적 지주와 그들에게 예속된 소작농민이 중심을 이룬 고정된 사회관계가 점차 변해가고 있었던 것이다. 한편, 신분적으로 가장 낮은 처지에 있었던 노비들의 경우도 전쟁에서의 공로와 전화(戰禍)로 인한 노비 문서의 소각, 피역과 도망 등으로 신분 해방의 길을 빠른 속도로 넓혀 가고 있었다.12)

이와 같은 사회의 하부구조에서의 변화는 필연적으로 사회의 상부구조인 유교적 가치에 심각한 위기를 가져오게 하였다. 사실, 사회체계의 관점에서 볼 때, 조선왕조가 유교적인 지배질서를 통해 사회적 통합을 이루고 있었다고 해서 사회의 모든 기능이 적절하게 발휘되고 사회의 여러 관계가 원만하게 유지되고 있었던 것은 아니었다. 조선왕조는 정치권력이 강력한 유교사회로의 제도화 정책을 시행함에 따라 외형적으로는 사회의 각 계층과 부분들 간에 조화와 질서를 유지하고 있는 것처럼 보였지만, 내부적으로는 분열과 갈등을 내포하고 있었던 것이 사실이었다. 실제로, 조선 초기에도 지배계급과 피지배계급 간의 갈등은 존재하였으며, 지배계급 내에서도 사림파(士林派)와 훈구파(勳舊派) 간의 권력 갈등은 계속되고 있었던 것이다. 더구나 유교적 학습능력을 증진시킬 수 없었던 피지배계급들은 유교라는 보편적 가치에 충성심을 유지할 가능성이 지배계급보다 훨씬 적었다. 그들은 강력한 국가정책과 사회통제, 그리고 계급 내의 결속력 부족 등으로 인해 유교적 가치를 전면적으로 부정하지 못할 뿐, 내면적으로는 지배계급의 가치와 분절 내지는 격차를 두고 있었다.[13)]

조선 후기에 급속히 전개된 생산력과 생산관계의 변화, 그리고 거기에서 크게 연유된 기존 신분 질서의 해체 등은 그동안 사회의 상부구조로 기능해 온 유교의 사회통합기능을 약화시키기 시작하였다. 따라서 조선왕조가 내포하고 있었던 사회적 모순들과 분열들을 더욱 극대화시키고 현재화(顯在化) 시키기 시작하였다.

---

12) 위의 책, pp. 114-116.

13) 노길명, 《가톨릭과 조선 후기 사회변동》, 고려대학교 민족문화연구소, 1988, p. 49.

조선 후기에 이르러 유교주의가 갖게 된 위기는 다음과 같은 세 가지 차원에서의 물음으로 나타낼 수 있다. 그 하나는 변화된 조건에서도 유교주의가 적합한 가치체계인가 하는 적합성의 차원이고, 둘째로는 유교주의가 주어진 환경과 역사 속에서 축적된 생활양식의 총체로서의 문화적 전통인가 하는 정체성의 차원이며, 셋째로는 문화유형들 간에 일정한 정도의 일관성을 갖고 있고 하위집단의 하위문화들 간의 차이가 전체 문화의 통합된 체계를 지나치게 위협하지는 않는가 하는 통합성의 차원이다.[14)]

실상, 지배계급의 일방적인 강제와 통제정책에 의해 유지되어 온 유교주의는 조선 후기의 변화된 조건 아래에서는 더 이상 사회의 주도가치로서 기능하기는 어려웠던 것이다. 다시 말하면, 유교주의가 자체의 수정이나 보완 없이는 급속히 분화되는 조선 후기의 사회변동에 대해 더 이상 사회통합의 구심점이나 지배이데올로기로 기능하기는 어려웠던 것이 사실이었다.

조선 후기사회가 나타내는 사회적 모순에 대한 종교적·가치적 수준에서의 인식과 대응은 계급에 따라 다를 수밖에 없었다. 그것은 다음과 같은 세 가지 형태로 나타났다.

첫째는 권력엘리트로의 진출 기회를 차단당하고 있었던 재야(在野) 지식인들에게서 나타난 반응이었다. 이들은 민중과는 계급적 이익이 일치하지 않았고 밀접한 연계성도 갖고 있지 않았지만 민중세계에서 생활

14) 임희섭은 문화의 복합적 구조와 그 성격을 이해하기 위해서는 적합성·정체성·통합성의 문제를 검토하는 것이 효과적일 것이라고 설명한다. 임희섭, 〈한국문화의 변화와 전망〉, 한국사회학회 편, 《한국 사회 어디로 가고 있나》, 현대사회연구소, 1983, p. 112.

하고 있었기 때문에, 조선 후기사회가 나타내는 구조적 모순과 그 결과를 비교적 잘 인지하고 있었다. 그러나 이들 역시 양반계급으로서의 사회적 신분을 지니고 있었고 관료로서의 진출가능성을 근원적으로 차단당하고 있었던 것은 아니었기 때문에 유교적 가치를 전면적으로 배격하기보다는 그것을 변화된 조건에 맞도록 수정하고자 하는 입장을 지니고 있었다. 이러한 입장은 실학운동(實學運動)과 보유론운동(補儒論運動)으로 나타났다.

둘째는 유교적 사회체제 속에서 억압과 수탈을 받아 왔던 민중에게서 나타난 인식과 대응 방식이다. 이들은 지배계급의 강압 정책 때문에 지배이데올로기에 저항하지는 못하고 있었지만, 지배이데올로기에 대해 친화감을 지닐 아무런 이유나 명분도 갖고 있지 않았다. 물론 이들도 오랫동안의 국가 유교화 정책으로 인해 조선 후기에 이르러서는 유교적 가치를 어느 정도 수용하고 있었지만,[15] 일정한 조건만 마련된다면 그에 저항할 가능성 또한 충분히 지니고 있었다. 이러한 가능성은 민중종교운동으로 표출되었다.

셋째 형태는 기존의 유교적 사회질서 속에서 특권과 혜택을 누리고 있었던 권력 집단에서 나타날 수 있는 인식 체계와 대응 방식이다. 당시의 지배계급은 유교적 가치를 지배이데올로기로 설정함으로써 자신들

---

15) 최재석의 연구 결과를 보면, 유교주의적 가치와 규범에 토대한 동성동본의 불혼, 장자우위의 상속제도, 가계의 영속과 조상제사의 보존을 목적으로 하는 양자제도, 가문의 위세를 나타내는 족보의 발간, 그리고 동족부락의 형성 등은 조선 중기까지는 민중은 물론 양반계급에게서도 별로 나타나지 않고 있지만, 양란을 겪은 이후에는 급격히 수용되기 시작하였으며, 19세기에 이르러서는 민중 세계에까지 일반화되었던 것으로 나타난다. 최재석, 《한국가족제도사연구》, 일지사, 1983.

의 계급적 이익을 정당화시키고 있었다. 따라서 이들의 대응 방식은 유교적 사회질서를 손상시키거나 위협하는 것으로 간주되는 일체의 가치나 움직임들에 대해서는 엄격한 통제와 제재를 가하는 척사위정운동(斥邪衛正運動)으로 구체화되었다.

## 3. 조선 후기 종교운동의 분화와 성격

유교적 가치를 절대가치로 삼으면서 강력한 사회통합을 지향하던 조선사회에서 다양한 형태의 종교운동들이 전개되기 시작하였다는 것은 조선왕조의 종교문화가 분화되기 시작하였다는 것을 의미한다. 이와 같은 종교문화의 분화와 그에 따른 여러 종교운동들의 전개는 조선 후기의 사회사상적 흐름에 지대한 영향을 끼치게 된다. 실제로, 조선 후기의 사회사상은 이상과 같은 세 가지의 인식 체계와 그에 따른 대응 방식에 따라 주도되어 나갔다.

여기에서는 이들 세 가지 종교운동의 전개와 성격을 간단히 살펴보기로 한다.

### 1) 보유론운동

유교주의를 수정 보완함으로써 조선 후기사회의 해체상황을 극복하고 사회통합을 이루고자 시도하였던 보유론적 인식체계는 초기 서학운동(西學運動)에서 찾아볼 수 있다. 이 운동은 후에 천주교회의 창립 운동으로 연결되었다.

원래, 서학(西學)이란 명·청·조선 등 유교적 전통사회의 일부 학자들이 서구의 과학기술과 한역서학서(漢譯西學書)를 자료로 하여 전개하였던 서양 문명에 관한 학문 활동과 그 내용을 뜻한다.[16] 16세기 말엽 이후, 중국에서 천주교 선교 활동을 하였던 마태오 리치(Matteo Ricci)를 비롯한 예수회 소속의 서양선교사들은 이질적인 유교문화권에 그리스도교를 전파하는 효율적인 방법은 천주교와 유교 간의 유사점을 발견하고 그것을 그리스도 신앙으로 보완시켜 주는 것이라고 믿고 있었다. 따라서 이들은 두 문화 간의 접촉 과정에서 파생할 수 있는 문화 충돌과 문화 갈등을 피하고자 노력하면서, 유교적인 관습과 문화 전통을 존중하는 현지문화적응주의적 선교 방법을 채택하였다. 이른바 보유론적 선교 방법이라고도 불리는 이 방법은 그리스도교와 유교문화 간의 갈등을 방지하면서 유교문화권에 그리스도 신앙을 전파하는 데 큰 성과를 얻고 있었다. 일반적으로 서학이란 이들이 연구하였던 그리스도교, 엄밀히 말한다면 천주교의 교리와 사상, 그리고 이들이 중국에 전달하였던 서구의 과학과 기술을 총체적으로 일컫는 말로 사용된다.

서구 선교사들에 의해 저술된 보유론적 관점의 한역서학서들은 17세기 초엽부터 조선 사회에 전래되어 지식인 사이에서 널리 유포되기 시작하였다. 당시, 한역서학서에 대한 탐독과 연구는 지식인에게 하나의 유행처럼 되어 일종의 신문화수용 성격까지 띠고 있었다.[17]

그러나 한역서학서가 당시의 지식인사회에 널리 유포되어 있었고, 그에 관한 학문적 관심이 고양되고 있었다고 해서, 모든 지식인들이 그것을 호의적으로 받아들이고 있었던 것으로는 볼 수 없다. 왜냐하면, 당시의 서학이 보유론적 성격을 갖고 있었다고 하더라도 그 자체는 유

16) 이원순, 〈서학〉, 《한국가톨릭대사전》, 한국교회사연구소, 1985, p. 596.

17) 이원순, 《한국 천주교회사 연구》, 한국교회사연구소, 1986, p. 24; 조광, 《조선 후기 천주교사 연구》, 고려대학교 민족문화연구소, 1988, pp. 4-5.

교문화와 상당한 거리가 있는 것이었다. 서구 선교사들에게 있어서는 그리스도교의 복음과 가치는 전혀 수정하거나 양보할 수 없는 절대유일의 진리였으며, 동양사회의 그리스도교화라는 선교 목표 또한 양보할 수 없는 것이었다. 그렇기 때문에, 서학이 내포하고 있는 이러한 성격은 경우에 따라 유교적 가치와 심한 대립과 갈등을 유발시키는 요인이 될 수도 있었다. 이것은 서학에 대한 당시 지식인들의 인지 내용과 거기에 따른 반응 또한 동일할 수만은 없음을 뜻하는 것이기도 하다.[18)]

서학에 대한 당시 지식인들의 인지와 반응은 대체로 다음과 같은 세 가지로 나타났다.[19)]

첫째는 서학의 이질성을 직시하고 이를 위험시한, 서학 전면 배격의 척사론자(斥邪論者)들이었다. 이들은 서학을 전통적 가치체계와 사회체제에 위해를 가져다 줄 것으로 인식하면서, 적극적으로 배격하는 태도를 나타내고 있었다. 이들은 조선조의 기본이념인 정(程)·주(朱)의 성리학·도학적 정통성과 순정성을 그르칠 가치체계는 어떠한 것이든 배격하려는 벽이단론적(闢異端論的) 입장을 강조하고 있었다. 이들은 비록 한역서학서들이 과학·기술적인 면에서는 긍정적인 요소를 갖고 있다고 하더라도, 그것의 또 다른 내용인 종교·윤리적인 측면에서의 부정적인 요소로 인해 결국에는 위기 상황을 맞고 있는 조선왕조의 해체를 촉진시키는 결과를 가져오게 될 것으로 간주하여, 그것을 전면적으로 배격코자 하는 입장을 나타내고 있었다. 이러한 태도는 후일 척사위정운동으로 구체화되기에 이른다.

둘째로는 서학의 내용을 긍정적인 요소와 부정적인 요소로 구분하면

18) 노길명, 앞의 책, pp. 68-69.
19) 이원순, 앞의 책, p. 31 참조.

서, 긍정적인 요소들은 수용하고 부정적인 요소들은 배격코자 하였던 이원론적 입장이었다. 이들은 홍대용(洪大容)·박지원(朴趾源)·박제가(朴齊家) 등 소위 북학파(北學派)로 명명된 지식인들이었다. 이들은 서학 속에 포함된 과학과 기술의 선진성과 실용성을 높이 평가하면서도, 서학의 종교·윤리적인 내용들은 불교보다 하위의 것이고 만천무민(漫天誣民)의 유설(謬說)인 것으로 파악하고 있었다. 따라서 이들은 서학의 긍정적 요소인 과학·기술적인 측면은 수용하되, 종교·윤리적인 측면은 배제해야 한다는 태도를 나타내고 있었다. 이들이 서학의 기적(器的) 요소들을 수용코자 한 것은 유교 왕도 정치 이념의 구현에 필요한 기능을 도입하여 활용한다는 데 있었다. 이러한 이원론적 입장은 문호개방기에 등장하였던 동도서기론(東道西器論)으로 연결되었다.

셋째로는 서학을 전면적으로 수용코자 하였던 입장이었다. 이 입장에 서 있던 자들은 학문적으로 뿐만 아니라 신앙적으로도 서학을 수용코자 하였던 자들이었다. 이들은 이미 해체단계에 들어선 조선 사회를 새롭게 통합시키고 발전시키는 방법은 서학의 전면적인 수용인 것으로 파악하고 있었다. 따라서 이들은 서학의 종교성이나 과학성은 그 모두가 조선 사회의 통합과 발전에 유용한 것으로 인식하고 있었다. 이 입장에 속했던 자들은 성호좌파(星湖左派)의 남인계(南人系) 소장학자들로서, 한국 천주교회 창립에 주역을 담당한 자들이었다.

서학의 충격에 대한 인지와 반응은 이상과 같은 세 가지의 유형으로 나타났다. 그러나 여기에서 유의해야 할 점은 어떠한 유형의 인지와 반응이든 그것은 모두 유교문화적 전통 속에서만 일어나고 있었다는 사실이다. 당시, 지식인들이 접촉하였던 한역서학서들은 모두가 보유론적 관점에서 저술된 것이었다. 따라서 서학의 종교성까지 전면 수용해야 한다는 입장을 가졌던 자들도 기본적으로는 서학이 유교문화와 크게 상치되지는 않는 것으로 인식하고 있었던 것이다. 이들은 서학의 수용을 통해 쇠퇴와 병폐를 나타내고 있는 유교적 가치를 보완코자 하였지, 기존의 유교적 가치체계를 유교문화와는 전혀 다른 서구의 그리스도교문화로 대체코자 하였던 것은 아니었다. 그렇기 때문에 이들이 인지하고 있었던 서학의 가치체계가 유교문화의 전통과 크게 상치되는 것으로 밝혀질 경우, 그들이 갖고 있는 서학에 대한 인지구조는 새로운 인지의 가감에 따라 정반대의 것으로 뒤바뀔 가능성도 어느 정도는 내포하고 있었던 것이다.

이러한 가능성은 실제로 세계교회에서 보유론적 관점이 배격되고 거기에 따라 유교의 중심 의례인 제사행위가 금지됨으로써 서학의 이질성이 노출되었을 때 서학의 전면 또는 부분적인 수용을 주장하던 입장이 급격히 쇠퇴하였다는 사실로도 입증되었다. 더욱이 조선 사회 내에서 국가권력이 천주교 신앙을 이단사설(異端邪說)로 규정하여 단죄하였을 때, 그 운동에 참여하였던 대부분의 지식인들이 배교하거나 신앙을 포기하였다는 사실은 이러한 점을 입증하는 것이라고 할 수 있다. 뿐만 아니라, 서학의 이질성이 표면화됨에 따라 존화멸이(尊華蔑夷)의 전통적 명분논리 위에서 서학의 과학·기술적인 내용을 수용코자 하였던 북학파들도 서학에 대해 자신들이 갖고 있었던 긍정적 인지구조를 전체적으로는 부정적인 인지로 전환시키기에 이르렀고, 따라서 그 이후에는 북학파의 전통이 급격히 쇠퇴하고 말았다는 사실도 바로 이러한 점을 뜻하는 것으로 볼 수 있다. 북학파의 명분논리가 다시 되살아나게 된 것은 개항 이후 점증되었던 동도서기론에서였다.[20)]

한편, 실학운동도 기존의 가치체계인 성리학의 한계성을 지적하면서 현실 문제에 적극적으로 대응코자 하였다는 점에서는 서학운동과 그 맥을 같이 하는 것으로 볼 수 있다. 실학운동 그 자체는 종교운동이 아니었다. 또한 위에서 언급한 북학파와 성호좌파의 지식인들은 대부분 실학운동에 참여한 자들이었다. 그렇기 때문에 보유론은 실학운동의 한 분파로 전개되었다고 할 수 있다. 그러나 실학운동은 기본적으로 보유론과 상당한 거리를 갖는 것이었다. 보유론은 유교 밖에서 새로운 것을 찾아 유교적 가치를 보완하려는 입장을 갖고 있었던 반면, 실학운동은 유교 내부, 특히 원시유학의 정신을 이어 받아 성리학적 가치체계에 대응하려는 입장을 갖고 있었다. 그러나 이러한 차이에도 불구하고, 양자는 성리학의 한계성을 인식하면서 해체상황에 접어든 조선 사회의 재통합을 시도하였고 그 방법을 근본적으로는 유교의 테두리를 벗어나지 않는 방법에 두고 있었다는 점에서 유사성을 갖는 것으로 볼 수 있다. 이러한 유사성으로 인해 실학자 중 일부가 서학운동의 주역을 담당하게 되었던 것이다.

### 2) 민중종교운동

조선 후기에 전개된 또 다른 형태의 종교운동으로서는 유교적 질서를 거부하면서 새로운 사회질서를 모색하던 종교운동들을 지적할 수 있다. 이러한 유형의 종교운동들은 민중종교운동으로 불린다. 이 종교운동들은 유교적 사회체제로부터 억압을 받아온 민중에 의해 전개되었다는 공통점을 갖고 있지만, 이 운동의 참여자들 또한 장기간에 걸친 사회화과정으로 인해 어느 정도는 유교적 가치와 규범을 수용하고 있었던 것이 사실이었다. 그러나 당시의 민중종교운동은 근본적으로는 이미 병폐와

---

20) 노길명, 앞의 책, pp. 74-75.

쇠퇴를 드러내고 있는 유교적 질서를 거부하면서 새로운 사회질서를 모색하고 있었다는 점에서 보유론적 종교운동이나 그 밖의 종교운동들과는 구분된다.

이러한 민중종교운동의 대표적인 예로서는 19세기에 전개된 천주교 신앙운동과 신종교운동을 들 수 있다.

이미 언급한 바와 같이, 서학운동은 보유론적 관점에서 전개된 운동이었다. 서학운동의 주역들은 천주교의 신앙과 사상을 통하여 훼손된 유교주의를 보완하는 한편, 사회 발전을 위한 가치로 삼고자 하였다. 그들은 천주교의 종교적 상징을 세속적 영역에 완전히 용해시키고자 하지 않았으며, 그렇다고 해서 종교적 세계와 현실 세계를 절단하여 사회 참여를 거부하는 도피형의 종교를 지향코자 했던 것도 아니었다.

그러나 서학운동과 초기의 천주교 신앙운동이 보유론적 관점을 바탕으로 하고 있었던 것은 사실이지만, 천주교 신앙에 포함되어 있는 인간의 존엄성과 평등성에 관한 사상은 봉건사회체제를 위협하기에 충분하였다. 게다가 계급이나 신분의 차별을 넘어 새로운 형태의 신앙공동체를 이루는 천주교 신자들의 행위는 기존 사회질서를 문란하게 하는 행위로 간주될 수밖에 없었다. 따라서 지배계급과 통치 권력은 천주교 신앙운동을 반체제(反体制) · 반국가운동(反國家運動)으로 규정하여 극심한 탄압을 가하기 시작하였다. 이러한 박해는 당시의 정치권력이 느끼고 있었던 위기의식과 정치 상황으로 인해 가속화되었다.[21]

천주교 신앙운동에 대한 정치적 박해는 천주교 수용 계층의 변화를 가져오는 한편, 신앙운동의 성격 자체를 크게 전환시키는 계기가 되었다.

---

21) 위의 책, p. 293.

양반 지식계급의 신문화수용운동으로 시작된 천주교 신앙운동은 근 1세기 간에 걸친 박해를 거치면서 점차 민중종교운동으로 전환되기 시작하였다. 주지주의적이며 고도의 합리성을 전제로 하는 조선조의 성리학에 대해 친화성을 갖지 못하고 있었던 민중은 사회해체 상황에서 갖게 되는 모호성과 고통을 천주교에서 제시하는 '천주' 신앙과 인간의 자유와 평등에 관한 가치를 통해 극복할 수 있었다. 따라서 민중은 천주교 신앙과 쉽게 연결될 수 있었다. 따라서 천주교 신앙운동은 시간이 지남에 따라 점차 민중종교운동으로 전환되기 시작하였다. 특히 정치권력의 박해로 인해 상당수의 양반 지식계급이 탈락한 19세기에 이르러서는 신문화수용운동으로서의 성격은 거의 사라지고 민중종교운동으로서의 성격이 두드러지게 되었다. 천주교 신앙운동이 민중운동의 성격을 띠면서 기존 사회질서의 해체에 영향을 끼쳤다는 점은 당시 집권 계급이 천주교 신자들을 '사욕변세자(思欲変世者)', 즉 세상을 변혁시키고 생각하는 자들이라고 규정했던 것에서도 잘 표현되고 있다.[22]

한편, 유교적 사회질서에 저항하는 민중종교운동은 천주교 신앙운동 이외에도 여러 형태로 나타났다. 숙종조부터 민중세계에 확산되기 시작하였던 미륵신앙운동(弥勒信仰運動)[23]은 물론, 정감록(鄭鑑錄) 내지 '남조선(南朝鮮)의 실현'이라는 공상적 미래 국토(未來國土)의 대망 사상(待望思想)을 상징적인 축으로 하여 전개되었던 비결신앙운동[24]은 모두가 계급관계가 소멸되는 평등사회를 향한 종교운동인 동시에 유교적 사회

---

22) 조광, 《한국천주교 200년》, 햇빛출판사, 1989, p. 38.

23) 정석종, 〈숙종조의 사회동향과 미륵신앙〉, 《조선 후기 사회변동 연구》, 일조각, 1983.

24) 황선명, 앞의 책, pp. 274-283 참조.

질서에 대한 도전이었던 것이다. 이러한 형태의 민중운동은 19세기에 접어들면서 보다 활발하게 전개되는 한편, 각종 민란과 연결됨으로써 조선 후기 종교운동의 분화와 다양성을 가속화시키는 결과를 가져왔다.

한편, 19세기에 전개되었던 민중종교운동의 또 다른 예로서는 동학(東學)을 비롯한 신종교운동을 들 수 있다. 이 운동들은 재래(在來)의 민간신앙과 전통종교사상을 새롭게 체계화시킴으로써 민중이 당하는 고통과 불운·좌절 등과 같은 의미의 문제에 응답하고 그들의 종교적 욕구를 충족시키고자 하였다는 점에서 민중종교운동으로서의 성격을 띠면서 전개되었다. 또한 이 운동은 19세기 중엽 이후 보다 크게 심화된 계급모순과 제국주의와 자본주의의 충격이 가져온 민족모순이라는 사회적 모순들을 고발하고 그에 대응코자 하였다는 점에서 민족종교운동의 성격도 동시에 띠고 있었다.[25]

특히 한국 신종교운동의 효시로 일컬어지는 동학의 후천개벽(後天開闢) 메시지는 남조선 신앙에 뿌리를 둔 민중의 대망사상(待望思想)과 연결되면서 큰 호소력을 지니게 되었다. 나아가, 동학의 기본 교리인 "사람을 섬기되 한울님을 섬기듯 하라"는 '사인여천(事人如天)'이나 "사람이 곧 하늘"이라는 '인내천(人乃天)' 교리에 포함된 인간의 존엄과 평등에 관한 사상은 봉건체제 아래에서 억압과 수탈을 당하던 민중에게는 새로운 사회질서의 도래를 알리는 '사회복음(social gospel)'으로 받아들여지기에 충분하였다. 따라서 당시의 민중종교운동들은 대부분 성리학적 사회질서를 거부하고 새로운 사회질서를 수립코자 하는 사회 개혁적 성격을 지니고 있었다.

25) 노길명, 《한국의 신흥종교》, 가톨릭신문사, 1988 참조.

### 3) 척사위정운동

척사위정(斥邪衛正)이란 "바른 것을 지키고 옳지 못한 것을 배척한다"는 뜻이다. 척사위정사상은 원래 중국에서 송대(宋代) 이후 여진족의 무력적인 침공으로 인해 한족(漢族)과 중화문화가 위기에 처하게 되자 성리학을 제시한 주희(朱熹)가 한족의 독립과 문화적 자존성을 확립하고자 민족적 화이의식(華夷意識)을 근간으로 체계화시킨 사상이었다. 따라서 이 사상은 공자의 존주론(尊周論) 내지는 춘추대의에 입각한 벽이단론(闢異端論)에 바탕을 두고 있었다.

조선 후기의 위정척사사상은 서학의 충격에 대한 대응으로 등장하였다. 성리학적 가치에 바탕을 둔 조선 사회가 후기에 이르러 점차 해체되기 시작하는 가운데 서학이라는 이질적인 사상이 유입되자 보수적인 유학자들은 이를 조선왕조의 근간을 위협하는 사학(邪學)으로 규정하면서 적극적인 대응 운동을 전개하기 시작하였다. 이들은 조선 사회의 문화적 정체성과 국가체제를 유지하기 위해서는 성리학적 가치를 손상시키거나 위협할 수 있는 가치나 사상은 일체 엄단해야 한다는 입장을 취하였다.

서학을 배척하는 입장을 가장 먼저 나타냈던 학자는 성호(星湖) 이익(李瀷)이었다. 그는 초기에는 천주교의 교리에 대해 호의적인 태도를 보였지만, 만년에 이르러서는 천주교 교리를 전면 부인하였다. 이익의 입장을 계승한 성호학파에서 가장 먼저 척사론을 제기한 인물은 신후담(愼後聃)이었다. 그는 1724년 척사문헌(斥邪文獻)인 《서학변(西學辨)》을 통해 천주교의 교리를 조목조목 비판하면서 척사론을 체계화하였다. 이러한 그의 입장은 윤동규(尹東奎), 이병휴(李秉休), 안정복(安鼎福) 등에 의해 이어져 나갔다.

척사론은 1784년 서학운동이 천주교회의 창립으로 구체화됨에 따라 단순한 학문적 비판의 차원을 넘어 일종의 국가체제 수호 운동으로 전개되기 시작하였다. 특히 1785년 천주교 신자들의 명례방(明禮坊) 집회 발각 사건을 계기로 천주교 신앙운동에 대한 적극적인 대처가 필요하다는 입장으로 강화되기 시작하였다. 《천학고(天學考)》·《천학문답(天學問答)》등을 저술하면서 "서학의 해(害)는 맹수나 홍수보다도 더 크다"고 강조한 안정복이나, 또 다른 《천학문답》을 지은 이헌경(李獻慶) 등은 천주교운동에 대한 적극적인 대처를 촉구함으로써 학문적 비판이론에 머물렀던 척사론을 더한층 강화시켰다.

척사론은 당시의 정치적 상황과 연결되면서 상대 정파에 대한 공격과 자신들의 정권 획득을 위한 명분으로 작용하기 시작하였다. 같은 남인계라 하더라도 성호좌파로 불리는 녹암계(鹿菴系)의 권철신(權哲身), 이벽(李檗), 정약용(丁若鏞) 등이 천주교 신앙운동에 참여한 반면, 안정복을 비롯한 순암계(順菴系)는 강한 척사론의 입장을 지니고 있었다. 이러한 친서계(親西系)와 공서계(攻西系) 간의 대립은 남인의 존립을 위협하는 한 요소로 작용하였다. 또한 노론계(老論系) 안에서도 척사론은 당론으로 채택되어 탕평정국 내지는 공서계의 활동과 어우러지면서 척사운동으로 전개되기 시작하였다.

이러한 척사운동의 전개에 따라 정국은 천주교에 대한 입장과 태도에 따라 지대한 영향을 받게 되었고, 정파 간의 갈등을 제어하려 했던 정조(正祖)의 탕평책은 힘을 잃기 시작하였다. 이러한 정국의 흐름은 결국 천주교 신자들에 대한 박해로 연결되었다. 1791년에 발생한 신해박해(辛亥迫害)와 1801년에 발생한 신유박해(辛酉迫害)는 친서계와 공서계 간의 갈등이 빚어낸 정치적 산물이었다.[26] 초기의 척사론이 주로 천주교 문제에 국한되어 있었다면, 19세기에 널리 확산된 척사론은 반침략 운동의 이념으로 강화되었다는 점에서 차이를 나타낸다. 두 차례에 걸친 아편전쟁과 그에 따른 중국 내에서의 서구 세력의 확장, 그리고 프랑스 함대의 내침을 비롯한 일련의 양요(洋擾) 등은 국가적 정체성의 위기의식을 보다 증대시키게 되었다. 따라서 척사론은 이러한 세계사적 흐름에 대한 대응 방안으로 더욱 강화되어 나갔다.[27]

당시, 척사론의 대표적 인물로는 이항로(李恒老), 이정관(李正觀), 류중교(柳重敎), 김치진(金致振), 황필수(黃泌秀) 등을 들 수 있다. 이 가운데서도 이항로는 19세기 척사위정론의 대표적 인물로 꼽히고 있다. 그는 도기론(道器論)과 정사론(正邪論), 화이론(華夷論)에 입각하여 천주교를 이단·사설로, 천주교와 서양 세력을 이적(夷狄)·금수(禽獸)의 무리로 비판하였으며, 중화의 문화가 망하여 사학과 금수의 무리가 내침하게 되었다고 통탄하였다. 그의 척사위정사상 근저에 깔려 있는 '존중화 양이적(尊中華攘夷狄)'의 사상에는 주자학적 화이의식이 작용하고 있었다.[28] 그러나 서구세력의 진출에 따른 민족적 위기의식은 이러한 보수적 화이사상을 애국우국의식으로 발현시켜 민족주의 사상으로 승화시켜 갔다.[29]

---

26) 차기진, 《조선 후기 서학과 척사론 연구》, 한국교회사연구소, 2002, pp. 229-318 참조.

27) 이에 관해서는 다음을 참조할 것 : 강광식, 〈서학의 충격과 전통적 정치문화의 변화〉; 김대환, 〈척사와 개화의 사상사적 조명〉, 인곡 황성모박사 화갑기념논문집간행위원회 편, 《사회구조와 사회사상》, 심설당, 1986.

28) 정재식, 《의식과 역사—한국의 문화전통과 사회변동》, 일조각, 1991, p. 207.

29) 홍순창, 〈위정척사사상〉, 《한국민족문화대백과사전》, 16, 한국정신문화연구원, 1990, p. 852.

척사위정운동은 조선왕조의 지배이데올로기였던 성리학적 가치를 고수하려는 의도에서 전개된 운동이었다. 따라서 그것은 새로운 사회운동은 아니었다. 그러나 그것은 정체 위기를 맞고 있는 성리학적 가치와 이념의 강화를 통해 왕조적 · 문화적 정체성을 유지하려 하였다는 점에서 분명 종교운동으로서의 성격을 지니고 있었다고 할 수 있다.

성리학적 가치체계에 의해 단일체제를 유지해 오던 조선 사회가 후기에 이르러 다양한 종교운동을 나타내게 된 것은 결코 우연이 아니었다. 그것은 조선 중기 이후 나타난 사회의 물적 토대의 변화에 대해 상부구조인 성리학적 가치가 적절하게 대응하지 못함으로써 나타난 하나의 필연적인 현상이었다. 다시 말하면, 조선 후기 종교운동의 분화는 유교주의라는 특정 가치를 통치의 이념으로 삼으면서 그 외의 종교적 가치들을 엄격히 통제해 온 지배계급의 정책이 사회변동에 따라 설득력과 정당성을 상실하게 됨으로써 나타난 결과였다.

조선 후기의 종교운동은 크게 세 가지 형태로 전개되었다. 그 하나는 조선조의 유교가 갖는 모순과 한계성을 자체적으로 극복함으로써 위기상황을 극복하려는 양반계급 내부에서의 유교보완운동과, 국가유교체제로부터 소외와 억압을 받아 왔던 민중이 사회적 여건의 변화를 계기로 하여 자신들의 욕구와 열망을 체계화하려 하였던 민중종교운동, 그리고 성리학적 가치에 위협이 되는 일체의 사상을 단호히 배격함으로써 정체 위기를 맞고 있는 조선왕조체제를 고수하려 하였던 척사위정운동 등이었다. 첫째 유형에 속한 것은 보유론에 토대를 둔 서학운동과 천주교회 창립 운동이었으며, 둘째 유형에 속한 것은 19세기의 천주교 신앙운동 · 미륵신앙운동 · 각종 참위설 내지는 정감록 신봉운동 · 동학을 비롯한 신종교운동 등과 같은 민중종교운동이었다. 이 운동들은 그 형태가 어떠하든 내면에는 조선 후기의 사회적 모순과 분열들을 극복하고 새로운 사회질서를 이루고자 하는 의도를 지니고 있었다. 그렇기 때문에 민중종교운동은 사회의 중핵적(中核的) 가치와 종교적 이상의 정당성을 부여하는 성리학적 가치에 대한 대항 운동이었다고 할 수 있다. 반면, 척사위정운동은 성리학적 가치의 정체성 강화를 통해 전통문화와 민족국가로서의 자주성을 확보하고자 하는 성격을 지니고 있었다.

그러나 이와 같은 조선 후기 종교운동의 전개와 분화가 곧 조선 사회의 진보와 근대화를 의미하는 것은 아니다. 조선 후기에 전개되었던 민중종교운동 가운데는 미륵신앙운동이나 정역계(正易系) 신종교운동과 같이 복고적 성격을 갖는 종교운동들도 있었다. 여기에서 파악코자 하였던 것은 어떻게 하여 조선 후기에는 그 이전과 달리 다양한 종교운동이 전개될 수 있었으며, 그러한 종교운동들이 갖는 의미는 무엇이었는가 하는 점을 구명하는 것이었다. 조선 후기에 전개되었던 다양한 종교운동들이 조선 사회의 진보나 근대화에 어떠한 기여를 하였는가 하는 점은 각각의 종교운동을 대상으로 한 별도의 연구를 통해 검토되어야 할 것이다.

제 2 장

# 미륵신앙운동과 비결신앙운동의 전개

## 1. 새로운 세계의 도래와 메시아운동

인간은 누구나 완전한 세상에서 살고자 하는 열망을 지니고 있다. 이러한 인간의 열망은 인간의 자유와 평등, 그리고 평화와 복지가 실현되는 이상사회(理想社會)에 대한 갈구로 나타난다. 지금까지 제시되어 왔던 수많은 사회사상들은 인류가 실현해야 할 이상사회의 모습과 그것을 이루기 위한 방안을 주 내용으로 한다고 볼 수 있다.

이상사회의 실현은 종교에서도 마찬가지로 강조된다. 모든 종교들이 지향하는 궁극적 목적은 인간의 구원이다. 대부분의 종교들은 현실 세계를 모순과 부조리, 죄악과 고통으로 가득 찬 세계로 규정하면서, 인간의 자유와 평등, 평화, 복지가 실현되는 이상 세계를 약속한다. 이러한 이상 세계는 '천당'이나 '극락'과 같은 내세(來世) 개념으로만 나타나는 것은 아니다. 그것은 언젠가 이 세상에서 실현될 이상적인 공간 개념으로 나타나기도 한다. 불교에서 말하는 '용화세계(龍華世界)', 그리스도교에서 강조하는 '하나님 나라'나 '그리스도 왕국', 그리고 '이슬람 영역(Dar al-Islam)'이라는 이슬람적 공간 개념은 지상에서 이루어질 이상 세계를 가리키는 용어들이다. 또한 중국이 온 천하에 영향을 미친다는 뜻으로서의 '중화사상(中華思想)'도 이와 같은 종교적 상징의 유교적 표현이라 할 수 있다.[1)]

이상사회를 향한 인간의 열망은 사회운동의 동인(動因)으로 작용한다. 기존 사회질서를 혁파하거나 개혁하려는 모든 형태의 집합행동(collective behavior)은 보다 나은 사회를 이루려는 인간의 의지를 바탕으로 전개된다. 이러한 의지는 마르크스(Karl Marx)가 주장하는 계급투쟁과 같은 세속적 방식으로 나타나기도 하지만, 경우에 따라서는 종교적 방식으로 표현되기도 한다. 특히 사회적 모순과 부조리가 극심하고 그것을 개선할 현실적 대안이 없다고 판단될 때에는 자신들을 억압과 고통으로부터 해방시켜 줄 메시아 출현에 대한 대망(待望)으로 나타난다. 대부분의 메시아운동이 사회변혁기나 사회적 혼란이 극심할 때 발생하는 것은 이 때문이다.

메시아는 흔히 '심판자' 또는 '제세주(濟世主)'로 간주된다. 그는 기존 사회체제를 심판하고 모순과 부조리로 가득 찬 낡은 질서를 타파하며 진정한 자유와 평등, 평화 그리고 복지가 실현되는 이상 세계를 건설해 줄 '해방자'로 신앙된다. 그렇기 때문에 메시아 신앙은 낡은 질서의 청산과 새로운 세계의 대림을 갈망하는 '천년왕국 사상(millenarian thought)'

1) 중화사상이 갖는 종교적 의미에 관해서는 로버트 벨라, 《사회변동의 상징구조》, 박영신 옮김, 삼영사, 1981, pp. 160-162를 참조할 것(Robert N. Bellah, "Epilgue", Robert N. Bellah(ed.), *Religion and Process in Modern Asia,* Free Press, 1965).

또는 '지상천국 신앙(地上天國信仰)'으로 연결된다. 이러한 신앙은 현실 세계의 고통이 극심할수록, 그리고 보다 억압과 고통을 받는 집단이나 계급에게서 강하게 표출된다. 이러한 신앙은 현실 세계를 변혁하려는 민중의 열망과 결합됨으로써 전통사회에서는 민중운동의 구심점으로 작용하였다.

근대에 접어들면서 전개되기 시작한 한국의 민중운동이나 신종교운동에 지대한 영향을 끼친 메시아 대망 사상은 미륵신앙(彌勒信仰)과 비결신앙(秘訣信仰)이었다. 이 두 가지 신앙은 민란을 비롯한 민중운동과 신종교운동에서 민중을 불러 모으고 그들을 의식화시키며 운동의 목표와 방향 그리고 방법을 제시하는 중심 이데올로기로 작용하여 왔다. 따라서 이 두 가지 신앙은 한국 메시아운동의 이념적 기반이 되어왔다.

미륵신앙은 불교의 메시아 사상이라 할 수 있다. 이 신앙은 석가모니불이 그 제자 중 한 사람인 미륵에게 장차 성불하여 제1인자가 될 것이라고 한 내용을 편찬한 미륵삼부경(彌勒三部經)을 토대로 발생한 신앙이었다. 이에 따르면, 석가가 입멸(入滅)한 후 56억 7천만 년이 지나면, 미륵이 도솔천으로부터 세상에 내려와〔彌勒下生〕 성불하고 용화수(龍華樹) 아래에서 세 번에 걸친 설법으로 중생을 제도(濟度)한다고〔龍華三會〕 한다. 미륵신앙은 상생신앙(上生信仰)과 하생신앙(下生信仰)으로 구분된다. 미륵상생신앙은 사람이 죽은 후 미륵이 있는 도솔천에 상생했다가 미륵이 하생할 때 염부제(閻浮堤)로 내려와 세 차례에 걸친 설법 중 첫 번째 법회에 참여하여 구원을 받게 된다는 신앙이며, 미륵하생신앙은 미륵을 믿고 착한 행실을 함으로써 용화삼회에 참여하기를 바라는 신앙이다.

그러나 이러한 차이에도 불구하고 미륵사상은 인간의 삶을 제약하는 모든 문제들을 해결해 주는 당래불(當來佛)로서의 '미륵'이 출현할 것이라는 대망을 지닌다는 점에서 타 종교의 메시아 신앙과 공통점을 나타낸다. 이와 같은 미륵사상은 인도의 서북지방을 중심으로 2-3세기부터 성행하기 시작하였으며, 그 후 동남아시아와 동아시아 여러 지역으로 확산되었다.

한편, 한국의 민간신앙과 자생종교운동에 지대한 영향을 끼친 또 하나의 사상은 비결신앙이었다. 원래 비결이란 세상에 알려지지 않은 비밀스러운 방법, 비약(秘藥), 비요(秘要) 등을 뜻한다. 그러나 일반적으로는 신선이 되는 방법을 가르쳐주는 득도비결(得道秘訣)과 앞으로 일어날 국가의 장래 사건을 알려주는 국사비결(國事秘訣)의 두 가지를 뜻하는 것으로 사용된다.[2] 대부분의 국사비결은 낡은 질서를 타파하고 새로운 질서를 열어 줄 메시아의 출현을 포함하고 있다.

조선 후기의 민중운동과 신종교운동에는 이 두 가지 비결신앙이 모두 작용하였다. 그러나 득도비결은 주로 개인적 목적을 추구하는 수단으로 지칭되어 온 데 반해, 국사비결은 국가와 민족, 나아가서는 인류의 장래 문제와 함께 이 세상을 구원할 메시아의 대림(待臨)과 관련되면서 민중운동과 신종교운동의 중심 이념으로 작용하여왔다.

여기에서는 먼저, 미륵신앙의 수용과 전개과정을 살펴본 다음, 조선 후기에 활발하게 전개된 미륵신앙운동과 비결신앙운동의 전개과정을 검토하고, 한국 사회에서 이들 신앙이 지니고 있는 성격과 과제를 논하기로 한다.

---

2) 권오호, 〈비결〉, 《한국민족문화대백과사전》, 10, 한국정신문화연구원, 1989, p. 635.

## 2. 한국 사회에서의 미륵신앙의 수용과 전개

미륵신앙이 한민족에게 전해진 구체적인 시기는 명확하지 않다. 그러나 고구려 평원왕 13년(571년)에 세워진 것으로 추정되는 《신묘명삼존상(辛卯銘三尊像)》 명문(銘文)을 통해 이 시기에 이미 미륵신앙이 존재하였음을 알 수 있다. 고구려에 불교가 북위(北魏)를 통해 전해졌으며 불상의 양식 또한 북위의 불상들과 가깝다는 점을 감안한다면,[3] 미륵신앙 역시 북위와 마찬가지로 미륵과 아미타 신앙이 혼재된 것으로 추측할 수 있다.

그러나 백제와 신라에서는 미륵신앙이 대단히 활발했을 뿐 아니라 성격 또한 독특했던 것처럼 보인다. 《일본서기(日本書記)》에는 백제가 일본에 불교를 전할 때 미륵상도 함께 전한 것으로 기록되어 있으며, 《삼국유사(三國遺事)》에서는 백제의 미륵선화(彌勒仙花)에 관한 설화가 포함되어 있다. 또한 백제 무왕(武王)은 거대한 미륵 도량인 미륵사(彌勒寺)를 창건하였으며, 36년간 국력을 총동원하여 익산의 미륵사를 완성하였다. 이러한 사업들은 미륵불의 세계를 국토적으로 실현하려는 의도로서, 백제의 미륵신앙이 대단히 구체적이고 적극적이었음을 드러내는 것이라 할 수 있다.

신라 또한 미륵 경전과 유식(唯識) 관계의 저서를 많이 저술한 원효(元曉)나 전륜성왕(轉輪聖王)을 자처한 진흥왕(眞興王)의 경우에서 나타나는 바와 같이, 일찍부터 미륵신앙이 활발하였다. 신라의 미륵신앙은 화랑(花郎)을 '용화향도(龍華香徒)' 나아가서는 '미륵'이라 부름으로

---

3) 김영태, 〈삼국시대의 미륵신앙〉, 불교문화연구원 편, 《한국미륵사상연구》, 동국대학교 출판부, 1987, pp. 25-31.

써 미륵이 화랑으로 변화하였다는 점과, 미륵신앙에 의해 현신성불(現身成佛) 한다는 점에서 특색을 지니고 있었다. 이것은 신라에서는 미륵사상을 현실 세계로 끌어들여 난국 타개에 활용하였으며, 삶의 질을 향상시키는 희망의 상징으로 삼았음을 뜻한다.[4] 이와 같이 신라의 미륵신앙은 관념적이고 이상적인 신앙으로 그치지 않고 사실적 혹은 현실적으로 매우 구체적인 적극성을 보이고 있었다. 즉, 신라의 미륵신앙은 인격적인 구현을 이상으로 삼음으로써 인도나 중국에서 신앙되던 미륵신앙보다 매우 실질적이며 개척적인 성격을 띠고 있었던 것이다.[5]

백제의 미륵신앙이 국토적 구현을 이상으로 하고 있었던 데 반해, 신라의 미륵신앙은 인격적 구현을 이상으로 한다는 특성을 지니고 있었다. 그러나 이러한 특성들은 미륵신앙의 방향 설정일 뿐, 그 자체로서는 미륵불국토(彌勒佛國土)를 지상에 구현시키려는 종교운동은 아니었다. 민족을 구제하고 이 국토 위에 미륵불국토를 실현하려는 종교운동은 통일신라시대의 진표율사(眞表律師)에 의해 처음으로 전개되기 시작하였다. 그는 국토적 구현을 이상으로 하는 백제의 미륵신앙과 인격적인 구현을 목적으로 하는 신라의 미륵신앙을 융합시킴으로써 인격적·국토적 미륵신앙을 백제 땅에서 전개코자 하였다. 그는 모악산 금산사(金山寺)를 제1도량으로, 금강산 발연사(鉢淵寺)를 제2도량으로, 그리고 속리산 법주사(法住寺)를 제3도량으로 창건함으로써 용화삼회의 설법도량으로 표시코자 하였으며, 미륵신앙을 통한 새로운 종교운동을 시도해 나갔다. 그는 우리 국토가 특히 미륵과 인연이 깊다는 백제와 신라

---

4) 위의 논문, pp. 52-59.

5) 김삼용, 〈미륵신앙의 원류와 전개〉, 《한국사상사학》, 6 : 《미륵사상의 본질과 전개》, 1994, p. 23.

의 신앙 전통을 계승하고 있으며, 미륵의 교법을 받아 십악(十惡)을 참회하고 십선(十善)을 실천시키는 교화운동을 전개함으로써 이 국토에 미륵불이 출현할 용화세계를 구현시키고자 하였다.

진표율사의 미륵사상은 민중적 성격과 함께 유식(唯識, 法相宗)과 관련을 맺는다는 점에서 특징을 지니고 있었다.[6] 그는 철학적인 설법보다는 도력(道力)을 통해 민중에게 미륵사상을 전파시키고자 하였으며, 백제 유민(百濟遺民)의 피해의식과 저항의식을 교화활동과 접목시켰고, 만민의 평등성을 강조하는 중국의 삼계교(三階敎)로부터 영향을 받고 있었다. 또한 미륵으로부터 간자(簡子)를 받았다고 전해지는 것[7]에서 알 수 있는 것처럼, 그는 유식과도 상당한 연관성을 지니고 있었다.[8]

미륵신앙은 정치적 격변과 사회적 혼란이 극심했던 통일신라 말기에 접어들면서 정치권력의 장악과 지배합리화의 수단으로 이용되기 시작하였다. 이러한 시도는 억압과 고통으로부터 벗어나려는 민중의 열망과 미륵불국토의 실현이라는 이상을 결합시킴으로써 자신의 정치적 목적을 이루려는 시도로 나타났다. 이러한 시도는 후백제를 건국한 견훤(甄萱)과 태봉을 건국한 궁예(宮裔)에게서 찾아볼 수 있다.

견훤과 미륵신앙과의 관련성은 견훤이 미륵사 탑을 복구하였고[9] 미륵신앙의 거점인 금산사를 중창하였다는 기록,[10] 그리고 말년에는 자

---

6) 조용헌, 〈진표율사 미륵사상의 특징〉, 대산 김상룡박사 고희기념논총간행위원회 편, 《마한·백제문화와 미륵사상》, 원광대학교 출판국, 1994, pp. 813-834 참조.

7) 《삼국유사》, 〈진표전간〉 참조.

8) 미륵은 유식의 가르침을 설한 법상종의 종조(宗祖)로 간주되고 있다.

9) 허흥식, 《고려불교사 연구》, 일조각, 1986, p. 586.

10) 금산사 사지(寺誌)에서는 "寺는 甄萱王의 崇奉한 바 되어 一新 重創을 得하였다"

신의 아들인 신검(新儉)에 의해 금산사에 3개월간 유폐되었다는 사실[11] 등에서 찾아볼 수 있다. 견훤의 후백제운동이 봉기할 수 있는 이념적 근거가 미륵사상이라는 주장[12]은 이러한 사실들에 의해 가능하다. 물론, 이러한 사실만으로 견훤이 진표율사의 미륵신앙을 계승하여 반(反)신라적인 이상국가의 건설을 실현코자했던 것으로 볼 수 없다는 주장도 있다.[13] 그러나 옛 백제를 되찾으려는 백제 유민들의 소망이 통치력이 약화된 통일신라 말기에 더욱 증가될 수 있었고, 당시 견훤이 금산사와 인접한 완산주〔현 전주〕를 거점으로 후백제를 통치하고 있었다는 사실은 그의 집권과 지배합리화에 미륵신앙이 어떤 형태로든 영향을 끼쳤을 가능성을 엿볼 수 있게 한다.

미륵신앙의 정치적 이용은 궁예에게서 더욱 두드러지게 나타난다. 그는 자신을 '미륵불'로 자처하면서 자신의 맏아들은 '청광보살(青光菩薩)', 막내아들은 '신광보살(神光菩薩)'이라 하여 협시보살로 삼았으며, 스스로 불경 20여 권을 만들고 미륵관심법(彌勒觀心法)을 행한다고 주장하면서 미륵신앙을 통해 권력의 정당성을 확보하고자 하였다.

왕권의 확보와 보호, 그리고 미륵불국토의 실현 등에서 볼 수 있듯

---

고 기록되어 있다. 최순식, 〈백제 유민의 저항운동과 미륵신앙의 변천과정－전북 모악산 금산사를 중심으로〉, 한국사상사학회 발표논문, 1992. 8. 12, p. 10 참조.

11) 이기백은 이러한 사실을 통해 견훤이 금산사를 자주 방문했을 것이며 따라서 진표의 미륵신앙과 어떤 관련이 있었을 것으로 보고 있다. 이기백, 〈진표의 미륵신앙〉, 《신라사상사연구》, 일조각, 1986, p. 274 참조.

12) 황석영, 〈미륵의 세상, 사람의 세상〉, 김지하 외, 《미륵사상과 민중사상》, 한진출판사, 1988, pp. 181-183.

13) 김상현, 〈진표의 미륵신앙과 그 역사적 의의〉, 《제1회 미륵사상학술세미나 주제논문집》, 미륵사상연구협의회, 1998. 10. 29, p. 60.

이, 삼국시대와 통일신라시대의 미륵신앙은 주로 상층계급을 중심으로 하고 있었다. 미륵신앙이 민중세계에 널리 확산된 것은 고려조에 들어오면서부터였다. 오늘날 전해지는 석불들의 대부분이 고려시대의 양식으로, 미륵불상으로 신봉되고 있다는 점은 이를 나타낸다고 할 수 있다. 이러한 미륵신앙의 대중화는 고려 말기의 정치적 · 사회적 혼란과 결합되면서 미륵하생신앙으로 굳어지기 시작하였다. 이러한 점은 미륵불이 하생하여 교화하는 용화회에 참여하여 미륵불에게 향을 공양하기를 발원하여 향목(香木)을 해변에 묻어 두는 풍속이 행해지고 있었던 것이나, 우왕 때의 이금(伊金)이 미륵불로 자처하여 민중의 존경을 받았던 것에서도 드러나고 있다.

고려시대에 민중세계에 널리 확산되었던 미륵신앙은 조선시대에 접어들면서 크게 위축되기 시작하였다. 그것은 성리학(性理學)을 사회의 통치 이념으로 삼은 조선왕조가 초기부터 철저한 숭유배불정책(崇儒排佛政策)을 시행하였기 때문이었다. 조선 초기 지배계급에 의해 시행된 불교 이념으로부터 유교 이념으로의 전환 작업은 민중의 생활 체험과는 관계없이 지배권력의 교체에 따라 시행된 통치 이념의 전환 작업이었다. 따라서 그것은 공권력에 의한 강제성을 수반하게 되었고, 그 결과 미륵신앙을 비롯한 여타의 불교사상이나 민간신앙은 위축될 수밖에 없었다.

## 3. 조선 후기 민중의 동요와 민중운동의 전개

조선 후기에 현재화된 사회적 모순의 심화는 민중세계를 크게 동요시키기 시작하였다. 그것은 민중의식의 강화와 민중운동의 조직화로 나타났다.

우선, 민중 생활조건의 악화는 민중들로 하여금 민중의식의 계발과 결속을 통해 양반 사족(兩班 士族)에 대한 저항을 촉발시키는 결과를 낳게 되었다. 물론 양반 사족은 자신들의 결속을 강화함으로써 자신들에 대한 민중의 저항을 극복코자 하였지만,[14] 민중의 동요와 그에 따른 저항은 사회적 모순의 심화에 따라 점점 강하게 나타나기 시작하였다. 민중은 자신의 생활문화의 일부로 삼아온 향도(香徒), 음사(淫祠)나 촌계류(村契類)의 조직을 통해, 그리고 노동 조직인 두레를 통해, 자신들의 결속을 강화하여 갔다. 한편, 촌계나 두레 등 촌락사회를 기반으로 한 조직이 강화됨과 동시에 촌락사회로부터 이탈되어 간 하층민들도 민중 결사를 시도하였다. 유망(流亡)한 농민들 가운데 도성이나 읍성 주위에 거주하던 이들은 생계유지나 지위의 수단으로 향도계를 조직하여 잡역을 담당하기도 하였으며, 일부 하층민들은 검계(劍契)나 살주계(殺主契)와 같은 불법적인 조직을 결성하기도 하였다.[15] 이러한 민중의 저항은 봉건사회체제의 청산과 새로운 세계의 도래를 희구하는 반봉건·반왕조적 성격을 지닌 조직적인 민중운동으로 파악될 수 있다.

그러나 민중사회가 동요하고 있다고 하더라도 그것이 민중운동과 같

---

14) 예를 들면, 17세기 이후 향촌사회(鄕村社會) 양반 사족(士族)들이 동계(洞契)나 향약(鄕約)의 재편 중수를 포함한 상하 합계적 향약 조직을 확대하기 시작하였던 것은 자신들의 결속과 민중에 대한 지배를 강화함으로써 향촌 질서를 안정적으로 유지하기 위한 조처였다고 할 수 있다. 또한 18세기를 전후해서 강화되기 시작한 족계(族契)나 문계(門契), 유력 성씨들이 상민 촌락 곧 민촌(民村)을 지배하기 위한 시도로 형성하기 시작한 반촌(班村), 그리고 향교와 서원 및 사우(祠宇)를 장악하고 폐쇄적 신분혼을 통해 지역 사회에서 유력 성씨를 형성코자 하였던 것도 민중의 저항을 억제코자 하는 양반 사족들의 대응 방법이었다고 할 수 있다. 조광, 《한국사》, 36 : 《조선 후기 민중사회의 성장》, 국사편찬위원회, 1998, pp. 3-5 참조.

15) 위의 책 참조.

은 하나의 집합운동(collective behavior)으로 진전되기 위해서는 민중이 사회적 모순의 원인과 그에 대한 해결 방안을 인지하는 한편, 민중의 인식을 하나로 결집시키고 조직화시킬 수 있는 지도자가 반드시 있어야 한다. 지도자는 민중의 소망과 의지를 수렴하여 통일시키는 한편, 새로운 미래상을 제시함으로써 민중운동의 방향과 방법을 결정하는 역할을 담당한다.

조선 후기에 민중운동의 주도적 역할을 담당하였던 사람들은 대부분 유랑 지식인들이었다. 이들은 소외된 서얼(庶孼)과 중인(中人), 몰락한 양반과 자발적 은둔자, 범죄자나 그 후손, 지배적 담론(談論)으로부터 배제된 사상을 탐닉한 자, 또는 교육받은 평민이나 천민들로서 다양하였다.16) 그러나 훈장(訓長)·지관(地官)·의원(醫員) 등이 전형을 이루는 이들 유랑 지식인들은 여러 지역을 전전하면서 조선 후기사회에 심화된 구조적 모순과 민중의 실존 상황을 잘 인지하고 있었다. 또한 이들은 문장과 지식을 중시하는 성리학적 가치가 지배하는 사회체제에서 상당한 지적 능력을 소유하고 있었으면서도 정치적·경제적으로는 소외되어 있었다. 따라서 이들은 배경상의 다양성에도 불구하고 기존 사회체제에 대해 비판적이며 부정적인 사회의식을 가졌다는 공통점을 갖고 있었다.

이들은 유랑 생활에서 접촉하게 되는 민중과의 접촉을 통해 조선 사

---

16) 윤병철, 〈조선 후기 유랑지식인의 사회사적 의미〉, 《정신문화연구》, 제20권 제4호(통권69호), 한국정신문화연구원, 1997, pp. 59-65, 75. 당시 유랑지식인의 특성과 역할에 관해서는 이 밖에도 같은 책에 수록되어 있는 정순우의 〈조선 후기 유랑지식인 형성의 사회문화적 배경〉; 장영민의 〈유랑지식인과 사회변혁운동〉; 그리고 진재교의 〈이조후기 유랑지식인의 문학사적 의미〉 등을 참조할 것.

회의 모순을 그들에게 인식시키고 반봉건적 · 반왕조적 성향을 확산시키는 한편, 민중의 역량을 조직화하여 반봉건 · 반왕조 운동을 전개하기 시작하였다. 조선 후기 민중의식의 계발과 이를 바탕으로 한 민중운동은 대부분 이들의 주도로 전개되었다.

그러나 민중의 의식이 하나의 민중운동으로 연결되기 위해서는 기존 사회체제가 나타내는 사회적 모순의 원인과 그에 대한 나름대로의 해결 방안이 제시되어야 한다. 즉, 참여자들의 참여 동기를 유발하고 운동의 목표를 제시할 수 있는 이념적 토대가 필요하다. 조선 후기의 유랑 지식인들은 그것을 비결이나 잡술(雜術), 그리고 미륵신앙에서 찾았다. 이들은 민중의 생활 세계와 밀접히 연관되어 있는 비결이나 잡술, 그리고 자신들이 지닌 유교적 가치와는 상당한 거리가 있었지만, 민중세계에 잠재되어 있던 미륵신앙을 새롭게 체계화하거나 변형함으로써 기존 사회체제의 종말과 새로운 미래의 도래를 약속하였다.

인간 세계가 혼란에 빠졌을 때 미륵이 출현하여 모든 혼란을 제거하고 새로운 이상사회인 정토세계(淨土世界)를 열어 줄 것이라는 미륵신앙은 정치적 · 사회적 변혁기마다 현세 고통으로부터 벗어나려는 민중의 열망과 결합하면서 민중세계에 널리 확산되어 왔다. 특히, 당래불로서 미륵의 하생 출현에 대한 갈망은 기아와 질병, 그리고 지배계급의 억압과 수탈로부터 구원해 줄 '해방자'에 대한 대망(待望)이라는 차원을 넘어 기존 사회체제를 재편성하려는 사회변혁의 이념으로 작용하였다.

예를 들면, 숙종(肅宗) 14년(1688년) 여환(呂還) 등 일단의 미륵신앙 신봉자들이 경기도 양주 지역의 농민을 무장시켜 '도성 입성(都城入城)'을 모의했던 것이나, 숙종 17년(1691년) 11월 황해도를 중심으로 전개되었던 '수양산 생불출현설(首陽山 生佛出現說)'과 숙종 23년(1697년)의

'장길산 사건(張吉山事件)' 등은 민중세계에 확산된 미륵신앙을 바탕으로 민중을 조직화하고 사회질서를 재편하려는 사회변혁운동의 대표적 사례들이라 할 수 있다.[17]

한편, 참위설(讖緯說)과 풍수설(風水說)에 연원을 두는 비결사상은 미래국토(未來國土)의 대망이라는 예조신앙(豫兆信仰)을 특징으로 한다. 특히, 18세기 이래 민중세계에 널리 퍼지기 시작한《정감록(鄭鑑錄)》은 해방자의 출현을 알리는 진인 신앙(眞人信仰), 낡은 왕조는 멸망하고 새로운 왕조가 출현하여 새 도읍지를 건설할 것이라는 신도 신앙(新都信仰), 난리가 발생하더라도 피하기만 하면 안전한 곳이 있다는 일종의 피난처 신앙인 승지 신앙(勝地信仰), 이상국가는 남쪽에서부터 시작될 것이라는 남조선 신앙(南朝鮮信仰) 등을 포함하고 있지만, 내면적으로는 지배층에 대한 저주와 조선왕조의 종말을 강조하고 있었다.

따라서《정감록》의 확산은 기존 질서를 타파하고 새로운 질서를 구축하려는 민중의 열망을 응집시킴으로써[18] 사회변혁운동의 이념으로 작용할 가능성을 충분히 갖고 있었다. 이러한 가능성은 실제로 영조 31년(1755년) 지리산 하동(河東) 일원을 근거로 비기(秘記)에 의한 미래국토를 건설하려 모의했다고 하여 주동자들이 처형당한 '남변사건(南變事件)'을 비롯하여 여러 차례에 걸친 변란으로 나타났다.[19]

---

17) 숙종 연간의 미륵신앙과 사회운동에 관해서는 다음을 참조할 것. 정석종, 〈조선 후기 숙종 연간의 미륵신앙과 사회운동〉,《한우근박사 정년기념사학논총》, 1983, pp. 409-446 ; 정석종,《조선 후기 사회변동 연구》, 일조각, 1983, pp. 44-60.

18) 신일철, 〈《정감록》 해제〉,《세계사상전집》, 41 :《한국의 민속 · 종교사상》, 삼성출판사, 1977, pp. 269-280 ; 양은용, 〈근대 한국의 도참사상〉, 숭산 박길진박사 고희기념사업회,《한국 근대종교사상사》, 원광대학교 출판국, 1984, p. 102 참조.

이와 같이 미륵신앙과 비결신앙은 조선 후기의 해체상황과 맞물리면서 민중의식의 강화와 민중 결집의 구심점, 그리고 사회변혁을 위한 이념적 토대로 기능하기 시작하였다. 18세기와 19세기에 걸쳐 민란이 전국적으로 발생할 수 있었던 것은 민중의 실존 상황이 극도로 열악했었다는 사회적 조건과 함께, 사회적 모순과 긴장의 원인을 설명하고 새로운 사회의 도래를 약속하면서 민중을 결집시키는 신념체계가 있었기 때문에 가능한 것이었다. 조선 후기의 민중세계에서 낡은 사회질서를 혁파하고 새로운 사회의 도래를 약속하는 중심적 혁세사상(革世思想)은 미륵신앙과 비결신앙이었다.

## 4. 미륵신앙과 비결신앙이 근대 종교운동에 끼친 영향

조선 후기에 전개된 민중운동들은 풍부한 종교성을 가졌음에도 불구하고 그것이 내포한 신비적 요소와 주술성으로 인해 항구적인 인적 통합의 기능을 창출해 내지 못함으로써 우발적이고 일시적인 운동에 그치고 말았다. 또한 주술적인 힘에 의지하여 종교적 결사체를 도모하거나 보다 제도화된 종교 교단으로 연결되지 못하고 주변부에서 미성숙한 천년왕국적인 민중운동에 그치고 말았다.[20)]

그러나 17-18세기에 확산되었던 미륵신앙운동과 비결신앙운동은 봉건체제에서 억압받던 민중이 종교적 이념과 이상 세계에 대한 대망을

---

19) 이에 관해서는 황선명, 《조선조 종교사회사 연구》, 일지사, 1985, pp. 277-279 ; 고성훈, 〈정조조 정감록 관련 역모사건에 대하여 – 이경래·문인방 사건을 중심으로〉, 《하석 김창수 교수 화갑기념 사학논총 – 역사학의 제 문제》, 범우사, 1992를 참조할 것.

20) 황선명, 위의 책, p. 282.

바탕으로 전개한 운동이었다는 점에서는 새로운 종교운동의 기반을 제공한 것으로 볼 수 있다. 즉, 민중사회에서의 미륵신앙과 비결신앙의 확산은 그동안 억눌려 왔던 민중의 종교적 욕구를 분출시키는 계기를 마련함으로써 성리학적 가치에 의해 사회통합을 유지해 오던 조선왕조에서 새로운 종교운동의 출현을 예비케 하였다는 점에서 중요한 의미를 갖는 것으로 볼 수 있다.

당시 민중은 성리학에 친화성을 가질 아무런 이유도 갖고 있지 않았다. 그들은 지배권력의 유교적 사회화와 강압 정책 때문에 지배이데올로기로 군림하는 성리학에 저항하지 못하고 있었지만, 조건과 계기만 마련된다면 새로운 가치와 사회질서를 추구할 가능성을 충분히 갖고 있었다. 이러한 가능성을 실제의 종교운동으로 표출시킨 것이 바로 유랑지식인들이 확산시킨 미륵신앙과 비결신앙이었던 것이다. 이러한 점에서 새롭게 체계화된 미륵신앙과 비결신앙의 확산은 단일한 형태를 나타내던 조선조의 종교 문화가 후기에 이르러 급속히 분화되기 시작하였음을 뜻하는 것이기도 하였다.

미륵신앙과 비결신앙은 19세기에 접어들면서 더욱 확산되었다. 또한 이러한 신앙과 사상을 바탕으로 기존의 사회체제를 전복하려는 사회변혁운동 또한 더욱 거세게 일어나기 시작하였다. 19세기에 이르러 전국적으로 발생한 수많은 민란은 대부분 이와 같은 사상을 바탕으로 낡은 질서를 청산하고 새로운 질서를 수립하려는 민중운동으로서의 성격을 지니고 있었다.[21] 또한 19세기 중엽 이후 발생하기 시작한 동학(東學)

---

21) 병란(兵亂), 변란(變亂), 민란(民亂), 민요(民搖) 등으로 불리는 조선 후기의 민중운동이 갖는 성격에 대해서는 다음을 참고할 것. 변태섭 외, 《전통시대의 민중운동》, 상·하, 풀빛, 1981 ; 망원한국사연구실, 《19세기 농민항쟁분과

을 비롯한 신종교운동도 혁세사상(革世思想)을 바탕으로 민중이 주체가 되어 전개한 운동이었다는 점에서는 민란과 성격을 같이 하고 있었다. 단, 두 운동 간에 차이가 있다면, 사회변혁운동은 그 방법을 '민란'이나 '변란'과 같은 세속적 방법에 두었던 반면, 신종교운동은 '운도(運度)'나 '개벽(開闢)'과 같은 초월적 방법에 의존했을 뿐이었다. 그러나 이러한 방법상의 차이에도 불구하고 당시의 민중운동은 사회변동의 필연성과 이상적인 사회상을 제시하는 미륵신앙이나 비결신앙으로부터 상당한 영향을 받고 있었다는 점에서는 공통점을 갖고 있었다.[22]

미륵신앙과 비결신앙은 두 가지 측면에서 그 후에 전개된 자생 신종교운동에 지대한 영향을 끼쳤다.

그 하나는 이 두 가지 신앙이 사회변혁의 이념으로 작용하였다는 점이다. 한국에서 발생한 거의 모든 신종교운동들은 용화세계나 지상천국이 한국에서 실현된다는 점을 강조한다. 신종교들이 추구하는 후천선경(後天仙境), 지상천국(地上天國), 천년왕국(千年王國)은 미륵신앙에서의 용화회상(龍華會上)이나 비결신앙에서의 신도 신앙과 동일하다. 즉, 도래할 이상 세계의 명칭은 다르지만, 그 모습은 미륵경전에 나타나 있는 용화회상의 모습이나 비결신앙에서 지칭하는 신도(新都)와 일치하고 있는 것이다. 또한 지나온 사회체제나 사회질서를 '낡은 세계'로 규정하면서 새로운 사회체제나 사회질서의 도래를 약속하는 신종

---

1962년 농민항쟁》, 동녘, 1988 ; 한명기, 〈사회세력의 위상과 저항〉, 《조선정치사, 1800-1863》, 청년사, 1990 ; 고석규·송찬섭·배항섭, 〈19세기의 민중운동〉, 《한국사》, 36 : 《조선 후기 민중사회의 성장》, 국사편찬위원회, 1997.

22) 노길명, 《한국신흥종교연구》, 경세원, 1996, pp. 35-37 ; 노길명, 〈한국 신종교운동의 전개과정〉, 《한국 종교》, 23, 1998, pp. 332-338 참조.

교운동의 이념 역시 어떤 형태로든 미륵신앙이나 비결신앙과 깊게 관련되고 있다.

그리고 다른 하나는 메시아의 대림 사상이다. 대부분의 신종교 교조들은 민중을 구제할 메시아로 간주되는데, 한국 신종교의 교조들은 '미륵불'의 화신(化身)이거나 비결신앙에서 강조하는 '정도령(鄭道令)'과 같은 진인(眞人)으로 강조된다. 한국 신종교운동과 미륵신앙과의 관련성은 자신을 미륵불이라 칭한 강일순(姜一淳)의 증산교운동은 물론,[23] 박중빈(朴重彬)의 원불교운동과[24] 대부분의 불교계 신종교운동에서 뚜렷하게 나타난다. 뿐만 아니라, 미륵신앙과 비결신앙은 봉남계·단군계·수운계·무속계는 물론 기독교계 신종교운동에 이르기까지 대부분의 한국 신종교운동의 교리에서도 발견되고 있다.[25] 이러한 점은 그리스도계 신종교의 교리에서도 마찬가지로 나타난다. 예를 들면 세계일주평화국의 창교자 양도천이나 세계연합승리제단의 창교자 조희성 등은 자신을 '정도령'으로 지칭하고 있으며, 세계평화통일가정협회(통일교)에서는 재림주가 오기 전에는 그를 맞을 준비를 하도록 하는 예언의 소리가 있게 마련인데 한국에는 예전부터 '정도령'과 같은 메시아의 출현을 알리는 사상이 있어 왔기 때문에 재림주가 한국에서 출현하게 되는 것은 당연하다고 강조한다.[26]

---

23) 홍범초, 〈증산의 천지공사에 나타난 미륵사상〉, 《한국사상사학》, 6 : 《미륵사상의 본질과 전개》, 1994, pp. 153-170.

24) 류병덕, 〈일제 시의 미륵하생신앙〉, 《한국미륵사상연구》, 동국대학교 출판부, 1987, pp. 242- 255.

25) 김홍철, 〈한국 신종교의 미륵신앙〉, 《한국사상사학》, 6 : 《미륵사상의 본질과 전개》, 1994, pp. 249- 272 참조.

26) 이에 관해서는 노길명, 〈신종교 II－기독교계〉, 《한국 민속의 세계》, 10, 고

## 5. 미륵신앙과 비결신앙의 과제

조선 후기 민중에게 있어서 미륵신앙이나 비결신앙은 자신들의 삶과는 분리될 수 없는 가치였고 신앙이었다. 그들에게 있어서 지배종교의 가르침이란 고도의 학문적 수준과 설명체계를 통해서만 습득될 수 있는 것이었고, 자신들에게 억압과 굴종을 강요하는 지배질서를 정당화하고 강화하기 위한 지배이데올로기에 불과하였다. 그렇기 때문에 민중의 실존 상황과 그들이 사회현실에서 겪는 경험의 내용들을 설명하고 해석하기에는 지배종교의 가치체계는 적합할 수 없었다. 민중에게는 보다 단순하고 분명한 설명 체계, 그러면서도 낡은 기존 질서는 종말을 고하고, 억압과 굴종, 혼란과 고통을 걷어낸 새로운 세계가 도래하게 될 것이라는 종말론적이고 예언적인 메시지가 필요하였다. 미륵신앙과 비결신앙은 이러한 메시지로 민중세계에 수용되고 확산되었다. 그리고 이러한 과정을 통해 이 두 신앙은 낡은 사회질서의 청산과 새로운 미래의 도래를 약속하는 혁세사상 내지는 사회변혁의 이념으로 굳어지게 되었다. 이러한 점에서 이 두 신앙은 한국적 메시아 신앙으로 자리 잡아 왔고, 이 두 가지 신앙을 토대로 하여 발생한 한국의 신종교운동들은 한국적 메시아운동으로서의 성격을 지니면서 전개되어 왔다고 할 수 있다.

이것은 미륵신앙과 비결신앙이 민중의 신앙과 사상으로, 또한 사회적 모순의 발견과 지향해 나아가야 할 방향 설정의 지표로, 그리고 민중의 역량을 결집시켜 사회변혁을 촉구하는 민중운동의 이념적 가치로 작용해 왔다는 것을 의미한다. 즉, 이 두 가지 신앙은 민중의 애환을 달래주고 희망을 제시해 주는 소극적인 차원을 넘어 사회적 모순을 파악하

려대학교 민족문화연구원, 2001, pp. 369-403을 참조할 것.

고 지향해 나아갈 사회의 모습을 제시하면서 민중의 에너지를 집결시키는 구심점으로 작용하여 왔다는 점에서 독특한 성격을 지닌다고 할 수 있다. 이와 같은 역동성은 이 두 신앙이 메시아의 출현을 말세관과 결부시켜 이해함으로써 더욱 촉진되었다.

그렇다고 해서, 한국의 민중세계에서 활력을 지녀온 불교의 미륵하생사상이 불교의 다른 사상에 비해 사회변혁적 요소나 사회윤리적 성격을 더 지니고 있는 것은 아니다. 그러나 한국 사회에서는 미륵의 출세를 말세관과 결부시켜 이해함으로써 미륵사상은 더욱 역동성을 지니게 되었던 것이다. 그렇기 때문에 한국 미륵신앙의 재생과 활력은 오랜 역사 체험을 통해 쌓아온 미륵신앙의 변혁적 요소를 발견하여 현실 사회문제의 해결과 사회발전에 연결시키는 작업에서 찾아야 한다.

한국의 미륵신앙과 비결신앙이 지니는 사회변혁 이데올로기로서의 성격은 이들 신앙이 개인의 안락을 구하는 개인주의적 · 기복 중심적 차원을 넘어, 사회적인 불의와 구조적 모순을 타파하고 공동선을 추구하는 사회 중심적 · 세계 보편적 성격을 지니고 있다는 사실에서 잘 나타난다. 이것은 이들 신앙의 내면에는 이타적(利他的) 성격이 내재되어 있음을 의미한다. 한국의 미륵신앙은 자신의 문제를 초월적 권능에 무조건적으로 의지하려는 타력 신앙(他力 信仰)으로서의 성격만을 지니고 있는 것은 아니다. 거기에는 불교신앙의 본래적 특성인 자력 신앙(自力 信仰)도 강하게 내재되어 있다.

한편, 한민족에게 미륵사상은 불교라는 특정 종교 안에 가두어진 교리나 신앙만은 아니었다. 그것은 특정 종교의 범위를 넘어서는 한국 민중의 사상이었고 신앙이었다. 이러한 성격으로 인해 미륵신앙은 '민중종교운동' 또는 '민족종교운동'으로 불리는 신종교운동의 이념적 토대로

기능하였는데, 이는 그리스도교와 같은 서구종교가 봉건사회로부터 벗어나려는 민중의 열망과 결합되면서 쉽게 민중세계에 전파될 수 있었다는 사실에서도 미루어 짐작할 수 있다.

그러나 미륵신앙이나 비결신앙이 한국의 역사와 문화 속에서 순기능적 성격만을 나타내 왔던 것은 아니다. 일부 정치권력이나 사이비종교들에서 보이는 바와 같이, 이들 신앙은 권력자나 교주의 권력을 정당화하고 민중과 신도들을 수탈하는 수단으로 활용되기도 하였으며, 수많은 시한부 종말론의 확산에 영향을 끼치기도 하였다. 또한 이들 신앙은 자신이 직면한 문제들을 자신의 노력보다는 앞으로 현신(現身) 할 메시아에게 의탁하게 함으로써 한국의 종교문화에 개인주의적이고 기복 중심적이며 의타적인 성격을 강화하도록 하였던 것도 사실이다.

민중신앙으로 오랫동안 자리 잡아 온 이들 신앙이 발전하기 위해서는 개인 기복적인 차원을 넘어 사회적 모순과 부조리를 극복하고 이상적인 사회를 지향하려는 이타적이며 보편적인 가치를 찾아내는 동시에, 그것을 현실 사회 안에 구현시키려는 보다 적극적인 노력이 따라야 할 것이다. 이들 신앙이 지배계급으로부터 극심한 억압을 받으면서, 민중세계에 면면히 이어져 올 수 있었던 것은 이들 신앙이 지니는 독특한 역동성과 생명력 때문이었다고 할 수 있다. 따라서 이들 신앙이 저질의 토속신앙으로 머무르지 않고 보다 활성화된 민중의 신앙으로 활력을 되찾기 위해서는, 또한 보다 나은 사회 건설에 이바지하는 사회적 가치로 기능하기 위해서는, 그 안에 내재된 보편적이고 이타적이며 자력적인 성격을 찾아내어 활성화시키는 작업이 필요할 것이다.

제 3 장

# 천주교 신앙운동의 전개와 성격

한국 천주교회는 불과 2백 년의 짧은 역사에도 불구하고 세계적으로 크게 주목받고 있다. 그것은 한국 천주교회가 지닌 독특한 특성들 때문이라 할 수 있다.

우선, 한국 천주교회는 한국인들 스스로에 의해 창립되었다는 점에서 독특한 발생사적 성격을 가지고 있다. 대부분의 경우, 그리스도 신앙은 선교사들의 개입이나 노력에 의해 전달되었다. 그러나 한국의 경우는 다르다. 한국 사회에서의 천주 신앙의 수용과 교회의 창립은 서세동점(西勢東漸)이나 제국주의의 흐름과 같은 외적 충격이나 또는 선교사들의 노력과 같은 외적 요인의 직접적인 작용과는 무관하게 한국 사회의 내재적 요구와 한국인들의 자주적인 노력에 의해 수용되고 창립되었다. 이것은 그리스도교 선교 역사에서 유래를 찾을 수 없는 독특한 사건으로서, 천주교가 초기부터 한국 사회의 구조나 변동에 상당한 영향을 끼칠 가능성을 지니고 있었음을 뜻하는 것이기도 하다.

또한 한국 천주교회는 다른 사회에서는 찾아보기 어려울 정도로 극심한 박해를 받았다는 점에서도 주목의 대상이 되고 있다. 한국 천주교회는 창립 직후부터 1백 년 이상 정치권력으로부터 극심한 박해를 받으면서 약 1만 명에 달하는 순교자들을 냈다. 영국의 개신교 교회역사가 로빈슨(C. H. Robinson)이 "고대 로마제국의 그리스도교인들이 극심한 박해를 받았다고 하더라도 19세기에 한국 천주교 신자들이 겪었던 것과 마찬가지의 시련과 형고를 겪었다고는 잘라 말하기 어려울 것"[1]이라고 언급한 것이나, 한국 천주교회가 2백 년 남짓한 짧은 역사를 지니고 있으면서도 103위 성인을 시성받을 수 있었다는 것은 당시 받았던 박해의 규모나 수준이 어느 정도였는가를 잘 드러낸다고 할 수 있다. 또한 혹독한 박해를 겪으면서도 교회가 존속되고 발전되어 왔다는 것은 그 자체가 한국인의 종교적 욕구나 한국 사회의 요구에 천주교가 그만큼 부응하여 왔음을 나타내는 것이라 할 수 있다.

한국 천주교회는 이러한 박해를 겪었음에도 불구하고 급속한 성장을 나타내고 있다는 점에서도 주목의 대상이 되고 있다. 한국 천주교회의 교회 창립(1784년) 이후, 신자의 수효가 1백만 명에 이르기까지는 정확히 190년(1974년)이나 걸렸다. 그러나 그 1백만 명이 다시 1백만 명이 늘어 2백만 명에 이르기까지는 불과 12년(1986년)밖에 걸리지 않았다. 이후, 한국 천주교회의 신자 수효는 7년마다 1백만 명씩 증가하여 2004년 말 현재로는 450만 명에 이르고 있다. 오늘날의 전 세계 선교 상황에 비추어 본다면, 이러한 성장은 가히 경이적인 것이라 하지 않을 수 없다. 뿐만 아니라, 한국 천주교회는 인권운동, 사회정의구현운동, 민주

---

1) 민경배, 《한국 기독교회사》, 대한기독교서회, 1972, p. 20에서 재인용(C. H. Robinson, *History of Christian Missions*, Edinburgh : T. & T. Clark, 1915).

화 투쟁, 사회복지 활동 등을 통해 한국 사회의 발전에 상당한 공헌을 해 온 것으로 평가받고 있다.

여기에서는 초기 천주교 신앙운동을 중심으로 그 전개 과정과 성격 형성 과정을 살펴보기로 한다.

## 1. 서학운동의 전개

천주교 신앙운동은 성리학적 세계에 저항하던 민중운동과는 달리, 신문화(新文化)에 관심을 갖던 지식인들이 중심이 되어 전개한 서학운동(西學運動)에서 비롯되었다. 따라서 천주교 신앙운동의 전개와 성격을 이해하기 위해서는 서학운동에 대한 이해가 필요하다.

원래 서학이란 명(明)·청(淸)·조선(朝鮮) 등 유교적 전통사회의 일부 학자들이 서구의 과학기술과 한역서학서(漢譯西學書)를 자료로 하여 전개하였던 서구문명에 관한 학문 활동과 그 내용을 뜻한다.[2] 16세기 말엽 중국에 들어가 활동하던 마태오 리치(Matteo Ricci)를 비롯한 예수회(Jesuit) 선교사들은 그리스도문화와 유교문화의 만남 과정에서 발생할 수 있는 긴장과 갈등을 피하기 위해서는 양자 간의 상이점을 강조하기보다는 유교적인 관습과 문화 전통을 존중하면서 양자 간의 유사점을 찾는 것이 필요하다고 판단하고 있었다. 따라서 그들은 유교사상에 결핍되어 있거나 부족한 부분을 그리스도교의 교리로 보완시켜 주는 소위 보유론적 선교방식(補儒論的 宣教方式)을 채택하고 있었다. 이와 같은 관점에 따라 이들이 한문으로 저술하였던 서적들을 한역서학서라고 한

2) 이원순, 《조선서학사연구》, 일지사, 1986, pp. 8-13.

다. 한역서학서는 대략 360종 내외에 이르고 있는데,[3] 그 내용은 천주교의 교리와 사상뿐 아니라 서양의 과학과 기술까지 포함하고 있었다. 이와 같은 한역서학서는 정기적으로 북경을 왕래하던 부행사행원(赴行使行員)들을 통해 17세기 초부터 조선 사회로 유입되기 시작하였다.

한역서학서를 통한 서학의 전래는 실학사상가들에게 큰 충격을 주었다. 그들은 공리공담적(空理空談的) 성격을 나타내는 성리학에 대해 회의를 가지면서 조선 후기사회가 나타내는 사회적 모순과 긴장에 대한 해결 방안을 모색하고 있었기 때문에 새로운 사상인 서학에 대한 관심이 높을 수밖에 없었다. 여기에 덧붙여 한역서학서는 유교의 만남에서 발생할 수 있는 문화적 충돌이나 갈등을 극소화하기 위해 유교의 전통을 세심히 고려하여 저술된 것이었기 때문에 실사구시(實事求是)의 실용적 학문을 지향하던 실학사상가들의 지적 호기심을 충족시켜 주기에 충분하였다.

한역서학서가 조선 실학에 가했던 충격은 다음과 같은 몇 가지로 정리할 수 있다. 그 첫째는 세계관의 변화이다. 조선 사회는 전통적으로 중국을 세계의 중심으로 하고 그 밖의 지역은 모두가 변방이라는 이른바 화이론적 세계관(華夷論的世界觀)을 갖고 있었으며, 이를 바탕으로 중국과 사대관계(事大關係)를 유지하고 있었다. 그러나 한역지리서의 유입은 '내외지분(內外之分)'·'화이지분(華夷之分)'을 기반으로 춘추대의(春秋大義)를 내세우는 중화중심(中華中心)의 세계관으로부터 자주적인 국가의식과 개방적인 문화활동을 추구하는 근대적인 세계관으로의 전회(轉回)를 촉진시키는 계기가 되었다. 또한 서구 과학 기술의 소개

3) 이원순, 〈명·청말 한역서학서의 한국사상적 의의〉, 《한국 천주교회사논문선집》, 2, 한국교회사연구소, 1978, p. 143.

는 실증성과 실용성을 결여한 채 사장적(詞章的)이고 사변적인 학문으로 전락한 성리학과 예학(禮學)으로부터 탈피하여 합리적인 실용과학을 추구하도록 하는 자극제가 되었다. 그리고 인간의 존엄성과 사회적 평등을 강조하는 그리스도교 인간관은 봉건사회체제의 청산을 촉구하는 변혁 이념이 되기에 충분하였다.[4)]

그러나 당시 실학사상가들 모두가 서학에 대해 친화성을 나타냈던 것은 아니었다. 당시 서학에 대한 실학자들의 인지와 반응은 세 가지로 나타났다.[5)] 그 하나가 척사론자(斥邪論者)들의 반응이었다. 이들은 서학이란 근본적으로 성리학적 정통성과 순수성을 그르치는 것이기 때문에 전면적으로 배격해야 한다는 벽이단론적 입장(闢異端論的 立場)을 나타내고 있었다. 둘째는 서학의 내용을 긍정적인 인지 요소와 부정적인 인지 요소로 구분하면서 긍정적 요소들은 수용하고 이질적인 요소들은 배격하려는 이원론적 입장이었다. 주로 북학파(北學派)로 지칭되는 이들은 서학에 포함된 과학과 기술의 선진성과 실용성을 높이 평가하면서도, 서학의 종교·윤리적인 내용은 불교보다 하위의 것이고 만천무민(漫天誣民)의 유설(謬說)로 파악하고 있었다. 셋째는 서학을 전면적으로 수용코자 하는 입장이었다. 남인계(南人系) 소장학자들로서 소위 성호좌파(星湖左派)에 속하고 있던 지식인들이 이 입장을 취하고 있었는데, 이들은 서학이 갖는 종교성이나 과학성은 조선 사회를 통합하고 발전시키는 데 필요한 것이라고 인식하고 있었다.

---

4) 노길명, 《가톨릭과 조선 후기 사회변동》, 고려대학교 민족문화연구소, 1988, pp. 66-67.

5) 이원순, 앞의 책, pp. 184-235 ; 이원순, 《한국천주교사연구》, 한국교회사연구소, 1986, pp. 257-258 ; 노길명, 앞의 책, pp. 73-74 참조.

## 2. 교회 창립기의 신분 구성과 신앙 특성

한국 천주교회의 창립에 주도적 역할을 담당하였던 사람들은 세 번째 유형에 속한 지식인들이었다. 따라서 초기 천주교 신앙운동의 성격을 이해하기 위해서는 이들의 배경과 학문적 사상적 성향을 이해할 필요가 있다.

우선 이들은 중소토지 소유자들로서 대토지소유자들이었던 벌열층(閥閱層)과는 경제적 이해관계를 달리 하고 있던 자들이었다. 또한 이들의 상당수는 노론(老論)과의 이론 투쟁에서 참패하여 권력의 중심부에서 소외되고 있던 남인들이었다. 이들은 정조(正祖) 때에 일시적으로 정계에 재진출하기도 했지만, 정통 성리학적 성향이 강한 노론과는 이론적으로나 정치적으로, 또한 경제적으로 이해관계를 달리하고 있었다. 이러한 특성으로 인해 이들은 지배권력의 문제점과 조선 후기 상황이 나타내는 구조적 모순에 대해 강한 비판의식을 갖는 한편, 이로 인해 고통받는 민중에 대해 연민의식을 갖고 있었다. 이러한 현실감각과 비판의식은 이들이 보유론적 태도를 갖는 중요한 요인으로 작용하였다.

또한 이들은 학문적으로 범유학적 입장(汎儒學的 立場)을 견지하고 있었으며, 당시 성리학 일변도의 사상적 흐름에 대해 회의를 품고 있었던 성호좌파에 속한 자들이었다. 이러한 성호좌파의 학문적 경향이 서학에 포함된 긍정적인 요소들을 발견하고 그것을 수용하려는 친화성을 갖게 하였던 것이다. 따라서 이들은 한역서학서의 사상적・교리적 내용을 성리학적 가치와 배치되지 않는 범위 내에서 자의적으로 해석하면서 천주교 교리를 유교 경전의 유사한 부분과 일치시켜 이해코자 하였던 것이다.

그러나 천주교에 대한 이들의 인식과 반응은 모두가 유교문화적인 전통과의 관련을 전제로 한 것이었다. 이들이 접촉하였던 한역서학서들은 모두가 보유론적 관점에 의해 저술된 것이었다. 따라서 이들이 서학의 종교성까지도 수용하여야 한다는 인식 아래 교회 창립 운동을 전개하였다고 하더라도 기본적으로는 서학이 유교문화와 크게 상치되지 않는다는 것을 전제로 한 것이었다. 이들은 서학의 수용을 통해 쇠퇴와 병폐를 나타내는 성리학적 가치를 보완코자 하였던 것이지, 기존의 지배가치를 천주교의 가치로 대체코자 하였던 것은 아니었다. 이들은 서학을 단지 신문화로 인식하였기 때문에 이들이 전개하였던 교회 창립 운동도 엄격한 의미에서는 신문화운동의 차원을 넘지 못하고 있었다.

그렇기 때문에 이들이 인지하고 있었던 서학이나 천주교의 가치체계가 유교문화의 전통과 근원적으로 상치되는 것으로 밝혀지게 될 경우, 이들이 갖고 있던 천주교에 관한 인지구조는 새로운 인지의 가감에 따라 정반대의 것으로 뒤바뀔 가능성을 다분히 갖고 있었다. 이러한 가능성은 후일 교황청에 의해 보유론적 선교 방법과 조상제사가 금지되고 국가권력이 천주교 신앙운동을 이단사설 신봉운동으로 규정하여 단죄하였을 때 실제로 나타났다. 교회 창립의 주역으로 참여하였던 이들 중 상당수는 천주교의 이질성이 밝혀지게 되었을 때 배교하거나 신앙을 포기하고 말았던 것이다.[6)]

그러나 천주교회의 창립 운동에는 양반 지식인들만 참여했던 것은 아니었다. 거기에는 다양한 계층이 참여하고 있었다. 특히 최창현(崔昌顯)·김범우(金範禹)·최인길(崔仁吉)·지황(池璜)·김종교(金宗敎) 등과 같이 중인계급(中人階級)에 속하는 역관들이나 의원(醫員)들이 교회의 창립과 운영에 지대한 기여를 하였다. 당시 중인들은 중국과의 교

6) 노길명, 앞의 책, pp. 74-75.

류를 통해 세계 질서의 변화를 감지하고 있었기 때문에 자신들의 지위 상승을 제약하는 봉건질서의 청산을 강하게 희구하고 있었다. 이와 같은 계급적 성격으로 인해 이들은 인간의 존엄성과 평등을 강조하는 천주교의 가르침을 일종의 사회복음(social gospel)으로 받아들여 교회 창립 운동에 적극적인 태도를 나타내고 있었다. 이러한 점은 이들이 믿음의 정도나 교리의 체득, 그리고 전교 활동에 대단히 헌신적이었다는 사실과, 박해로 인해 양반 지식계급들이 신앙운동에서 대거 탈락하거나 후퇴하였을 때에도 이들 중에 배교하는 경우는 훨씬 적었다는 사실[7]에서도 입증된다.

한편, 교회 창립 직후에 입교한 사람들 가운데는 양인(良人)들도 상당수 있었다. 1784년에 창립된 한국 천주교회가 불과 10년 만에 4천여 명의 신자를 가질 정도로 급속히 성장했다는 점을 감안한다면, 천주교 신앙운동은 교회 창립 직후부터 양반 신분층의 범위를 벗어나 중인이나 양인층으로까지 전파 범위를 넓혀 나가고 있었음을 나타내는 것이라 할 수 있다.[8] 이와 같은 참여 계급의 분화는 이들의 개종 동기 또한 다양화되고 있었음을 드러내는 것이기도 하다. 조광의 분석에 따르면, 이들 중에는 치병(治病)·구복(求福)·득자(得子) 등과 같은 현세구복적 동기(現世求福的動機)나, 낙계(樂界)·지락(樂地)·천당(天堂) 등에 가기 위한 내세지향적인 동기에서 개종한 사람들도 상당수 있었다. 그리고 도교(道敎)나 신선술(神仙術)에 관심을 가졌던 자들도 상당수 있었으며, 불교나 풍수지리설에 기울어져 있던 자들도 있었다. 이들은 대체적

7) 이원순, 《조선시대사 논집 – 안과 밖의 만남의 역사》, 느티나무, 1992, pp. 111-112.

8) 위의 책, pp. 30-31.

으로 정통적인 성리학적 일변도의 관념 체계에 만족하지 않고 다른 사상 체계를 모색하던 자들이었다. 또한 이 시기의 입교자들 중에는 당시 천주교에서 강조하던 평등 이념에 심취하여 천주교 신앙을 일종의 사회 복음으로 인식하던 사람들도 있었다.[9]

이렇게 본다면, 초기 천주교 신앙운동은 다양한 계층과 다양한 개종 동기, 그리고 그에 따른 다양한 신앙 유형으로 전개되었다고 할 수 있다. 즉, 권력의 핵심적 위치에 있었던 사람들을 제외한다면, 이 운동의 참여자는 여러 계층에 걸쳐 있었고, 개종 동기 또한 다양하였다. 그러나 이러한 다양성에도 불구하고 참여자들은 정도의 차이는 있을지언정 당시의 지배 가치인 성리학에 대해 비판적 태도를 갖고 있었으며, 그러한 비판의식으로 인해 사회적 상황에 제대로 기능하지 못하는 성리학의 한계성을 천주교 신앙을 통해 보완하거나 또는 대체하려고 하였다는 공통성을 갖고 있었다. 예를 들면, 초기 신자들의 대부분은 국가와 군주(君主)의 권위를 상대화하였으며, 비밀결사를 형성함으로써 국가권력의 통제권 밖으로 벗어나려 하였고, 충(忠)이나 효(孝)에 대한 성리학적 윤리관을 거부했으며, 반상(班常)의 차이마저도 부인하려 하였다. 이렇게 함으로써 천주교 신자들은 조선왕조가 기반으로 하고 있었던 성리학적 사회체제에 대한 도전 집단으로 변모해 가고 있었다.[10] 즉, 천주교 신앙운동은 단순한 종교운동의 차원을 넘어 점차 반봉건운동의 성격을 띠기 시작하였다.

---

9) 조광, 《조선 후기 천주교사 연구》, 고려대학교 민족문화연구소, 1988, pp. 97-113 참조.

10) 위의 책, p. 155.

## 3. 박해의 발생과 수용 계층의 변화

사회의 지배이데올로기인 성리학적 가치가 위기를 맞는 사회해체 상황에서 천주교 신앙운동의 전개는 지배계급에게 큰 위협이 되지 않을 수 없었다. 특히 천주교 신앙운동이 양반 지식층의 범위를 벗어나 중인층과 양민층까지 확산되면서 점차 반봉건운동의 성격을 띠기 시작하였다는 것은 이 운동이 지배계급과 충돌할 가능성이 그만큼 높아졌다는 것을 의미하는 것이기도 하였다.

이러한 가능성은 조상제사 문제를 계기로 실제로 나타났다. 원래 성리학에서는 명분론이 강하고, 그로 인해 일상적 규범인 예(禮)를 중요시한다. 특히 성리학에서는 가족 내에서의 예, 즉 관혼상제(冠婚喪祭)와 같은 가례(家禮)를 중요시한다. 가례란 모든 규범 중에서도 특히 '효'를 출빌점으로 하는 유교의 기부장제적 윤리규범을 그 본원인 가정생활을 통해 익히도록 만든 것이다. 그렇기 때문에 가례에서는 조상숭배가 가장 중요시되고, 사당(祠堂)에 대한 예가 첫 자리를 차지한다. 따라서 가례를 생활화한다는 것은 곧 유교의 이념을 내면화하고 실천하는 최상의 방법이 되기도 하는 것이다. 조선 개국의 주역들이 사회의 지배종교를 불교로부터 성리학으로 바꾸면서 국가유교를 제도화하는 방법으로 가례의 실천을 강조했던 것은 이 때문이었다.[11]

그러나 조선왕조가 가례의 실천을 요구하고 있었다고 해서 그것을 모든 사회성원들에게 강요한 것은 아니었다. 서민들 중에는 제사를 지내지 않거나 신주(神主)를 세우지 않는 경우도 많았으며, 그렇다고 해서 조정에서 이를 큰 문제로 삼은 것도 아니었다. 그러나 1791년 양반계급

---

11) 노길명, 앞의 책, p. 37.

에 속한 윤지충(尹持忠)이 모친상을 당했으면서도 천주교 신앙에 따라 제사를 지내지 않고 신주를 불사른 행위에 대해서는 달랐다.[12] 조정에서는 그의 행위를 그렇지 않아도 약화되고 있는 성리학적 가치체계에 대한 도전행위로 받아들였던 것이다. 더욱이 '천주(天主)'를 절대권력인 국왕보다 상위에 두는 행위는 충효사상을 부정하는 것으로서 조선왕조의 근간을 뒤흔드는 반체제적·반왕조적 행위로 간주되었다. 이를 계기로 윤지충을 비롯한 관련 천주교 신자들은 극형을 받게 되었고, 천주교 신앙운동에 대한 박해는 가중되기 시작하였다.

'진산사건(珍山事件)' 또는 '신해박해(辛亥迫害)'로 일컬어지는 이 사건을 거치면서 천주교 신앙운동은 큰 변화를 나타내기 시작하였다. 즉, 이 박해를 거치면서 보유론적 관점에서 신문화 수용운동으로 참여하였던 양반 실학자들은 대부분 탈락하고, 그 대신 중인계급이 지도자가 되어 봉건사회체제에서 억압받던 민중을 결집하는 민중종교운동으로 급속히 변화하기 시작하였다.

이와 같은 천주교 신앙운동의 변화는 1801년에 발생한 신유박해(申酉迫害)를 거치면서 보다 두드러지게 나타났다.[13] 이와 같은 신자들의 계층구조상의 변화는 18세기 후반부터 19세기에 이르는 여러 시기의 자료들을 분석한 연구들을 통해서도 입증되고 있다.

표를 보면, 이시이〔石井壽夫〕의 분석을 제외한 나머지 연구자들의 분석에서는 신분을 파악할 수 없는 '미상'의 비율이 높게 나타나고 있는데,

---

12) 최석우, 《한국 천주교회의 역사》, 한국교회사연구소, 1982, pp. 39-45 참조.
13) 당시 교회 지도자로 활동하였던 황사영(黃嗣永)은 1801년에 완성한 〈帛書〉에서 신자 구성이 "부녀자 신자가 3분의 2, 신분이 낮고 무식한 계층이 3분의 1"이라고 기록하였다.

표 1. 천주교 신자들의 신분별 구성비 비교표 (%)

<table>
<tr><th>시기</th><th>양반</th><th>중인</th><th>상민</th><th>천민</th><th>미상</th></tr>
<tr><td rowspan="2">1784-1801</td><td rowspan="2">20.61</td><td rowspan="2">6.25</td><td>4.05</td><td>6.93</td><td>62.61</td></tr>
<tr><td colspan="3">73.59</td></tr>
<tr><td rowspan="2">1802-1846</td><td rowspan="2">21.32</td><td rowspan="2">4.54</td><td>22.68</td><td>1.13</td><td>50.34</td></tr>
<tr><td colspan="3">74.15</td></tr>
<tr><td rowspan="2">1866</td><td rowspan="2">14.88</td><td rowspan="2">5.79</td><td>64.46</td><td>10.74</td><td>4.13</td></tr>
<tr><td colspan="3">79.33</td></tr>
<tr><td rowspan="2">1866-1876</td><td rowspan="2">5.64</td><td rowspan="2">3.19</td><td>25.00</td><td>—</td><td>66.18</td></tr>
<tr><td colspan="3">91.18</td></tr>
</table>

· 출전(시기순) : 조광, 〈신유박해의 분석적 고찰〉, 《교회사 연구》, 1, 1977, p. 51 ; 최용규, 〈을해 · 병자 교난기 천주교도의 분석적 고찰〉, 《교회사 연구》, 6, 1988, p. 241 ; 石井壽夫, 〈고종조의 조선 천주교와 그 박해 – 특히 포도청 등록을 소재로 하여〉, 《한국 천주교회사 논문선집》, 2, 1977, p. 203 ; 고흥식, 〈고종조 병인교난 연구〉, 고려대학교 교육대학원 석사학위논문, 1986, p. 26.

이들은 대부분 뚜렷이 내세울 신분적 특장(特長)이 없는 상민들이거나[14] 또는 천민들이었을 것으로 짐작된다. 그리고 이 표에 포함된 양반층은 대부분 가문이 드러나지 않는 것으로 보아 몰락 양반이거나 향반층이었던 것으로 생각된다.[15]

당시 천주교 신자들의 신분별 구성비나 종교운동의 성격을 보다 명확히 이해하기 위해서는 당시 조선 사회의 신분별 구성이 어떠했는가를 파악할 필요가 있다. 즉, 조선 후기사회의 신분계급별 구성비와 천주교 신자들의 신분계급별 구성비를 비교해 봄으로써 천주교 신앙운동 참여자들의 계급적 특성과 그에 따른 신앙 유형을 보다 정확히 이해할 수 있는 것이다.[16]

14) 조광, 〈신유박해의 분석적 고찰〉, 《교회사 연구》, 1, 1977, p. 46.

15) 차기진, 〈최양업 신부의 생애와 선교 활동의 배경〉, 《교회사 연구》, 14, 1999, p. 36.

16) 〈표 1〉에서 石井壽夫의 연구 결과는 필자가 그가 분류한 '儒'는 '양반'으로, '의

표 2. 대구 지역과 울산 지역의 신분계급별 구성비의 변화 (%)

| | 시기 | 양반 호 | 상민 호 | 노비 호 | 총 호수 |
|---|---|---|---|---|---|
| 대구 | 1690 | 8.3 | 51.1 | 40.6 | 3,156 |
| | 1729, 1732 | 15.3 | 56.3 | 28.4 | 3,092 |
| | 1783, 1786, 1789 | 34.7 | 59.9 | 5.4 | 2,810 |
| | 1858 | 65.5 | 32.8 | 1.7 | 2,985 |
| 울산 | 1729 | 26.29 | 59.78 | 13.93 | 639 |
| | 1765 | 40.98 | 57.01 | 2.00 | 549 |
| | 1804 | 53.48 | 45.61 | 0.92 | 649 |
| | 1867 | 65.48 | 33.96 | 0.56 | 533 |

· 출전 : 四方博, 이화여자대학교 사회학과 역, 《이조 인구에 관한 신분계급별적 관찰》, 1962, p. 28(대구) ; 정석종, 《조선 후기 사회변동 연구》, 1983, p. 249(울산).

조선 후기의 신분계급별 구성과 그 변동에 관한 연구로서는 대구 지역의 호구장적(戶口帳籍)을 분석한 시카다〔四方博〕의 연구와 울산 지역의 호적대장(戶籍臺帳)을 분석한 정석종의 연구가 있다. 이들의 분석 결과를 보면, 조선 후기에 이를수록 양반계급의 호구 수는 급속히 증가하는 반면, 상민과 천민의 호구 수는 크게 감소하는 것으로 나타난다. 물론 여기에서의 '양반'은 앞에서도 언급한 바와 같이 정치력과 경제력을 함께 소유한 전통적인 양반과는 성격이 다르다고 할 수 있다. 그러나 양반으로서의 자의식 또는 계급의식을 갖고 있었다는 점에서는 상민이나 천민과는 구분된다.

---

약업'은 '중인'으로, '吏校軍卒 · 농업 · 商賈 · 工匠'은 '상민'으로, '자유노동'은 '천민'으로, 그리고 '기타'는 '미상'으로 재분류한 것이다. 여기에서 '吏校軍卒'을 상민으로 분류한 것은 연구자의 "吏校軍卒의 계급도 '서민으로 官에 있는 자'들에 지나지 않는다"는 설명(p. 204)에 따른 것이다. 그리고 고흥식의 분석 결과는 그의 논문 26쪽에 실려 있는 '〈표 8〉 신도의 직업 상황'을 저자가 계급별로 재분류하여 계산한 것이다.

〈표 1〉에서 나타난 천주교 신자들의 신분 구성을 〈표 2〉에 나타난 조선 후기의 신분 구성과 비교해 보면, 천주교 신자들의 계급이 훨씬 낮으며, 이러한 현상은 시간이 지남에 따라 더욱 두드러지는 것으로 나타나고 있다. 이것은 천주교 신앙운동이 19세기를 거치면서 그 성격이 크게 바뀌기 시작하였음을 보여주는 것이라고 할 수 있다.

신유박해를 거치면서 천주교 신자들의 신분이 크게 낮아졌다는 점은 1802년부터 1846년까지의 천주교 신자들을 분석한 최용규의 연구에서 구체적으로 나타나고 있다. 그의 연구에서는 신유박해 이후에는 과부가 부인보다 많으며, 동정녀(童貞女)의 수도 적지 않은 것으로 나타난다. 또한 그들의 경제적 기반은 불안정했던 것으로 분석된다. 유식계층인 양반・중인 신자 중에는 적지 않은 수가 교회의 일을 함으로써 생계를 유지했으며, 여성 신도들은 비천한 일로 호구지책을 삼고 있었고, 직업을 알 수 있는 신자들 중 거의 반수는 빈곤을 면키 어려운 영세상인・영세장인(零細匠人)・하인・고공(雇工) 등이었던 것으로 밝혀졌다.[17]

천주교 신자들의 사회계층이 19세기 중반 이후 크게 낮아졌다는 점은 천주교 신자들의 사회・경제적 상태를 객관적으로 잘 보여주는 생활사 자료라 할 수 있는 《邪學漢家舍汁物放賣成冊》에 대한 원재연의 분석 결과[18]에서도 입증되고 있다. 이 책은 병인박해(丙寅迫害)가 진행되던 1866년 음력 3월 13일에 작성된 것으로, 천주교 신자들의 가사(家舍)와 즙물(汁物)을 관가에서 몰수하여 이를 내다가 판 내용을 기록한 것이다.

---

17) 최용규, 〈을해・병오 교난기 천주교도의 분석적 고찰-1802-1846년을 중심으로〉, 《교회사 연구》, 6, 1988, pp. 273-274.

18) 원재연, 〈박해시대 천주교 신자들의 사회・경제적 생활-《邪學漢家舍汁物放賣成冊》의 분석을 중심으로〉, 《교회와 역사》, 288, 1999. 5, pp. 2-15 참조.

여기에 기록된 당시 신자들의 신분은 잔반(殘班)을 포함하더라도 양반은 20%에도 미치지 못하며, 나머지는 평민층인 것으로 밝혀지고 있다. 또한 이들의 재산 규모를 보면, 총액이 100냥(兩) 이상인 경우는 14.4%에 불과하며, 57.1%는 30냥에도 미치지 못하는 것으로 집계되고 있다. 이것은 당시 천주교 신자들의 대부분이 하층의 잔약(殘弱)한 소민층(小民層)임을 드러내는 것이라 할 수 있다.

그러나 천주교 신앙운동이 하류계층의 종교운동으로 변화되었다고 해서 천주교 신자들 중 양반계급에 속한 신자가 전혀 없었던 것은 아니다. 그들 가운데는 남종삼(南鍾三)의 경우와 같이 문과에 급제한 후 홍문관 교리(弘文館 校理), 현감(縣鑑) 등을 거쳐 승지(承旨)에 올랐던 신자도 있었다. 또한 《捕盜廳謄錄》에 수록되어 있는 신자들을 분석한 최근 연구[19]에서는, 신자의 실제 수효가 이시이〔石井壽夫〕가 파악한 407명이나, 고홍식이 파악한 444명보다 많은 500명 이상이라는 주장이 나오고 있는데, 신자들 중 양반의 수효는 이시이가 파악한 것보다 배가 더 많은 49명으로 집계되고 있다. 그렇다고 하더라도 신유박해 이후 천주교 신앙운동의 주 참여자는 하층계급이었음은 분명하다고 할 수 있다.

## 4. 민중종교운동으로의 전환

천주교 신앙운동이 하층계급을 비롯한 민중세계에 쉽게 확산될 수 있었던 것은 당시의 사회경제적 상황이 이들의 실존 상황을 극히 위협하고 있었다는 점과 함께, 천주교 교리가 지닌 사상적 측면과도 깊은 관련이

19) 서종태, 〈병인교난기 신도들의 사회적 배경과 신앙의 성격〉, 제120회 한국교회사 연구발표회(1999. 9. 4) 발표 요약문 참조.

있는 것으로 볼 수 있다. 종교는 주어진 사회적 상황에서 겪는 경험들을 해석할 수 있는 준거틀을 제시함으로써 삶을 조직화하도록 돕는 기능을 수행한다. 또한 고통과 실의에 대해서도 궁극적 실재와의 관계 회복을 통해 위로와 평화를 제공하는 기능을 담당한다. 그러나 조선왕조의 지배종교였던 성리학은 원리성과 인간 심성의 내재성을 깊이 추구하는 반면, 이 문제에 관한 한 초월성 내지는 초자연성의 개입을 거부하였고, 엄격한 신분질서를 강조함으로써 주어진 상황에 적응할 것을 요구하였다. 따라서 성리학은 개인에게 보편적 질서의 개념을 제공하는 종교적 신념체계로서보다는, 사회통합을 위한 지배이데올로기로서의 성격을 강하게 띠고 있었다. 이와 같은 성리학의 세계관은 조선 후기의 사회해체 상황에서 민중이 겪는 고통을 설명하거나 민중에게 위로를 주기에는 한계를 가질 수밖에 없었다. 애당초에 초월적인 신(神) 관념을 배제하는 성리학에 대해 친화성을 갖지 못하였던 민중은 사회해체 상황에서 겪게 되는 고통을 천주교에서 제시하는 '천주'와의 만남을 통해 위로 받을 수 있었으며, 천주교에서 강조하는 인간의 자유와 평등에 관한 교리를 일종의 사회복음으로 인식함으로써 천주교 신앙과 쉽게 연결될 수 있었던 것이다.[20)]

19세기에 접어들면서 천주교 신앙운동의 성격이 변화되기 시작하였다는 점은 신자들의 개종 동기나 신앙 유형을 통해서도 알 수 있다. 최용규의 분석 결과를 보면,[21)] 신유박해 이후에는 초창기와 달리 신앙은 주로 가정 내에서 부전자습(父傳子習)이나 모전여습(母傳女習)으로 전파되고 있었으며, 대부분의 신자들은 현세에서 갖는 고통과 박탈감을

20) 노길명, 앞의 책, pp. 111-126 ; 조광, 앞의 책, pp. 102-113 참조.

21) 최용규, 앞의 논문 참조.

내세에서의 영세 복락이나 천주교 신자들의 강한 평등의식으로 보상받고자 하는 동기에서 신앙운동에 참여하고 있었던 것으로 나타난다. 따라서 초기에 나타났던 신문화 수용운동으로서의 성격, 즉 지적이고 합리적인 성격이 점차 약화되고 있었다.

이와 같은 천주교 신앙운동의 성격 변화는 시간이 지남에 따라 더욱 가속화되고 있었다. 즉, 병인박해(1866년) 당시의 《捕盜廳謄錄》을 분석한 고흥식의 연구에 따르면,[22] 이 시기의 입교 경로는 부모와 친족 등 혈연적 유대를 기초로 한 것이 대부분이었으며, 개종 동기는 내세지향적인 동기가 압도적인 것으로 나타난다.

이와 같이 천주교 신앙운동의 성격은 19세기에 접어들면서 크게 변화되고 있었다. 다양한 계층의 다양한 개종 동기를 바탕으로 전개되면서도 조선 후기사회가 나타내는 구조적 모순에 대응코자 하는 실천적인 동기를 내포하고 있었던 초기의 신앙운동은, 정치권력의 박해를 받으면서 상민 내지는 하층민들의 정념적이고, 현세부정적이며, 내세지향적인 종교운동으로 급속히 변모하기 시작하였다. 따라서 초기의 보유론적이며 사회 개혁적인 성격은 사라지고, 현세와의 격리를 지향하는 초월적 성격으로 고착화되기 시작하였다.

19세기에 접어들면서 천주교 신앙운동이 '사회와의 절연' 내지는 '사회로부터의 도피'를 지향하고 있었던 것은 당시 신자들의 생활 방식에서도 잘 나타난다. 박해가 시작되자 신자들은 깊은 산간 지역으로 피해 '교우촌(敎友村)'을 형성하기 시작하였다. 교우촌은 19세기 중엽 전국적으

22) 고흥식, 〈고종조 병인교난 연구〉, 고려대학교 교육대학원 석사학위논문, 1986 ; 고흥식, 〈병인교난기 신도들의 신앙－《捕盜廳謄錄》을 중심으로〉, 《교회사연구》, 6, 1988, pp. 277-310 참조.

로 수백 개가 산재해 있었는데, 기존의 지역공동체가 지연(地緣)이나 혈연(血緣)을 바탕으로 형성되었던 것과는 달리 신앙을 중심으로 형성되었다는 점에서 새로운 형태의 지역공동체라 할 수 있다. 교우촌은 신자들의 피난처로서뿐만 아니라 그들의 생활 근거지와 신앙 근거지로서, 그리고 전교 활동의 터전으로 기능하고 있었다. 그렇기 때문에 교우촌은 지역교회의 중심지로 성직자들의 피난처와 활동의 근거지가 되었고, 순교의 현장[23]이기도 하였다.

교우촌은 봉건체제에서 소외되고 억압받던 민중이 기존 사회체제로부터 벗어나 인간의 자유와 평등이 실현되는 사회를 건설한 이상향(理想鄕)으로서의 의미를 갖기도 하였다. 그렇기 때문에 교우촌의 확산은 그 자체로서도 반봉건운동의 성격을 띠고 있었다. 적어도 교우촌에서는 조선 후기사회의 계급모순이나 사회적 억압은 존재하지 않았다. 그곳은 신자들 간의 우애와 협조 정신이 지배하고 있었다.[24]

19세기의 천주교 신앙운동이 현세부정적이며 내세지향적인 성격으로 변하게 된 요인은 정치권력의 박해나 신자들의 사회경제적 배경만은 아니었다. 거기에는 교계제도(敎階制度)가 확립된 1830년대부터 교회를 이끌어온 프랑스 선교사들의 배경이나 선교 정책도 상당히 작용한 것으로 볼 수 있다. 당시 조선교회를 이끈 프랑스 선교사들은 성(聖)의 세계와 속(俗)의 세계를 엄밀히 구분하면서 세속 세계에 대해서는

---

23) 차기진, 〈교우촌〉, 《한국가톨릭대사전》, 1, 한국교회사연구소, 1994, pp. 624-626 참조.

24) 이에 관해서는 다음을 참조할 것 : 샤를르 달레, 《한국 천주교회사》, 중 · 하, 안응렬 · 최석우 공역, 분도출판사, 1980 (Ch. Dallet, *Histoire de l'Eglise de Corée*, Victor Palme, 1874) ; 김옥희, 《최양업 신부와 교우촌》, 학문사, 1983 ; 김진소, 《신바람 사는 보람》, 한국교회사연구소, 1987.

무관심하거나 냉소적 태도를 나타내는 엄격한 성속이원론의 소유자들이었다.

이들이 이러한 신앙을 갖게 된 것에는 당시의 신학 풍조뿐 아니라 이들의 모국인 프랑스의 국가 상황과도 상당한 관련이 있는 것으로 보인다. 당시 프랑스에서는 대혁명 이후 교회가 국가로부터 많은 탄압을 받고 있었으며, 정치적 격변에 따라 종교와 정치, 교회와 국가 간의 관계가 급격히 변화하고 있었다. 따라서 이들은 자칫 교회에 큰 어려움을 가져올 수도 있는 정치를 비롯한 현실 문제에 관해서는 가능한 한 관여하지 않으려는 태도를 갖고 있었다. 이러한 태도는 이들의 소속 선교회의 성격에 의해 더욱 강화되고 있었다. 이들이 소속된 파리외방전교회는 16세기 이래 선교 지역에서의 선교 활동이 스페인과 포르투갈 국왕으로부터 크게 영향을 받는 상황을 타개하고 종교적 순수성을 회복하려는 당시 교황청의 정신에 따라 설립된 선교회였다. 따라서 정치에 대해서는 무관심한 태도를 나타내고 있었다.

이와 같은 프랑스 선교사들의 신학 사상과 신앙 유형, 그들의 모국인 프랑스의 정치 상황, 소속 선교회의 창립 정신과 선교 정책, 그리고 무엇보다도 조선에서의 극심한 박해 등 여러 요인들이 복합적으로 작용함으로써 19세기의 천주교 신앙운동은 세속 세계와의 절연을 지향하는 경건하고 순수한 신앙을 지향하고 있었다.[25)]

천주교 신앙운동이 19세기에 이르러 도피적이고 초월적인 성격을 강하게 나타냈다고 해서 이 운동이 사회와 단절되거나 유리되었던 것은 아니었다. 당시의 신자들은 내세적이고 초월적인 신앙을 지향하면서도

---

25) 노길명, 앞의 책, pp. 136-154, 246-257 참조.

천주교 교리 속에 포함된 인간의 존엄성과 평등성을 구현하기 위한 활동을 활발하게 전개하였다. 예를 들면, 극심한 박해로 인해 유랑생활을 하면서도 신자들은 고아구제사업과 빈민구제사업, 의료사업, 문맹 퇴치 및 교육 활동, 교회서적의 번역과 출판 활동, 영농 방법의 개선을 비롯한 산업 증진 활동을 활발하게 전개하였다.[26)]

뿐만 아니라, 이들은 체포되어 심문을 받을 때에는 천주교 교리에 포함된 인간의 존엄성과 평등성을 강조하면서, 신앙과 양심의 자유를 보장해 줄 것을 국가권력에 요구하였다. 이러한 행위는 기존 질서에 대한 도전 행위로, 반봉건투쟁의 의미를 갖는다고 할 수 있다. 이러한 점에서 1만여 명에 달하는 순교자들의 순교행위는 반봉건투쟁의 성격을 띠었던 것으로 볼 수 있다. 그렇기 때문에 19세기 천주교 신앙운동은 그것이 의도하였든 또는 의도하지 않았든, 결과적으로는 봉건질서의 청산과 근대사회에로의 이양을 지향한 운동이었다고 할 수 있다.

이렇게 본다면, 19세기의 천주교 신앙운동은 계급모순이 심화되는 사회적 상황에서 소외되고 억압받던 민중이 중심이 되어 전개되었다는 점과, 사회의 지배이데올로기인 성리학적 세계관에 도전하면서 인간의 존엄과 평등이 구현되는 유토피아 세계를 희구하고 있었다는 점에서 같은 시기에 전개된 여러 형태의 민중종교운동과 성격을 같이한다고 할 수 있다.[27)] 그러나 천주교 신앙운동은 민중의 한(恨)을 풀어내려는 해원운동(解寃運動)으로서의 성격을 지니면서도 새로운 세계의 구성을

26) 이에 관해서는 노길명, 〈박해기 개화기의 한국 천주교회와 사회개발〉, 《한국천주교회창설 2백주년 기념 한국 교회사 논문집》, 1, 한국교회사연구소, 1984, pp. 157-217 ; 노길명, 앞의 책, pp. 189-213을 참고할 것.

27) 노길명, 앞의 책, pp. 95, 116-122 ; 조광, 앞의 책, pp. 237-240.

현세보다는 주로 내세에서 이루려 하였다는 점에서 당시 전개되던 민중종교운동들과는 성격을 달리 하고 있었다. 동학을 비롯한 한국의 민중종교운동들은 한국 근·현대사의 특징인 계급모순과 민족모순을 강하게 고발하면서 민중해방과 민족해방을 약속하는 반봉건운동과 반외세운동의 성격을 특징으로 한다.[28] 또한 이들 종교운동은 이상사회를 내세가 아닌 현세에서 이루려 하는 천년왕국운동으로서의 성격을 강하게 띠고 있었다.[29] 이들 종교운동의 공통 사상인 급진적인 종말사상이나 개벽사상, 그리고 거기에서 파생되는 현세구복적이고 현세변혁적인 성격은 이를 단적으로 나타낸다. 그러나 당시의 천주교 신앙운동은 민중들을 중심으로 전개되면서도 새로운 세계의 도래나 건설을 현세가 아닌 내세에서 찾고 있었다는 점에서 이들 운동과는 성격을 달리 하고 있었다.

또한 천주교 신앙운동은 반봉건운동의 성격을 내포하면서도 민족모순에 대해서는 별로 관심을 갖지 않았고 따라서 반외세적 성격을 나타내지 않았다는 점에서도 여타의 민중종교운동들과는 차별성을 갖고 있었다. 1795년 중국인 주문모(周文謨) 신부가 입국한 이래, 19세기의 한국 교회를 이끌어온 성직자들은 대부분 외국인들이었다. 특히 교계제도가 확립된 1830년대 이후부터는 파리외방전교회가 한국 교회를 관할하기 시작하였다. 또한 박해가 종식되고 열강 세력의 조선 공략이 본격화되자 천주교 신자들 중에는 소위 '양대인(洋大人)'으로 불리는 선교사들

---

28) 이에 대해서는 다음을 참조할 것. 노길명, 〈한국 신종교운동의 전개과정〉, 《한국 종교》, 23, 1998 ; 노길명, 〈한국 신종교운동의 성격－용어문제를 중심으로〉, 《대순사상논총》, 대진대학교 부설 대순사상학술원, 1999.

29) 황선명, 《민중종교운동사》, 종로서적, 1980.

이나 서양 세력에 의존함으로써 지방관리들의 탐학으로부터 벗어나려는 경향마저 일어나고 있었다.[30] 뿐만 아니라, 한국의 민중종교운동들은 민중세계에 전승되어 오는 전통종교의 사상과 민간신앙을 하나로 통일시키려는 혼합주의(syncretism)와 함께 일원론적 성향을 나타내는 데 반해,[31] 천주교 신앙운동은 대부분의 민간신앙을 미신으로 간주하면서 엄격한 성속이원론을 지향하고 있었다. 따라서 천주교 신앙운동은 반봉건운동으로서의 성격을 지니면서도 반외세운동의 성격은 나타내지 않고 있었다. 그렇기 때문에 당시의 천주교 신앙운동은 학계에서 지칭하는 '민중종교운동'과는 상당한 차이를 갖고 있었다고 할 수 있다.

조선왕조는 임진왜란과 병자호란을 거치면서 급속한 변화를 나타내기 시작하였다. 사회의 물적 토대를 이루던 토지의 생산력은 크게 향상되기 시작하였으며, 그에 따라 토지의 사적 소유 현상도 급속히 증가하기 시작하였다. 이와 같은 물적 토대의 변화는 양반계급은 물론 사회 성원의 대다수를 차지하는 농민층의 분화를 가속화함으로써 조선왕조가 내포하고 있던 사회적 모순과 분열을 현재화하는 한편, 신분제사회를 지향해 온 조선왕조의 해체를 촉진하고 있었다.

이와 같은 사회의 급속한 해체현상은 민중의 삶을 극도의 위기 상황으

---

30) 최석우, 《한국 천주교회의 역사》, 한국교회사연구소, 1982, pp. 300, 332 참조. 당시 많은 사람들이 치외법권의 특권을 누리고 있던 프랑스 선교사들을 '양대인'이라 부르면서, 지방관리들의 가렴주구에서 벗어나기 위해 교회를 찾았다. 이와 같은 일부 신자들의 외세 의존적 성향은 '이재수의 난'이라고도 불리는 1901년에 제주도에서 발생한 '신축교안(辛丑敎案)'의 한 원인이 되기도 하였다.

31) 노길명, 《한국의 신흥종교》, 가톨릭신문사, 1988, pp. 149-161 참조.

로 몰아갔다. 소위 삼정(三政)의 문란은 심화되었으며, 민중에 대한 양반 계급의 억압과 착취는 더욱 강화되어 갔다. 여기에 덧붙여 연속된 자연재해와 전염병의 만연은 민중의 실존을 극도로 열악하게 만들고 있었다.

이와 같은 현상은 그동안 사회의 상부구조로 기능하면서 사회 통합의 구심점으로 작용해 온 성리학적 가치에 대해 근원적인 의문을 갖게 하는 한편, 위기 상황에 대처하기 위한 집합행동을 촉발하였다. 이러한 움직임은 계급적 위치와 이해관계에 따라 다르게 나타났다. 즉, 정치적·경제적 권력을 장악하고 있던 지배계급은 기존의 성리학적 가치를 강화하는 동시에 이를 손상시킬 위험이 있는 가치들은 강력히 억압하려는 입장을 나타내었고, 권력의 핵심으로부터 소외되어 민중과 함께 생활하면서 실용적 학문에 관심을 보이던 일부 실학자들은 새로운 가치의 수용을 통해 유교적 가치를 보완하려는 보유론적 태도를 갖고 있었다. 한편, 주로 독서와 학문을 통해서 접근할 수 있고 중세적 신분질서를 강조하기 때문에 성리학적 가치에 대해서는 애당초 친화감을 가질 수 없었던 민중은 자신의 실존 상황을 해석해 줄 수 있는 새로운 가치를 추구하려는 태도를 나타내고 있었다. 이와 같은 변화는 단일 가치에 의해 통합되어 왔던 조선 사회가 종교문화적으로 분화되기 시작하였음을 뜻하는 것이기도 하였다.

천주교 신앙운동은 보유론적 관점을 가진 양반 지식인들과 세계질서의 변화와 조선 사회의 모순을 인지하고 있던 중인계급을 중심으로 전개되기 시작하였다. 사회적 위기 상황에 대응하기 위한 방안을 모색하던 이들은 한역서학서에 포함된 서학의 과학 기술과 종교 사상이 조선 사회의 통합과 발전에 유용할 것으로 판단하여 선교사들의 도움 없이 교회를 창립하였다. 따라서 천주교 신앙운동은 신문화 수용운동의 성격을 띠면서 전개되었다.

그러나 초기의 천주교 신앙운동은 기존 사회체제를 고수하려는 지배계급의 탄압이 강화됨에 따라 큰 성격 변화를 나타내기 시작하였다. 즉 양반 지식계급이 탈락하는 대신, 기존 체제로부터 억압과 수탈을 당하던 평민층과 천민층이 주류를 이루게 되었다. 이들은 인간의 존엄과 평등을 강조하는 천주교의 가르침을 일종의 사회복음으로 받아들였으며, '천주' 신앙을 통해 현실에서 겪는 고통을 위로받고 있었다. 천주교 신앙운동이 1세기간에 걸쳐 극심한 박해를 받으면서도 민중세계에 확산될 수 있었던 것은 이 때문이었다. 따라서 천주교 신앙운동은 신문화 수용운동으로부터 민중종교운동으로 그 성격을 전환시켜 나가기 시작하였다.

천주교 신앙운동은 단순한 신앙운동의 성격을 넘어 강한 반봉건운동으로서의 성격을 띠고 있었다. 신앙운동의 참여자들은 천주교의 교리나 사상을 통해 조선 후기사회의 구조적 모순을 더욱 분명히 인지하는 한편, 인간의 자유와 평등이 구현되는 새로운 이상 세계를 희구하고 있었다. 수많은 신자들의 순교 행위는 신앙과 양심의 자유에 대한 강력한 요구였으며, 계급모순과 봉건체제에 대한 저항으로서의 의미도 포함하고 있었다. 또한 그것은 모순으로 가득 찬 현실 세계의 부정과 함께, 진정한 자유와 복락이 실현되는 이상 세계에 대한 갈망의 표현이기도 하였다. 또, 박해를 피해 형성한 '교우촌'은 일체의 사회적 모순과 억압으로부터 해방된 이상향으로서의 의미를 갖고 있었다. 그리고 극심한 박해 상황 속에서도 신자들이 전개한 각종 구제사업과 애덕(愛德)의 실천행위는 계급모순으로 고통받는 민중에 대한 인간애의 표현이었다. 이렇게 본다면, 19세기 천주교 신앙운동은 민중의식의 성장과 민중운동의 전개에도 상당한 영향을 끼친 것으로 볼 수 있다.

그러나 당시의 신앙운동은 여타의 민중운동과 몇 가지 측면에서 차이를 나타내기도 하였다. 19세기의 민중운동은 사회적 모순에 대한 민중의 저항이라는 점에서는 공통점을 지니고 있었지만, 방법상으로는 민란과 같은 세속적 방법에 의한 집합행동과, 비결이나 미륵신앙에 바탕을 둔 민간신앙운동, 그리고 동학과 같은 신종교운동 등 다양한 형태로 전개되고 있었다. 이들 운동은 사회적 모순에 대응하려는 민중의 운동인 동시에 자신들이 희구하는 이상 세계를 내세가 아닌 현세에서 이루려는 천년왕국운동으로서의 성격을 띠고 있었다는 공통점을 나타내고 있었다. 그러나 천주교 신앙운동은 계급모순에 대응하는 반봉건운동의 성격을 띠면서도 그것을 물리적 방법에 의존하지 않았으며 또한 현세에서 이루려 하지 않았다는 점에서 이들 운동과는 성격을 달리하고 있었다. 또한 계급모순에 대해서는 대응하면서도 당시 또 하나의 중요한 사회적 모순이었던 민족모순에 대해서는 어떠한 반응도 나타내지 않음으로써 여타의 민중종교운동들과 차이를 나타내고 있었다.

결론적으로, 조선 후기의 천주교 신앙운동은 분명 민중종교운동의 성격을 띠고 있었다고 할 수 있다. 이 운동은 현실 세계에서 겪는 민중의 고통을 그리스도 신앙으로 풀어내면서도, 다른 한편으로는 현실 세계의 모순과 그에 대한 청산을 요구하는 사회운동으로서의 성격도 함께 지니고 있었다. 이것은 이 운동이 사회와의 관계에서 초월성과 분리성 중 어느 일방을 택하지 않고 양자 간의 긴장상태를 유지하려 하였다는 것을 의미한다. 천주교 신앙운동이 극심한 박해를 받으면서도 민중의 삶과 유리되지 않을 수 있었던 것은 이 때문이기도 하다.

제 4 장

# 한국 개신교의 수용과 성격 형성

한국 개신교는 1백 년을 조금 넘는 짧은 역사에도 불구하고 그리스도교 선교 역사에서 유래를 찾을 수 없을 정도로 놀라운 양적 성장을 보여 왔다. 미국에서 발행되는 《크리스천 월드*Christian World*》가 1993년에 보도한 바에 따르면, 1992년 현재 세계에서 가장 큰 교회는 재적 신자 수가 60만 명인 한국의 '여의도순복음교회'이며, 두 번째로 큰 교회는 재적 신자 수효가 10만 5천 명인 경기도의 '안양남부순복음교회'이다. 이 잡지에 따르면, 세계 10대 대형 교회 안에는 5개, 20대 교회 안에는 10개, 그리고 발표된 50대 교회 안에는 23개의 한국의 교회가 포함되어 있다.[1] 이것은 한국 개신교가 짧은 역사에도 불구하고 얼마나 급속한 성장을 보여 왔는가 하는 점을 단적으로 보여주는 것이라 할 수 있다.

1999년 말 현재, 한국 개신교 교단의 수효는 161개에 이르는 것으로 보고되고 있다.[2] 또한 한 실태조사에서는 한국 기독교계 신종교 종단의

1) 《크리스천 월드*Christian World*》 보도(《조선일보》, 1993. 2. 8, 23면 참조).

수효는 126개에 이르는 것으로 밝혀지고 있다.[3] 따라서 한국의 개신교 교단의 수효는 적어도 2백 개 이상에 이르는 것으로 집계되고 있다.

한국의 개신교는 교파나 종파에 따라 특성이 상이하므로 그 성격을 한 마디로 설명하기란 쉽지 않다. 그러나 종교는 절대가치를 추구하고 자신이 지닌 역사나 성격을 성스러운 것으로 해석하는 경향이 있기 때문에 한 종교의 성격은 쉽게 변화하지 않는다. 특히 한국의 개신교는 초기의 성격을 큰 변화 없이 지녀왔기 때문에 초기의 수용 과정을 파악하면 어느 정도 그 흐름을 감지할 수 있다.

그동안 한국 개신교의 전래와 수용은 주로 그리스도교 신앙의 전달과 교세의 확장이라는 선교사적(宣教史的) 관점에서 논의되어왔다. 따라서 연구의 초점은 수용자보다는 전달자인 선교사(宣教師)들의 노력과 활동이 한국 사회에 어떠한 긍정적 결과를 가져왔느냐에 맞추어져 있었다. 이러한 관점은 근대화론이 지배하던 1960년대까지 한국 교회사 연구에 널리 퍼져 있었다. 이 관점에 따르면 개신교는 선진 서구문화의 전달자로서 한국 사회의 근대화에 크게 기여한 것으로 나타난다.

그러나 한 사회가 외래종교를 수용하는 과정은 일방적인 것이 아니다. 외래종교의 수용과 성격 형성에는 선교사들뿐 아니라 수용자 사회의 내재적 상황과 수용자들의 수용 동기도 중요한 요인으로 작용하게 마련이다. 개신교가 수용되고 성장하여 온 과정은 민족사적으로 볼 때 민족의 수난과 고통의 과정이기도 하였다. 따라서 개신교의 수용과 성격 형성은 선교사적 관점에서뿐만 아니라 민족사적 관점에서도 논의되

---

2) 《한국의 종교현황》, 문화관광부, 2000, p. 7.

3) 김홍철 외, 《한국신종교실태조사 보고서》, 원광대학교 종교문제연구소, 1997, p. 908.

어야 한다. 그렇게 될 때 한국 개신교의 성격은 보다 분명하게 드러날 수 있게 된다.

여기에서는 개신교가 한국 사회에 수용되던 당시의 시대적 상황과 수용 과정, 선교사들이 전달하고자 하였던 신앙의 유형과 선교 정책, 그리고 개신교 수용자들의 사회적 배경과 수용 동기를 중심으로 한국 개신교의 초기 성격 형성 과정을 살펴보기로 한다.

## 1. 개신교의 수용 과정

개신교가 천주교의 경우와는 달리 보다 수월하게 수용될 수 있었던 것은 19세기 말의 시대적 상황과도 깊은 관련이 있다. 천주교 선교사들의 입국과 함께 계속되는 서구인들의 도래와 그에 따른 병인양요(丙寅洋擾)와 신미양요(辛未洋擾)에서와 같은 서구 열강들과의 충돌, 그리고 일본의 개항 요구 등은 조선왕조로 하여금 더 이상 쇄국 정책을 고집할 수 없는 상황으로 이끌어가고 있었다. 따라서 19세기 후반의 조선 사회는 성리학에 근본을 두고 그 밖의 이질적 문화를 배격하는 척사사상(斥邪思想)이 강력하였음에도 불구하고, 다른 한편에서는 외부사회에 대해 문호를 개방할 수밖에 없다는 판단과 함께 그에 대처해 나아갈 방법을 강구해야 한다는 의식이 점차 증대되고 있었다. 이러한 사상적 변화는 1870년대까지는 단순히 해외에 대한 지식을 가져야 한다는 소박한 단계에 머무르고 있었으나, 외국과 통상조약을 맺음으로써 문호를 개방하게 된 1880년대에는 보다 적극적인 태도로 나타난다.[4)]

4) 이광린, 《한국개화사 연구》, 일조각, 1974 ; 송병기, 〈19세기 말 근대의식의 성장〉, 《한국사학》, 1, 1980, p. 144.

이러한 태도의 주류는 소위 개화사상가들에 의해서 등장하였다. 개화사상가들은 서학(西學)이 지닌 과학과 기술 분야는 수용하되 서학의 윤리나 종교적 분야는 배척하는 북학파(北學派)의 동도서기론(東道西器論)에 대해 비판적 입장을 지니고 있었다. 이들은 현실적 모순을 과격하게 개혁하려는 혁신적 세력이었다. 그렇다고 해서 이들의 사상적 맥락이 실학사상과 유리된 것은 아니었다. 이들의 개화사상은 실학사상에서 점증되기 시작한 근대의식과 민족의식을 새롭게 재발견한 사상이었다. 따라서 개화사상의 원류는 실학사상에 근거하고 있었다고 할 수 있다. 개화사상은 실학사상을 기초로 그것을 계승하면서도 19세기 말의 사회해체 상황과 외세의 충격으로 인해 더 한층 근대의식으로 성장한 사회개혁사상이었다. 그렇기 때문에 이 사상에는 실학에서 제기되었던 이용후생(利用厚生)에 대한 강조와, 민족주의적 성격, 민권사상, 통상·개국론인 무역부국론, 전제개혁론(田制改革論), 영업자유론 등이 그대로 연결되면서 보다 근대적인 형태로 나타나고 있었다.[5)]

이들 개화사상가들은 외세의 직접적인 도전에 대해 적극적인 대응책을 강구하지 않으면 안 된다는 인식 아래 선진사회의 기술과 문화를 도입하여 부국강병을 꾀하여야 한다는 적극인 입장을 나타내고 있었다. 이들은 실학사상에서와 마찬가지로 새로운 기술을 도입하여 상공업을 발전시킴으로써 부국강병의 실(實)을 거두려는 강한 열망을 갖고 있었다. 다만 실학사상과 다른 것이 있다면, 개화사상에서의 새로운 기술이란 서양의 기술을 말하는 것이며, 그 방법은 개항을 하여 서양의 여러

5) 조광, 〈한국 근대문화의 실학적 기초〉, 《한국사학》, 1, 1980 ; 김영호, 〈실학과 개화사상의 관련문제〉, 《한국사연구》, 8, 1972 ; 심일섭, 〈한말 개화사상과 기독교의 수용과정에 관한 연구〉, 《신학사상》, 28, 1980, pp. 164-165 참조.

국가와 통상의 길을 트는 것이라고 믿었던 것이다.[6]

서구문화에 대한 개화사상가들의 이러한 입장에는 개신교에 대한 긍정적인 태도도 포함되어 있었다. 개화사상가들의 상당수는 부국강병(富國强兵)과 독립자강(獨立自强)을 이루기 위해서는, 이미 쇠퇴와 병폐를 나타내고 있는 성리학적 가치체계를 새로운 가치체계로 대체해야 한다는 입장을 나타내고 있었다. 또한 밀려드는 제국주의 충격에 대응하기 위해서는 조선 침탈 야욕을 지니고 있지 않은 강대국으로부터 도움을 받는 방법밖에 없다고 판단하고 있었으며, 그에 가장 적절한 대상국가는 미국이라고 생각하고 있었다. 이들은 미국이 강대국이 될 수 있었던 것은 바로 개신교 때문이었던 것으로 파악하면서, "개신교의 수용이야말로 쇠약해져 가는 나라를 부강하게 만드는 최선의 방법이며 개신교의 선교단체는 개화의 힘이 될 것"이라고 공언하기도 하였다.[7] 뿐만 아니라, 독립자강과 자주부국(自主富國)만이 위기에 직면한 조선 사회를 극복할 수 있는 방법이라고 믿는 개화사상가들은 이에 저해되는 유교주의적 양반관료제국가를 타도하여 서구문화를 효과적으로 수용할 수 있는 근대적 국민국가를 수립코자 하는 경향마저 나타냈다.[8] 이들은 이러한 이상을 달성하기 위한 가장 효과적인 방법으로서 개신교의 수용을 제시하기도 하였던 것이다.[9]

---

6) 이기백, 《한국사신론》, 일조각, 1978, p. 352.

7) 심일섭, 앞의 논문, p. 171.

8) 이광린, 〈개화기의 개신교관〉, 《역사학보》, 66, 1975, p. 23.

9) 심일섭, 앞의 논문, p. 173 ; 이만열, 〈개신교의 전래와 일제하의 교회와 국가〉, 《국가권력과 기독교》, 민중사, 1982, p. 137 ; 류대영, 〈개신교에 대한 개화기 지식인들의 태도와 근대성 문제〉, 《종교문화비평》, 4, 2003, pp. 71-103 참조.

개신교는 이러한 분위기 속에서 수용되었다. 개신교가 수용되던 시기에는 조선왕조가 조약을 통해 서구의 여러 나라들과 이미 외교관계를 맺고 있었으며 개화사상 또한 급속히 확산되고 있었다. 그렇기 때문에 개신교는 천주교의 경우보다 수월하게 수용될 수 있었다. 그러나 이 과정에서 주목할 것은 개신교의 수용이 수월할 수 있었던 것은 그것이 민족자강과 자주독립이라는 실천적 동기와 밀접한 관련을 맺고 있었다는 점이다. 이것은 개신교가 초기부터 민족적 요구와 사회적 기대에 부응해야 한다는 기대 속에 수용되었다는 것을 의미한다.

한국인 최초의 개신교 세례교인은 국외에서 나타났다. 이 점은 천주교의 경우와 동일하다.[10] 최초의 개신교 세례교인은 만주와 일본, 두 곳에서 출현하였다.

만주에서의 한국인과 개신교 간의 접촉은 그곳에서 선교 활동을 하던 스코틀랜드 출신의 로스(John Ross) 목사와 매킨타이어(John McIntyre) 목사가 행상을 하던 한국인들을 만남으로써 시작되었다. 1874년 만주로 행상을 떠났다가 압록강에서 조난을 당한 이응찬(李應贊)은 만주 주재 선교사인 로스 목사의 구조를 받은 후 그의 동료였던 매킨타이어 목사로부터 세례를 받음으로써 한국인 최초의 개신교인이 되었다. 그 후 그는 로스 목사의 한국어 개인교수의 일을 맡으면서 이들 선교사들이 추진하던 4복음서의 한글 번역 작업을 도왔다. 또한 같은 무렵, 역시 만주에서 활동하던 김진기(金鎭基), 이익세(李益世), 서상윤(徐相崙) 등도 이들 선교사들로부터 세례를 받고 한글 성서 간행 작업에 협력하게 되었다.

---

10) 한국 최초의 천주교 신자는 동지사(冬至使)의 서장관(書狀官)으로 임명된 부친을 따라 중국 북경에 가서 1784년에 세례를 받은 이승훈(李承薰)이었다.

서상윤은 1884년 자신의 고향인 황해도 장연 솔내〔松川〕에서 한국 최초의 교회인 송천교회를 설립함으로써 한국 개신교의 효시를 이루었다. 1887년 9월, 서울에 최초의 한국인교회가 세워졌을 때, 전체 신자 14명 중 13명이 서상윤을 통해 신자가 되었을 정도로 그는 한국 개신교의 설립에 지대한 기여를 하였다.

한편, 일본에서의 한국인과 개신교 간의 만남은 1882년 임오군란 직후 수신사로 파견되었던 박영효(朴泳孝)의 일행인 전(前) 통리기외무위문협변(統理機外務衛門協辨) 이수정(李樹廷)이 일본에 체류함으로써 이루어진다. 그는 업무를 마친 후 귀국하지 않고 일본의 근대문명을 배우기 위해 동경외국어학교에서 한국어 강사로 활동하였다. 이때 그는 개신교를 이해하게 되어 1883년 세례를 받고, 일본성서공회의 총무인 루미스(Henry Loomis) 목사의 청으로 성서의 한글 번역 작업을 맡았다.

그러나 국외에서 세례교인이 탄생하였음에도 불구하고 개신교의 국내 선교는 몇 년 후에야 시작되었다. 한국 천주교회의 창립이 조선인 평신도들의 자주적 노력에 의해 이루어졌던 것과는 달리, 개신교의 수용과 교회의 설립은 알렌(Horace N. Allen) 목사와 언더우드(Horace G. Underwood) 목사, 그리고 아펜젤러(Henry Appenzeller) 목사라는 미국인 목사들에 의해 시작되었다.

알렌 목사는 미국 장로회 선교부 소속으로 중국에서 선교하던 의료선교사였다. 그러나 중국에서의 선교 효과가 기대에 미치지 못하자, 1884년 9월에 방향을 바꾸어 한국에 입국함으로써 한국 개신교사의 기점을 마련하였다. 언더우드 목사는 장로회 소속으로 미국 뉴저지(New Jersey) 주의 뉴브런즈윅(New Brunswick)에서 개최되었던 강연회에서 일본에 근무했던 울트만스(Albert Oltmans) 목사의 강연을 듣고 조선 선교를 희망하게 되어 1885년 입국하였다. 그리고 아펜젤러 목사는 거우처(John H. Gaucher) 목사가 1882년 최초의 외교사절로 미국에 입국하여 대륙횡단 열차여행을 하던 보총사(報聰使) 민영익(閔泳翊) 일행을 만난 것이 계기가 되어 입국한 선교사였다. 민영익 일행을 통해 한국 사회에 개신교가 전래되지 못한 것을 알게 된 거우처 목사는 선교사 파견을 위한 모금운동을 전개하였으며, 그 결과 1885년 감리교 소속의 아펜젤러 목사가 입국하게 되었던 것이다.

알렌 선교사가 입국한 이래, 19세기 말부터 20세기 초에 걸쳐 한국 사회에는 수많은 개신교의 교파와 선교사들이 입국하기 시작하였다. 1885년 4월 5일에는 미 북(北) 장로교 소속의 언더우드 목사와 미국 감리교의 아펜젤러 목사가 같은 배를 타고 제물포를 통해 입국하였으며, 같은 해에 영국 성공회가 들어왔다. 그리고 1889년에는 호주 장로교와 미국 침례교, 1892년에는 미국 남장로교, 1895년에는 미국 남감리교, 1898년에는 캐나다 장로교, 1904년에는 안식교 선교사들이 입국하였다. 그리고 1907년에는 성결교가 전래되었으며, 1908년에는 구세군이 전래되었다. 이와 같이 한국 사회에서의 개신교 선교는 초기부터 다양한 교파와 다양한 국가 출신의 선교사들에 의해 시작되었다.

## 2. 선교사들의 신앙 유형과 한국 사회에 대한 태도

그리스도교의 역사는 선교의 역사라 할 정도로 선교는 그리스도교 활동의 중심이 되어 왔다. 따라서 어느 사회에서든 초기에는 선교사들의 활동이 신앙 유형과 교회의 성격 형성에 가장 중요한 요인으로 작용하게 마련이다. 즉, 그들이 지니고 있었던 사회의식과 태도, 전달하고자 했던 신앙 유형, 그리고 선교 방법은 초기의 성격 형성 과정에 지대한 영향을 끼치게 되는 것이다.

한국 개신교가 다양한 국가 출신의 선교사들의 노력으로 시작되었음에도 불구하고 수적으로나 활동의 측면에서 가장 큰 영향을 나타낸 것은 미국 출신의 선교사들이었다. 1903년의 통계에 의하면 당시 한국에는 250명의 미국인이 거주하고 있었는데, 그중 반수가 선교사였을 정도로 이들의 활동은 대단히 활발하였다.[11] 따라서 한국 개신교의 성격 형성에 가장 많은 영향을 끼친 선교사는 미국 출신들이라고 할 수 있다.

그러나 당시 선교사들의 성격이나 한국 사회에 대한 태도에서 일관된 경향을 찾기란 쉽지 않다. 왜냐하면 한국 개신교의 초기 형성과정에서는 상황과 원리가 모순되는 과정이 계속 나타나고 있기 때문이다. 예를 들면, 선교사들의 경건주의적인 내면화 중심의 신앙, 한국과 일본, 한국과 미국, 그리고 일본과 미국 간의 외교관계에서 파생되는 묘한 입장, 한국인의 근대화 능력에 대한 비관적 판단, 워싱턴과의 심각한 대결, 그리고 원칙적인 자기들 신앙 원형에의 귀착 다짐 등이 숱한 동기와 심전(心轉)의 경로를 거쳐서 기복되고 있는 것이다.[12]

미국의 개신교의 신앙적 흐름은 전통적으로 두 개의 신앙 집단으로부터 큰 영향을 받아 왔다. 그 하나는 청교도들이었고 다른 하나는 천년왕국 신봉자들이었다. 이 두 그룹은 유럽 사회에서 등장하였지만, 기성 교회로부터 탄압을 받게 되자 신앙의 자유를 찾아 신대륙으로 모여들고 있었다. 따라서 미국은 초기부터 이들의 집합처가 되고 있었다.

청교도들은 문화 중심적이고, 사회제도 지향적 성격을 띠는 유럽의

11) 민경배, 《한국민족교회형성사론》, 연세대학교 출판부, 1974, p. 29.

12) 위의 책, p. 13.

그리스도교와는 달리, 종교의 사회 참여나 정치 관여는 엄격한 금기로 삼는 한편, 개인의 영적(靈的) 성화(聖化)에만 주력하는 보수성을 지니고 있었다. 따라서 청교도들의 신앙 형태는 종교적 순수성을 지향하는 특징을 나타내고 있었다.

이러한 신앙적 흐름은 그 후 근본주의(fundamentalism)로 연결되었다. 근본주의란 19세기 후반 유럽의 자유주의 신학 사조에 대항하여 미국에서 등장한 보수주의 경향의 신학 사조로서, 현재 미국 개신교 신앙의 주된 흐름을 이루고 있다. 근본주의는 개인주의, 공동체의식의 결여, 내세주의, 경건주의, 신비주의, 성서에 대한 자구적인 해석, 사경회 중심(査經會中心), 전례(典禮)에 대한 소극성, 부흥 중심, 성령 중심, 사회제도에 대한 무관심, 반(反)에큐머니칼적 성격 등을 특징으로 한다.[13)]

한편, 천년왕국 신앙은 중세적 질서가 급속히 붕괴되던 15세기 이래 중세적 질서의 해체와 자본주의의 등장으로 고통받던 농민층을 중심으로 확산되던 신앙 유형이었다. 이 신앙은 낡은 질서의 청산과 새로운 질서의 도래를 갈망하면서 각종 민란이나 농민전쟁의 이데올로기로 작용하기도 하였다. 따라서 이 신앙은 정치권력은 물론 기성 교회로부터도 철저하게 배척을 받고 있었다.

신대륙이 발견되자 천년왕국 신봉자들도 신앙의 자유를 찾아 신대륙으로 이주하기 시작하였다. 미국의 동부 지역은 이들의 주 정착지가 되었다. 펜실베이니아 주에는 오늘날에도 천년왕국설을 신봉하던 중세시대 말의 메노파(Mennonite)가 중세적인 생활을 그대로 고수하고 있다. 또한

---

13) 노길명, 《한국 사회와 종교운동》, 빅벨출판사, 1988 중 제8장 〈한국의 프로테스탄티즘〉, pp. 77-79 ; 이원규, 《한국 교회 무엇이 문제인가》, 감리교신학대학교 출판부, 1998 중 제5장 〈개신교 근본주의의 문제〉, pp. 137-164 참조.

천년왕국운동은 모르몬교(Mormonism), 제7일안식일예수재림교회(안식교, Seventh-Day Adventist), 워치타워성서책자협회(여호와의 증인, Watch Tower Bible and Tract Society / Jehovah's Witnesses), 크리스천 사이언스(Christian Science) 등과 같은 종파 운동으로 연결되기도 하였다.

청교도 신앙과 천년왕국 신앙은 오늘날까지도 미국 개신교의 신앙 흐름과 신학 사상에 상당한 영향을 끼치고 있다. 미국의 철저한 청교도들과 천년왕국 신봉자들은 신대륙이야말로 종교적 이상을 실현할 수 있는 '새 땅'이며, 자신들은 '새 하늘'과 '새 땅'(〈요한묵시록〉 21장)에서 '하나님 나라'를 이루도록 불림을 받은 선민(選民)으로 인식한다.

종교사회학자들은 이러한 점에 주목하면서, 다양한 인종과 문화 배경을 가진 사람들로 구성된 미국 사회를 하나로 통합시키는 구심점은 바로 이와 같은 미국적 선민사상과 미국적 종말사상이라고 설명한다. 벨라(Robert N. Bellah)는 미국에는 그리스도교도, 유대교도, 또한 이슬람교도 아니지만 미국인들을 하나로 통합시키면서 사회 전반에 걸쳐 막강한 영향력을 행사하는 국교(國教)가 존재한다고 주장한다. 그는 이것이 강한 출애급적(出埃及的) 성향과 메시아니즘을 지닌 미국인들의 신념이라는 것이다. 그는 이것을 '시민종교(civil religion)'라 부르면서, 이것이 바로 이질적 배경을 가진 사람들로 구성된 미국 사회를 하나로 통합시켜 강력한 국가로 만드는 구심점이고 원동력이라고 설명한다. 또한 미국이 세계 각지에서 발생하는 여러 문제들에 개입하면서 미국을 중심으로 하는 세계평화질서 팍스 아메리카나(Pax Americana)를 추구하는 것도 이와 같은 '시민종교' 때문인 것으로 파악한다.[14]

---

14) 이에 관해서는 다음을 참조할 것 : John A. Coleman, "Civil Religion", in *Sociological Analysis*, vol. 31, 1970, pp. 67-77 ; Robert N. Bellah & Phillip

미국적 선민사상과 미국적 종말사상은 미국 개신교의 신앙은 물론 한국 개신교의 신앙 유형이나 성격 형성에 지대한 영향을 끼쳤다.[15] 한국 개신교의 초기 선교사들은 대부분 근본주의자들이었고 개신교 근본주의의 주요 특징의 하나였던 천년왕국 신앙의 소유자들이었다.[16]

근본주의 신앙과 천년왕국 신앙은 강한 엄격성과 보수성을 특징으로 한다. 초기의 선교사들은 거의 대부분 경건주의와 복음주의의 신앙을 지니고 있었다. 따라서 그들은 개신교를 전할 때에는 세속과의 단절을 통한 신령상(神靈上)의 안주(安住), 내세의 열락(悅樂) 등을 복음의 핵심으로 가르치고 있었다. 이러한 점은 미국 장로교 해외선교부 총무였던 브라운(A. J. Brown)이 "문호개방 이후 한국을 찾아온 전형적인 선교사들은 청교도형의 사람들이었다"고 규정하면서, "이들이 갖고 있는 엄격성과 보수성 때문에 한국에서 근대적 견해를 가진 사람들은 거친 길을 걸어갈 운명에 놓여 있다"고 한 것에서도 잘 나타난다.[17]

한편, 대부분의 초기 선교사들은 당시의 서구인들이 그러했던 것과 마찬가지로 강한 인종 중심주의(ethnocentrism)를 지니고 있었다. 이들은 이미 상당한 수준의 과학화와 산업화, 그리고 민주화를 이룬 서구 사회 출신들이었다. 따라서 이들은 강한 서구문화 우월의식을 지니고 있

---

E. Hammond(ed.), *Varieties of Civil Religion*, Harper & Row, 1980.

15) 근본주의가 한국 개신교에 끼친 영향에 관해서는 다음을 참조할 것. 김성건, 《종교와 이데올로기》, 민영사, 1991 중 제10장 〈한국 개신교와 근본주의 문제〉, pp. 239-272 ; 이원규, 《기독교의 위기와 희망—종교사회학적 관점》, 대한기독교서회, 2003 중 제7장 〈한국 교회와 근본주의〉, pp. 183-216.

16) Ernest R. Sandeen, *The Roots of Fundamentalism : British and American Millenarianism 1800-1930*, The University of Chicago Press, 1970, p. 187, 249.

17) 민경배, 앞의 책, p. 31에서 재인용.

었으며, 한국인과 한국문화, 그리고 한국역사는 저급한 것으로 간주하고 있었다. 실제로, 선교사들은 한국인들과 함께 생활하지 않았다. 그들은 주요 도시에서 한국인들과는 떨어져 특정 지역에서 자신들끼리만 어울려 살았으며, 각종 이권과 사업을 통해 벌어들이는 막대한 재력을 바탕으로 대저택에서 호화스러운 생활을 하였다.[18]

이와 같은 선교사들의 인종 중심적 태도는 신학 교육을 비롯한 그들의 교육사업에서도 나타난다. 이들은 서구적 가치와 문물을 전파하면서도 신학 교육의 수준은 자신들보다 낮게 하려는 정책을 채택하고 있었다. 예를 들면, 남장로교의 레이놀즈(N. D. Reynolds)가 규정한 한국에서의 신학 교육 원리를 보면, "목사는 영적이어야 하고 그들의 교육 정도는 한국 교인의 수준에 상응하게 해야 한다"는 것으로 집약되고 있다.[19] 또한 북장로교 선교사들에 의해 결정된 신학 교육 원리는 "신학생은 성신(聖神) 충만한 사람이 되게 할 것이며, 기독교의 근본적 사실과 신조를 철저히 가르칠 것이고, 어떤 어려움에도 견딜 수 있는 훌륭한 그리스도의 정병(精兵)이 되게 할 것"을 기본 원칙으로 결정하였으며, 교역자의 지식 수준을 일반 교인들보다는 높지만 선교사들보다는 낮은 중간 정도의 수준으로 할 것을 결정하였다.[20] 뿐만 아니라 선교사들은 신학생의 외국 유학을 금기로 정하는 등 한국인에 대한 지적 훈련에 인색하였으며, 한국인 목사들을 자신들의 간섭 아래에 두려 하였다. 그리고 보수적이고 단일 근본주의 신학과 엄격한 청교도적 윤리관을 배경으로 하고 있었던

18) 민경배, 〈한국 근대문화와 기독교의 형태 및 그 영향범위〉, 《한국사학》, 1, 1980, p. 234.

19) 민경배, 《한국의 기독교회사》, 대한기독교서회, 1968, p. 84.

20) 장병길, 〈아메리카 포교와 한국 그리스도교에 대한 영향〉, 《아세아연구》, 제X권 제2호, 1967, p. 79.

미국계 선교사들은 기초적인 인문계 지식이나 세속 학문의 소개에도 조심하였다. 그 결과 한국 개신교는 초기부터 교역자의 지적 후진성이라는 성격을 갖게 되었다. 이러한 점에서 본다면, 선교사들의 교육사업은 민중 계몽에는 크게 기여하였지만, 한국인의 저급성과 한국 사회의 후진성을 전제로 하고 있었다는 점에서는 한계성을 지녔다고 할 수 있다.[21]

한국인과 한국 사회에 대한 선교사들의 이러한 인식과 태도는 일부 지식인들로부터 강한 반발을 불러일으키기도 하였다. 예를 들면, 안창호(安昌浩)는 "선교사들이 한국인을 노예시했다"는 이유로 1905년 평양거리에서 선교사들을 구타하였으며,[22] 조선기독교회를 발족한 김장호(金庄鎬)는 선교사들이 인권적 차별을 하면서 "한국인을 일개 일꾼처럼 간주한다"고 비판하였고,[23] 이승만(李承晩)과 정치적 이념을 같이 하였던 신흥우(申興雨)는 "피선교민의 모욕을 나타내는 선교사들의 선교 방법은 제국주의의 식민지 통치조직을 방불케 하며 따라서 선교사들의 횡포는 참을 수 없다"고 통탄하기도 하였다.[24]

그러나 이러한 선교사들의 인식과 태도는 한국에서 활동하였던 개신교 선교사들만 지니고 있었던 것은 아니었다. 그것은 당시 아시아와 아프리카 지역에서 활동하였던 서구 선교사들의 일반적인 인식이기도 하

---

21) 민경배, 《한국의 기독교회사》, 대한기독교서회, 1968, p. 84 ; 노길명, 〈구조·기능적 측면에서 본 한국 기독교의 수용과정〉, 《인간과 미래》, 중앙신학교 출판부, 1977, pp. 93-94 ; 노길명, 〈한국 그리스도교의 성격 형성과 사회개발 사업〉, 홍승직 외, 《한국 사회개발연구》, IX, 고려대학교 아세아문제연구소, 1983, pp. 233-234, 238-239 참조.

22) 민경배, 《한국민족교회형성사론》, 연세대학교 출판부, 1974, p. 41.

23) 위의 책, p. 122.

24) 위의 책, pp. 87, 131.

였다. 이러한 점은 한때 필리핀의 총독을 지낸 바 있는 라이트(Hon. L. E. Wright)가 "선교사들은 동양에 오기 이전에는 본국에서는 해 먹을 것이 없던 쓸데없는 사람들의 비율이 더 많을 것"[25]이라고 혹평하였던 것에서도 잘 나타난다. 당시 아시아와 아프리카에서 선교하였던 대다수의 선교사들은 서구문화 우월의식를 강하게 지니고 있었으며, 그들 중 일부는 선교 지역에서 자신들이 누리는 지위와 권한을 유지하는 데 큰 관심을 갖고 있었다.

## 3. 초기 선교사들의 활동

1884년에서 1885년에 걸쳐 입국한 초기의 선교사들은 부분적으로는 입국 초부터 세례를 베풀고 교회 조직을 마련하는 등 종교 활동에 임하고 있었지만, 본격적인 선교 활동은 유보하고 있었다. 이들은 한국 사회에서 천주교가 정치권력으로부터 극심한 박해를 받았다는 사실을 잘 알고 있었다. 그렇기 때문에 이들은 정치권력과의 갈등을 가져올 활동들은 가능한 한 피한 채, 한국 사회의 변화 흐름을 관망하면서 본격적인 선교 활동을 위한 기반 구축 작업에 전념하고 있었다. 이러한 선교사들의 활동은 왕실을 비롯한 정치권력과의 친화관계 강화와 함께, 의료사업과 교육사업을 통한 민중과의 친화관계 형성으로 구체화되었다.

우선, 최초의 입국선교사인 알렌은 입국 3개월 만에 발생한 갑신정변(甲申政變) 때 부상당한 고종의 측근 민영익(閔泳翊)을 치료해 준 것이 계기가 되어 왕실부시의관(王室附侍醫官)으로 임명되는 한편, 한국 최초의 국립병원이며 서양 의술기관이라 할 수 있는 광혜원(廣惠院) 운영

25) 위의 책, p. 30에서 재인용.

의 책임을 맡게 되었다. 알렌은 직접적인 선교 활동보다는 이 병원의 운영에 주력하였는데, 그의 활동은 개신교 사회봉사활동의 효시를 이루게 되었다.

의료 활동은 초기 선교사들이 전개했던 가장 중요한 선교 활동의 하나였다. 광혜원서 근무하던 감리교의 스크랜턴(William B. Scranton)은 그 후 별도로 감리교 선교병원을 개설하였다. 그는 부녀자들에 대한 진료를 위해 감리교부인외국선교회에 교섭하여 부인병원을 설립하는 한편, 그들의 치료를 돕고 약방의 업무를 도울 의료기능인을 교육함으로써 본격적인 서양의학 교육을 시작하였다. 그러나 당시 장로교와 감리교의 의료 활동은 차이를 나타내고 있었다. 일반적으로 장로교는 왕실이나 양반계급 또는 주한 외국인들을 상대로 진료활동을 벌이고 의료교육에 힘쓴 반면, 감리교의 의료사업은 사회의 최하층이나 가난한 서민(庶民)을 대상으로 하고 있었다.[26]

선교사들이 펼친 의료 활동은 사회복지의 구현이라는 의미와 함께 선진 의술의 보급이라는 점에서 한국의 근대화에 크게 기여한 것으로 평가된다. 또한 이들의 의료 활동은 본격적인 선교를 위한 토대를 마련하였다는 점에서도 개신교 선교의 역사에서도 중요한 의미를 갖는다. 선교사들은 의료 활동을 통하여 왕실이나 정부 고관들과의 연계성을 굳혔으며, 봉사적인 시료활동(施療活動)을 통해 서민들로부터 친화감을 얻을 수 있었다. 특히 선교사들의 희생적인 헌신은 인간 사랑의 모범을 보여 주었다는 점에서 개신교에 대한 호감을 크게 확산시킬 수 있었다.

한편, 개신교의 교육사업은 아펜젤러에 의해 시작되었다. 그는 입국

---

26) 백낙준, 《한국개신교사》, 연세대학교 출판부, 1979, p. 129.

4개월 만에 두 명의 학생을 대상으로 교육사업을 시작하였는데, 다음 해 고종으로부터 '배재학당(培材學堂)'이라는 교명을 하사 받았다. 또한 감리교 선교병원을 개설한 스크랜턴의 모친(Mary F. Scranton)은 두 명의 여학생을 대상으로 '이화학당(梨花學堂)'을 설립함으로써 한국 여성 교육기관의 효시를 이루게 되었다.

이후 개신교 선교사들에 의한 교육사업은 더욱 활발하게 전개되어 일제에 의해 강제 합병을 당하던 1910년 2월에는 개신교 계통의 학교 수효가 666개에 달하였다.[27] 선교사들에 의한 교육사업은 선교적 측면에서뿐만 아니라 개화를 위한 민중 계몽과 인적 자원의 양성이라는 점에서 한국의 근대화에 크게 기여한 것으로 평가된다.

당시 교육사업은 장로교나 감리교 등 교파의 차이에 관계없는 가장 좋은 선교의 수단이었고 사회 참여의 방법이었다. 단지 차이가 있었다면, 장로교는 젊은이들을 교육해서 출신 교회로 보내어 힘 있는 전도자로 양성함을 최종적인 목표로 삼았던 것에 비해, 보다 먼저 교육사업을 시작하였던 감리교에서는 교육 일반에 주력함으로써 복음전도의 수단으로 삼는, 보다 폭 넓은 방법을 채택하고 있었다는 점이다.[28]

한편, 선교사들은 입국 직후부터 왕실을 비롯한 지배계급과의 친화관계 형성을 위해 적극적으로 노력하였다. 그 결과 이들은 정치권력의 후원과 보호 아래 비교적 수월한 선교 활동을 할 수 있었다. 예를 들면, 알렌은 왕실부시의관으로 활동하였으며, 많은 선교사들은 왕의 신임을 얻어 명성황후 시해 사건 직후에는 둘씩 짝을 지어 고종 침실의 불침번

27) 손인수, 〈한국 근대교육의 유형·보급과 그 실태〉, 《한국교육연구》, 1, 1980, p. 165.

28) 민경배, 《한국 기독교회사》, 대한기독교서회, 1976, p. 162.

을 서기도 하였고, 고종은 선교사 부인들이 지어주는 음식 이외에는 들지를 않았다.[29] 그리고 헐버트(H. B. Hulbert)는 을사늑약(乙巳勒約)이 체결된 직후 고종의 밀사로 백악관과 헤이그를 방문하기도 했었다.[30]

그러나 정치권력과 선교사들 간의 밀착관계는 선교사들이 경제적 이권에 개입할 수 있는 계기를 제공하기도 하였다. 당시의 선교사들은 모두가 경제외교관이라고 할 정도로 각종 이권과 밀접한 관련을 맺고 있었다. 예를 들면, 알렌은 경인철도 부설권이 미국인 모스(J. R. Morse)에게 넘어가도록 하는 등 많은 이권을 미국 자본가들에게 넘겨주는 경제외교관으로 활동하였으며, 번커(A. D. Bunker)는 한국 최대의 금광이었던 운산금광 개발에 주력하였다. 또한 한국 보수주의 신앙의 원조라고 할 수 있는 모페트(S. Moffett)이나 리(G. Lee) 목사는 압록강 상류의 재목토벌권을 획득하고 벌목하였을 뿐 아니라, 벌목한 재목의 세금 지불을 기피하였다. 이와 같은 선교사들의 상업주의적 경향과 자국 이익 보호 노력은 이들의 대다수가 미국의 상당한 수출무역업자 가문 출신들이었다는 것과도 관련을 맺다.[31]

그러나 이들의 행위는 다른 한편으로는 자국의 이익을 도모하려는 모국에 대한 나름대로의 충성심과도 관련 있었던 것으로 볼 수 있다. 당시 미국은 국내적으로는 본격적인 산업화를 추구하는 한편, 대외적으로는 자신의 영향력을 극대화하기 위해 제국주의적 정책을 채택하고 있었다. 태평양과 아시아 지역에 적극적으로 진출하고 있었던 당시 미국은 한국

---

29) 민경배, 《한국민족교회형성사론》, 연세대학교 출판부, 1974, p. 19.

30) 위의 책, pp. 11-12.

31) 민경배, 〈한국 근대문화와 기독교의 형태 및 그 영향범위〉, 《한국사학》, 1, p. 234.

을 중국으로부터 강력한 통제를 받는 국가로 인식하고 있었기 때문에 미국 정부의 대한(對韓) 정책은 "조선을 독립국가로 인정"하면서도 독립국가로서의 실체를 부인하기도 하는, "청한(淸韓)의 종속관계로 인정하며, 다만 청한의 종속관계에는 간섭하지 않는다"는 편의주의적 불간섭 정책이었다.[32] 그렇기 때문에 미국은 한국의 시장성에 대해서는 별로 관심을 갖지 않았으며, 오히려 태평양 연안에 위치한 필리핀을 비롯한 아시아의 다른 국가에 대해 보다 관심을 갖는 동시에 일본과는 우호적인 관계를 갖고자 하고 있었다.

이와 같은 미국의 친일정책은 일본의 한국 지배를 실질적으로 정당화시킨 1905년의 태프트-가쓰라(Taft-桂) 비준 문서에서도 분명하게 나타난다. 이 비준 문서는 미국이 필리핀을 점령하는 것을 인정하는 동시에 일본이 한국을 점령하는 것을 정당화한다는 것을 담고 있다. 을사늑약이 체결된 직후 헐버트가 고종의 밀서를 갖고 백악관으로 찾아갔을 때 당시의 미국 대통령 루스벨트(Theodore Roosevelt, 1858-1919)는 그를 만나주지 않았을 뿐 아니라, "1900년 이래 한국은 자치할 능력이 없으며, 미국은 한국에 대해 책임을 져서는 안 되고 일본이 한국을 차지하여 한국인에게 불가능했던 법과 질서를 유지시키면서 능률 있게 통치한다면 만인을 위하여 보다 좋을 것"[33]이라는 공식 논평을 발표하였다. 이것은 당시 미국의 동아시아 정책을 단적으로 나타낸 것이라 할 수 있다.[34]

한국에서 활동하였던 미국 선교사들은 한국의 자강과 독립을 희망하

32) 이보연, 〈이조 말기에 있어서의 한국과 미국〉, 《아세아연구》, 제X권 제2호, 1967, pp. 8-9.

33) 위의 논문, p. 13.

34) 당시 한반도를 중심으로 한 외세 열강들의 각축에 관해서는 다음을 참조할 것. 강성학, 《시베리아 횡단열차와 사무라이》, 고려대학교출판부, 2000.

고 있었다. 그러나 제국주의 열강의 조선 침탈이 강화되면서 미국의 동아시아 정책이 일본에 의한 조선 합병으로 확정되자 이들은 자국의 외교노선에 따르기 시작하였다. 이들은 교회가 정치 문제에 관여하는 것을 철저하게 금지시키면서 정교분리 정책을 강화해 나갔던 것이다. 이러한 점은 이들의 선교 정책과 선교 활동에서 분명하게 나타난다.

## 4. 선교 정책

초기 선교사들은 왕실을 비롯한 정치권력과의 친화관계를 바탕으로 의료사업과 교육사업에 전념하면서 급변하는 정치상황에서 개신교가 취할 입장과 선교 방법을 모색하고 있었다. 그러다가 1890년대에 접어들자, 선교사들은 조선 정부가 이미 미국을 비롯하여 서구의 여러 국가들과 외교관계를 맺었기 때문에 적극적인 선교 활동을 하더라도 천주교의 경우와 같은 박해는 받지 않을 것이라고 판단하였다. 이들은 1890년 중국 치푸〔芝罘〕에서 선교 활동을 하던 네비우스(John Nevius) 목사 부부를 초빙하여 한국에서의 선교 활동에 관한 원칙을 자문 받았으며, 이를 토대로 1893년 '네비우스 선교 원칙'을 채택하였다. 선교사들은 선교공의회가 채택한 이 원칙을 통해 한국 개신교 선교 활동의 방향과 방법은 분명하게 설정되었고, 선교사들은 이를 바탕으로 본격적인 선교 활동을 전개하기 시작하였다. 따라서 '네비우스 선교 원칙'은 한국 개신교의 성격 형성에 지대한 영향을 끼친 것으로 평가된다.

'네비우스 선교 원칙'의 주요 내용은 상류계급보다는 근로계급, 특히 부녀자들을 대상으로 전도해야 하고, 기독교 교육은 농촌에서 초등학교 수준의 학교를 통해 효력을 내도록 해야 하며, 모든 종교서적은 순 한국어로 쓰여야 하고, 진취적인 교회는 자급하는 교회가 되어야 하며, 한국의 대중들은 동족의 전도에 의해 신앙하게 해야 하며, 의료선교사들은 환자와의 친숙한 관계를 통해 선교의 기회를 찾아야 한다는 것 등이었다.[35] 이와 같은 선교 정책은 장로교의 선교 정책이었지만, 감리교의 경우에도 거의 유사하게 적용되었다. 감리교의 선교 정책은 지방 순회 전도에 의해 내륙 지역의 평민과 가난한 자들을 상대로 하여 전교에 힘써야 한다는 것과 청소년과 여성에 대한 근대 교육을 실시하여 크리스천 정신을 부식하는 데 힘써야 한다는 것으로 집약되고 있었다.

이와 같은 선교 정책은 한국 사회에 대한 개신교의 기능을 결정짓는 계기를 마련하였다. 특히 한국 교회를 '자급적'이고 '자립적'이며 '자치적'인 교회로 발전시킨다는 '3대 원칙'은 한국 개신교의 양적 성장에 지대한 기여를 한 것으로 평가될 수 있다.

또한 이 원칙은 시민계급의 성장과 발달, 자급과 자립 의식의 고취, 교육과 의료 및 사회복지사업의 발전, 한글과 출판사업의 발전 등 그리스도교의 기능적 측면을 강화시키는 결과를 가져왔던 것으로 볼 수 있다. 특히 이 정책의 중요한 특성은 문화주의적 방법에 의해 근로・하류 대중 사이에 파고드는, 다시 말하면 밑을 다져 위로 치솟게 하는 상향성을 지닌 전도 방법이었기 때문에 교육을 통하여 근대 시민의식과 자아의식을 함양시킨다는 면에서 중요한 의미를 갖는 것이다. 따라서 이러한 선교 정책은 새로운 변화에의 수용 의지와 그것에 기초한 근대사회에로의 변화를 가능케 한다는 점에서 사회발전에 기여할 가능성을 마련

35) '네비우스 선교 원칙'에 관해서는 다음을 참고할 것 : C. A. Clark, *The Korean Church and Nevius Methods*, Fleming H. Revell, 1930 ; 김남식 편, 《네비우스 선교방법》, 성광문화사, 1990.

한 것으로 볼 수 있다.[36]

그러나 이 선교 원칙은 몇 가지 문제점을 내포하기도 하였다. 한국 교회를 자급적이고 자립적이며 자치적으로 키운다는 소위 '3대 원칙'은 개교회주의(個敎會主義)와 연결됨으로써 교회의 양적 성장에는 중요한 동인으로 작용할 수 있지만, 교회 활동을 사회나 문화, 또는 역사와는 무관한 방향으로 흐르도록 하는 한편, 개별 교회와 교단 간의 연결을 약화시킴으로써 교단 분열을 촉발할 가능성을 지니고 있었다. 이러한 위험성은 그 후 그대로 나타났다. 2000년 11월에 개최되었던 한국기독교교회협의회(KNCC)가 〈49회 총회선언문〉을 통해 "한국 교회는 과거 잘못된 분열의 죄책을 고백하면서 개교회주의와 양적 성장 일변도의 말씀 선포를 지양"해야 한다고 선언했던 것은 이를 잘 보여준다.

또한 선교 대상을 하류계급 특히 부녀자에게 강조하고 교육 수준을 초등학교 정도로 한정시킨 네비우스 선교 원칙은 기독교 사상과 신학의 발전을 저해하는 결과를 초래할 위험성을 지니고 있었다. 하류계급의 부녀자층으로 선교의 주 대상을 설정한 것은 그 자체가 사회 발전에 기여할 고등 인력의 양성을 스스로 제한시키는 것일 뿐 아니라 후술하는 바와 같이 기독교 신앙을 한국 부녀자들의 종교 심성 안에 깊게 내면화되어 있는 무교적 심성과 쉽게 연결되도록 만듦으로써 개인 중심적이고, 기복 중심적인 신앙으로 고착화시킬 가능성도 포함하는 것이었다.

이러한 가능성은 현실로 나타났다. 이 원칙에 따라 한국 개신교 신앙의 흐름은 현실 문제에 대한 능동적인 참여보다는 현실의 어려움을 내세의 보상으로 연결시킴으로써 신학의 빈곤, 교회론의 약화, 사회 부재

36) 노길명, 〈한국 그리스도교의 성격 형성과 사회개발사업〉, 홍승직 외, 《한국사회개발연구》, IX, 고려대학교 아세아문제연구소, 1983, p. 239.

의 영혼 구제, 정치 무관의 정숙주의, 합리성의 결여[37] 등으로 굳어져 나갔다. 또한 선교의 주 대상을 하류계급과 부녀자에게 한정시켰다는 사실은 개종자의 개종 동기를 획일적으로 일원화시킴으로써 광범한 동기의 유발을 억제할 가능성도 지니는 것이었다. 이러한 것은 개신교 수용의 사회적 기반을 마련하는 데 기여한 개화사상가들의 개종 동기를 억제함으로써 개신교가 사회문제나 민족문제에 적극적으로 대응하기 어렵게 만들 수도 있는 것이었다. 네비우스 선교 방법이 우민정책(愚民政策)의 하나였다고 평가받기도 하는 것은 이 때문이다.[38]

초기 선교사들이 채택한 선교 정책에서 주목할 만한 또 하나의 정책은 선교지 분할 정책이었다. 선교 초기 여러 나라의 여러 교단에서 파견된 선교사들은 제각기 선교 활동을 전개함으로써 선교 활동의 중복과 선교 단체 간의 경쟁과 갈등이라는 결과를 빚어내기도 하였다. 이에 선교사들은 선교회들의 활동상의 중복과 경쟁을 피하기 위해 교파별로 선교지를 분할하는 정책을 채택하였다. 그 결과 미국 남장로교는 충청도와 전라도를, 호주 장로교는 경상도 남부를, 캐나다 선교회는 함경도를, 미국 북장로교는 경상도 북부와 평안도 및 황해도를,[39] 그리고 미국 감리교는 경기도와 강원도 일부 및 관서지방 일부를 선교 지역으로 할당받았다.

이러한 선교 지역의 분할은 선교 노력의 중복과 필요 없는 경쟁을 피함으로써 보다 효과적인 선교 결과를 가져오게 하였지만, 한국 개신교의 신앙 유형이나 성격을 각 선교회의 특성으로 고착화시킴으로써 교

---

37) 민경배, 《한국 기독교회사》, 대한기독교서회, 1976, p. 127.

38) 정대위, 〈한국 사회에 있어서의 종교혼합〉, 《사상계》, 1960. 3, p. 206 ; 심일섭, 《한국 민족운동과 기독교 수용사고 – 민족 · 교회 · 토착화》, 아세아문화사, 1982, p. 195.

39) S. H. Moffett, *The Christians of Korea*, Friendship Press, 1962, p. 46.

파 간의 차이를 보다 고착화시키는 동시에, 지방색을 강화시킴으로써 민족적 단결과 교회일치운동을 저해할 가능성을 내포하는 것이었다. 또한 이 정책은 선교지의 균형적 분할이 깨질 경우에는 교파 간의 경쟁과 갈등이 보다 심화될 여지를 충분히 지니는 것이기도 하였다. 이러한 가능성은 한국전쟁을 전후하여 북한교회가 월남함으로써 실제로 나타났다.

한국 개신교의 성격 형성에 영향을 끼친 또 하나의 중요한 선교 정책은 엄격한 정교분리 정책이었다. 이 정책은 공식적으로 채택된 일은 없지만, 대부분의 선교사들이 입국 초기부터 선교의 중요한 지침으로 삼고 있었던 원칙이었다. 선교사들이 정교분리를 고수한 이유는 기본적으로는 그들이 갖고 있던 배경과 당시의 사회 상황 때문이었다. 선교사들은 성속이원론에 바탕을 둔 근본주의 신앙 유형의 소유자들이었고, 선교사의 다수를 차지하던 미국 선교사들의 모국인 미국에서는 정교분리주의가 헌법으로 규정되어 있었다. 따라서 선교사들이 정교분리 원칙을 선교의 주요 정책으로 삼는 것은 그들로서는 당연한 것이었다고 할 수 있다. 더욱이 당시는 제국주의 열강들이 자국의 식민지 확보를 위해 경쟁하던 시기로서, 한국은 여타 지역을 분할한 제국주의 열강들이 마지막으로 치열한 각축을 벌이는 지역이었다. 따라서 선교사들이 자칫 정치적 문제에 휘말리게 될 경우, 선교 활동과 교회 운영에 막대한 어려움을 초래할 가능성이 많았다.

선교사들은 조선의 독립과 자강을 바라면서도, 선교 활동에 있어서는 교회의 역원들과 교사들의 권위에 복종할 것을 가르쳤으며, 교회가 정치운동에 관여하는 것은 허락하지 않는 철저한 정교분리 정책을 고수하고 있었다. 따라서 이들은 정치운동이나 또는 정치적 색채를 띤 운동에 참여하는 것을 금기로 간주하고, 그러한 경우에는 철저한 치리(治理)를 단행하였다. 예를 들면, 장로교에서는 애국적인 사회단체에 관련된 교직자들을 성직에서 해임하였으며, 교회 안의 행사에서도 정치성을 띤 활동을 하는 자들을 무섭게 치리하였다. 이러한 것은 감리교에서도 마찬가지여서 선교사들은 청년회가 여러 곳에서 교회의 목적을 왜곡하고 정치적 목적에 이용하고 있다고 판단하여 그러한 활동을 엄격히 금지시켰다.[40]

이러한 선교사들의 입장과 태도는 일제의 침략이 본격화되면서 더욱 강화되었다. 특히 일본이 침략의 한 방법으로 철저한 정교분리 원칙을 제시하자 선교사들은 이에 적극적으로 동조하였다. 선교사의 할 일은 철저하게 고차적인 가치나 도의적인 것에 국한되어야 하며, 만일 정치·경제·외교의 영역에 관계하는 경우에는 간섭과 처벌로 다룬다는 것을 의미하는 것이었다. 이들은 일본 제국주의의 침략에 대해서도 지상적인 것은 일본이 관계할 것이고 소위 천상적인 것은 교회가 관할하되 이 경계선은 엄격히 준수되어야 한다고 말하고 있었다. 일본은 지상에 대한 관할로, 선교사들은 천상에 대한 신앙으로 각각의 관심은 달랐으나, 이 양자 간의 분립이 정언(定言)되어야 한다는 데에는 묘한 일치를 보이고 있었던 것이다. 따라서 한국 교회의 비민족화를 한꺼번에 단행하려고 할 때에 각자의 협력은 쉬웠고, 한국 교회는 이 양자에게서 동기는 다를망정 꼭 같은 비민족화의 시련을 겪지 않을 수 없었다.[41] 이러한 선교사들의 정교분리 정책은 1907년의 대부흥운동을 통해 보다 강화되어 나갔다.

40) 민경배, 《한국민족교회형성사론》, 연세대학교 출판부, 1974, p. 43.
41) 위의 책, p. 44.

## 5. 수용 계층과 수용 동기

한 사회가 외래문화를 수용하는 과정은 물이 높은 곳에서 낮은 곳으로 흐르는 것과 같은 기계적인 과정은 아니다. 수용자 측이 아무리 일방적인 영향을 받는 상황에서도 수용자의 필요에 따라 선별적인 수용을 하게 되고, 수용한 외래문화의 내용도 수용자 측의 사회문화적 상황에 따라 새로운 의미와 결과를 가져오게 마련이다.

따라서 외래종교의 수용 과정에서는 전달자인 선교사들의 신앙 유형과 사회 인식, 그리고 그들의 선교 정책뿐 아니라 수용 계층과 수용 동기도 중요한 요인으로 작용하게 마련이다. 또한 그것은 수용자 사회에서 그 종교의 성격 형성과 사회적 기능 수행에 지대한 영향을 끼치게 된다. 특히 한국의 개신교는 실상 수용 동기에 좌우된 수용이었다고 할 수 있을 정도로 수용 계층과 그들의 수용 동기가 초기의 성격 형성이나 사회와의 관계에 큰 영향을 미쳤다고 할 수 있다.

초기 개신교의 주 수용 집단은 서로 성격을 달리하는 두 그룹이었다. 그 하나는 개화파 지식인들이었고, 다른 하나는 하류계급의 부녀자들이었다. 이러한 수용 계층의 이질성은 수용 동기상의 이원성을 수반함으로써 개신교의 초기 성격 형성 과정에 혼란과 갈등을 일으키게 되는 주요 요인이 되었다.

초기 한국 교회의 대다수를 차지하였던 사람들은 부녀자들이 중심이 된 하류계급이었다. 이들은 네비우스 선교 원칙에서도 제시된 바와 같이 선교의 일차적인 대상이었다. 이들은 비록 선교사들이 선교의 주 대상으로 설정하지 않았다고 하더라도 개신교 신앙을 수용할 가능성을 충분히 지니고 있었다. 당시의 사회는 엄격한 가부장제도가 시행되던 봉건체제사회였고, 기존의 사회질서가 급속히 해체되던 시기였으며, 피지배계급에 대한 억압과 수탈이 심화되던 상황이었다. 따라서 하류계급, 특히 하류계급의 부녀자들은 삶의 의미와 방법을 찾기 어려웠을 뿐 아니라 생존 자체마저도 위협받고 있었다. 그러나 유교나 불교, 도교 등 재래의 종교들은 이러한 상황에 적극 대처하지 못함으로써 종교적 진공 상태가 나타나고 있었다. 따라서 초월적 존재인 '하나님'의 존재와 사랑을 강조하면서 인간의 존엄성과 평등을 제시하는 개신교의 가르침은 억눌려 있던 하류계급에게는 '사회복음'이 되기에 충분하였으며, 선교사들이 전개하는 의료사업과 교육사업 등은 개신교에 대한 친화감을 불러일으키기에의 적합하였다.

뿐만 아니라, 한국인들의 종교적 심성에 깊게 내재되어 있는 무교적 성향은 선교사들이 강조하는 신앙 유형과 쉽게 연결됨으로써 이들의 개종을 보다 수월하게 촉진시킬 수 있었다. 즉, 신비주의 · 개인주의 · 내세주의 · 경건주의 · 성령 중심 · 부흥 중심 등을 특징으로 하는 선교사들의 신앙 유형은 이들 하류계급 부녀자들의 종교적 심성에 바탕을 이루는 무교적 성향과 크게 부합되고 있었던 것이다. 초기 선교사들이 갖고 있던 복음은 신학보다는 생활과 체험을 토대로 한 것이었기 때문에 윤리성이나 고차원적 지식을 갖지 못한 채 신비주의적 성격을 나타내는 하류계급의 정서와 상통했으며, 세상에 어울릴 수 없던 형이상학적인 한국인의 기질에 적합하였다.[42] 또한 개인주의적이고 공동체의식이 약한 선교사들의 종파적 신앙은 개인적 상향이 강한 무속의 특성과 쉽게 일치될 수 있었으며, 계급이나 공동체 속에 매몰되어 자신의 인격적 존

---

42) 민경배, 《한국 기독교회사》, 대한기독교서회, 1976, p. 127.

엄성이나 개성을 인정받지 못하던 하류계급의 냉소적 무관심과 연결될 가능성이 높았다. 그리고 현실의 고통에서 해탈하려는 이들의 현실도피적인 성격은 내세의 보상을 강조하면서 열광적인 성령 중심적이고, 부흥 중심적인 특성을 띤 선교사들의 근본주의 신앙과 일맥상통한 면을 나타내고 있었던 것이다.[43]

이러한 선교사들의 신앙 유형과 하류계급의 특성 간의 유사성은 하류계급의 부녀자를 선교의 주 대상으로 삼은 네비우스 원칙에 입각한 선교 정책과 교육 및 의료 등의 문화적 방법에 따른 선교 활동에 의해서 보다 수월하게 연결될 수 있었다. 빈곤과 무지 속에서 생의 의미와 방향을 상실하였던 하류계급은 그리스도교의 복음을 통하여 자신들의 인격을 찾을 수 있었으며, 선교사들의 호의적인 의료 활동과 교육사업은 자신들의 빈곤과 무지를 극복하는 데 큰 도움을 주었던 것이다.

개신교에 대한 개종현상은 특히 서북지방에서 두드러지게 나타났다. 당시 평안도를 비롯한 서북지방은 지역적인 차별을 받고 있었으나, 직업적으로 가장 천대받던 상업이 국경 지역을 중심으로 한 밀무역의 발달로 인해 크게 성장하고 있었다. 따라서 이 지역은 유교적 성향이 강했던 경기도나 충청도 등 남부지방보다 진취적인 성격을 나타내고 있었는데, 이러한 지역적 성향이 개신교를 보다 수월하게 수용하도록 만드는 요인으로 작용하였다. 뿐만 아니라, 당시 기청지방(畿淸地方)의 개종자들은 개신교를 보유론적 관점에서 수용함으로써 존왕적(尊王的) 신앙을 나타내고 있었던 데 비해, 이들 서북지방의 개종자들은 성서에 기초한 인간의 존귀성, 정의와 윤리의 가치 규준, 민주주의적 평등과

---

43) 노길명, 〈한국 그리스도교의 성격 형성과 사회개발 사업〉, 홍승직 외, 《한국사회개발연구》, IX, 고려대학교 아세아문제연구소, 1983, p. 256.

자유의 기본적 확립 등에 보다 큰 관심을 갖고 있었다.[44] 대부흥운동이 일어났던 1907년의 통계를 보면, 당시의 신자 수효는 기청(畿淸)·강원지방이 1,612명인 데 비해 서북지방은 12,383명으로 8배나 높게 나타나고 있으며,[45] 1910년의 통계를 보아도 경기도와 충청도가 2,975명인데 비해 평안도와 황해도는 23,483명으로 역시 8배나 높은 것으로 밝혀지고 있다.[46]

이와 같이 하류계급의 개종률이 높았다는 사실은 개신교가 인간의 존엄성과 자유, 그리고 평등 등 근대적인 가치의 보급에 큰 영향을 미쳤음을 의미하는 것이다. 그러나 다른 한편으로는 하류계급이 지니고 있던 무속적 성향으로 인해 한국 개신교의 성격을 제재초복(除災招福)의 기복적인 종교로 고착시키고 의타적·보수적 성격을 지니도록 만드는 요인이 되기도 하였다. 예를 들면, 부흥집회에서 기사이적(奇事異蹟)을 기대하는 심성은 샤먼적 현실주의의 표시였고, 믿음으로 구원에 이른다는 개신교의 근본 교리는 이들에게는 믿기만 하면 복을 받는다는 것으로 인식되었으며, 이들의 동질적 개종 동기는 신앙 변화에서 정체 작용을 일으키게 되어 전통주의와 보수주의를 심화시키는 결과를 가져왔던 것이다.[47] 따라서 이러한 성격 형성 과정에서는 교회와 사회, 교회와 역사 간의 관계에 대한 진지한 물음을 찾아보기 어려웠다고 할 수 있다.

---

44) 민경배, 〈한국 근대문화와 기독교의 형태 및 그 영향범위〉, 《한국사학》, 1, p. 243.

45) 위의 논문, p. 246.

46) 위의 논문, p. 238.

47) 유동식, 《한국 종교와 기독교》, 대한기독교서회, 1977, pp. 37-38 참조.

대부분의 개신교 수용자들은 하류계급에 속했지만, 수용 초기에는 지식계급의 참여도 활발하였다. 이들은 개신교의 수용을 민족의 자강과 개화의 방편으로 인식하고 있었기 때문에 비정치적·비식민적이며 교육과 의료 등 사회 활동을 활발히 전개하는 개신교에 대해 우호적인 태도를 갖고 있었다. 따라서 부국강병과 독립자강을 열망하던 이들은 개신교에 개종할 소지가 많았다. 특히 이들은 일반 대중의 참여가 급격히 늘어나고 있는 개신교가 전국적인 조직을 갖고 있으며 또 그 가치체계가 근대적이라는 점에 주목하면서, 한국 사회의 발전에 공헌할 수 있는 개신교의 사회적 기능에 큰 관심을 나타내고 있었다. 이러한 점에서 개화사상가들을 비롯한 이들 지식계층은 민중과의 합일을 위한 통로로서, 또한 자유와 개화를 위한 방편으로서 개신교에 참여하기 시작하였다. 즉, 이들의 개종 동기는 종교적·정신적이라기보다는 다분히 세속적·현실적인 특성을 지니고 있었다.[48)]

이러한 지식층의 개종 동기는 당시 선교사들의 분석에서도 분명하게 나타난다. 예를 들면, 샤프(C. C. Sharp)는 "교회를 찾는 사람들 중에는 그리스도교 나라들이 대개 다 강대국인 것을 보고 그 고도의 문명과 문화에 끌려 전향하는 경우가 많으며, 영적인 이야기를 하면 교회를 떠나고 만다"고 기록하였고, 브라운(A. J. Brown)은 "한때 전체 교회가 정치화될 가능성이 있었다"고 당시 교회의 모습을 설명하였으며, 라드(G. T. Ladd)는 "최초의 개종자들의 기본적 동기는 그 절대다수의 경우, 도덕적·정신적이기보다는 경제적·정치적이다"라고 표명하였다. 또한 당시 개종자였던 이상재(李商在)는 "나라 구원의 길을 찾아보려는 일념

48) 노길명, 〈구조·기능적 측면에서 본 한국 기독교의 수용 과정〉, 《인간과 미래》, 중앙신학교 출판부, 1977, p. 98.

으로 기독교의 믿음을 갖게 되었다"고 자신의 개종 동기를 밝혔고, 안창호는 선교사들이 자신들의 생명에 위협까지 느낀다고 할 정도로 교회가 내세에 관한 것을 주로 가르치는 것에 대해 강한 불만을 표시하였으며, 송창근(宋昌根)은 "조선 초대 기독교 운동이 순수한 신앙운동만이 아니었다는 것을 주저 없이 말합니다"라고 하면서 "예수도 믿고 민족운동도 해보고, 교화운동도 해보기 위해 기독교를 믿게 되었다"고 원래의 개종 동기를 밝혔다.[49]

초기 개신교 운동에 참여한 대다수 지식인들의 개종 동기는 종교적 순수성보다는 민족이 당면한 개화와 독립에 있었다. 그러나 이러한 지식인들의 개종 동기는 선교사들의 신앙 형태나 선교 정책과는 크게 상치되는 것이었다. 이들 개종자들의 욕구는 정치적·민족적·경제적·사회적·문화적인 데 반해, 선교사들이 지향하는 신앙 유형은 영적·내세적·정교분리적·복음주의적·경건주의적인 것이었다. 따라서 양자 간에는 마찰이나 갈등이 나타날 수밖에 없었다. 교회는 일부 선교사 계열의 교직자들을 반역자라고 공박하였으며, 당시 귀국하는 해외유학생들도 한국의 비극은 일본이나 미국이 함께 책임을 져야 한다고 주장하기도 하였던 것이다.

이렇게 되자 선교사들은 정치적 문제에 관여하기를 촉구하는 사람들을 교회 밖으로 추방하기 시작하였으며, 이렇게 되자 종교적 구원보다는 사회 개혁과 사회 참여에 큰 관심을 가졌던 지식인들은 스스로 교회를 떠나기까지 하였다. 단지 최초의 실천적 개종 동기가 신앙생활을 통하여 순수한 종교적 동기로 전환되거나, 애당초 종교적 구원에 관심을

---

49) 민경배, 《한국민족교회형성사론》, 연세대학교 출판부, 1974, pp. 37-42 참조.

가졌던 자들만이 교회에 잔존하는 일종의 구조적 성격 전환이 나타나기 시작하였다.

선교사들과 지식계층 간의 갈등은 1905년 을사늑약이 체결된 직후 더욱 크게 나타났다. 특히 한국 개신교의 성격을 결정짓는 분기점이 되었던 대부흥운동은 이들 간의 갈등과 대립을 더욱 표출시키는 계기가 되었다.

1907년에 최고조에 이르렀던 대부흥운동은 두 가지의 연원을 지니고 있었다.[50]

하나는 외국 선교사들이 체험하였던 좌절감과 죄책감이었다. 당시 선교사들은 한국인들의 신앙 수용 방향과 자신들이 선포하고자 하는 선교의 방향이 일치되지 않았다는 것에 대해 심한 자책감을 갖고 있었다. 1905년 을사늑약을 전후하여 고조된 지식층의 교회에 대한 불만과 선교사들에 대한 불신적 태도는 지금까지 한국 교회를 주도해 온 선교사들에게 깊은 충격을 주게 되었던 것이다. 따라서 선교사들은 자신들의 선교 정책의 방향이 이들 지식층과 심한 괴리를 갖고 있음을 절감하면서 자신들의 선교 활동에 대한 회의를 나타내기 시작하였다. 이들 선교사들은 지금까지 자신들이 설교한 바와는 달리, 한국 교회가 국가의 비운에 대해 너무 정치적으로 개입하였다는 것을 반성하면서, 정교분리주의를 고수함으로써 나타날 교회 내에서의 후유증을 예견하고 있었다. 따라서 이들은 심한 자책감과 불안감을 갖게 되었는데, 이들은 이러한 감정을 종교적 경험을 통해 승화시키려는 경향을 보였다.

이들은 강한 죄의식과 신앙 체험을 느끼면서 "하나님의 약속을 믿는

50) 민경배, 《한국 기독교회사》, 대한기독교서회, 1976, pp. 208-209 ; 《한국민족교회형성사론》, 연세대학교 출판부, 1974, pp. 44-45 참조.

단순한 신앙"으로 되돌아가고자 하는 통회와 열성적인 기도를 계속하였다. 이러한 선교사들의 태도와 신앙적 체험은 지금까지의 선교 자세나 정책을 수정하기보다는 자신들과 교회의 성격을 본래의 자세, 즉 철저한 성속이원론에 바탕을 둔 근본주의적 신앙으로 보다 급격히 환원시키는 것을 의미하는 것이었다. 그렇기 때문에 이 운동은 교회의 사회 참여를 촉진하기보다는, 오히려 그것을 억제시키는 역할을 하게 되었다.

대부흥운동의 또 다른 연원은 수용자들의 대다수를 이루고 있는 대중의 경건성에서도 나타났다. 성서연구모임인 사경회(查經會)의 영향과 국가의 비운에 대해 통회하는 신자들의 내성(內省)은 하나님의 도움밖에는 의지할 곳이 없다는 신앙적 체험을 유발하였으며, 이러한 체험은 현세에 대한 적극적인 참여보다는, 현실에서의 절망과 고통을 초월적 세계로 투사시키려는 집단적 노력으로 승화되었던 것이다. 이들 대중은 국가 존립의 위기적 상황을 자신들이 경건한 신앙적 자세에서 이탈하여 국가와 사회에 지나치게 관심을 가졌던 불순 때문에 하나님으로부터 받게 된 보속이라고 여기면서, 보다 경건한 신앙으로 되돌아가야 한다는 의식으로 충만하게 되었다. 이들은 연일 기도회를 통하여 회개의 눈물을 흘리면서 자신들의 죄를 자복하고 하나님의 용서를 간청하였다. 이들은 이러한 집단적 기도회를 통하여 보다 강한 신앙적 체험을 하는 동시에, 심리적 안정과 새로운 평화를 얻을 수 있었다.

이와 같은 선교사들과 수용자들 간의 공통된 신앙 체험, 즉 극도의 죄의식과 현세로부터 초월하려는 태도는 전국적으로 일어난 성령 중심적·부흥 중심적인 기도회를 통해 한국 교회를 대부흥운동의 물결로 충만케 하였다. 따라서 이들은 교회가 국가나 사회에 대해 관심을 갖거나 또는 현실에 참여하는 것을 금기로 간주하게 되었으며, 오직 교회는 개인의 영적 구원에만 치중하여야 한다는 태도로 일관하게 되었다. 한국 개신교의 이와 같은 성격 형성은 독립과 근대화를 추구하던 지식인들에게는 충격적인 것으로 받아들여지지 않을 수 없었다. 따라서 사회 개혁이나 사회운동에 관심을 갖고 있던 지식인들의 상당수는 교회의 변화되는 모습에 회의를 품고 떠나게 되었으며, 그 결과 상당수의 교회가 문을 닫아야 하는 경우도 발생하였다.[51]

대부흥운동의 결과는 이러한 지식인의 이탈뿐만 아니라, 여러 면에서 큰 변화를 가져왔다. 이 운동을 통해 순수한 신앙과 정신이 한국 교회에 뿌리내리게 되었고, 선교사들의 우월감이나 평신도의 열등감이 크게 불식됨으로써 신자들과 선교사들 간의 이해가 증진되었으며, 한국 교회와 신자들의 도덕성이 크게 향상되었고, 성경 공부와 기도 생활이 더욱 고양되었다. 그러나 다른 한편으로는 교회의 사회 참여를 억제함으로써 한국 개신교가 국가와 사회의 위기적 상황에 대해 무관심하도록 만드는 결과도 초래하게 되었다. 선교사들은 지금까지 취해 왔던 정교분리주의를 보다 강하게 추진할 수 있었으며, 교회나 신자들의 일제에 대한 항거를 저지시키고 국가권력에 순응하도록 만들 수 있었다. 이러한 것은 한편으로는 종교적 순수성을 회복하였다는 의미를 갖는 것이지만, 다른 한편으로는 한국 교회의 성격을 경건주의적이고 복음주의적인 선교사들의 신앙 유형으로 고착화하는 토대를 마련했다는 점에서 한국 교회의 성격을 몰역사적이고 비민족적인 방향으로 이끄는 결과를 가져왔다는 비판도 받게 되었던 것이다.[52]

---

51) 민경배, 《한국민족교회형성사론》, 연세대학교 출판부, 1974, p. 48.

52) 윤경로, 《한국 근대사의 기독교사적 이해》, 역민사, 1992, pp. 27-28 ; 민경배, 《한국민족교회형성사론》, 연세대학교 출판부, 1974, p. 48 ; 유동식, 앞

한편, 이 시기에 점증된 선교사들과 일부 신자들 간의 대립과 갈등은 한국 개신교를 분열시키는 요인으로 작용하였다. 국가의 정체성이 소멸되는 민족적 위기 상황에서 현실에 적극적으로 대응하기보다는 초월적이고 신비적이며 내세 중심적인 신앙을 강조하는 선교사들에 대한 일부 신자들의 반발은 개인적인 차원을 넘어 집단적으로 표출되기 시작하였으며, 이러한 집단적 반발은 신학적 이단 종파 운동·반(反)선교사 종파 운동·반(反)교권적 종파 운동·무교회주의 종파 운동·신비신령주의적 종파 운동·환상적 애국적 종파 운동 등으로 구체화되었다.[53] 이러한 종파 운동들은 수많은 개신교계 신종교운동의 모태가 되었다.

그러나 이러한 성격 변화와 반발 움직임에도 불구하고 교회에서의 민족과 국가에 대한 의식이 완전히 일소된 것은 아니었다. 지식인들의 상당수가 교회를 떠나기는 하였지만, 실천적 개종 동기에서 종교적인 동기로 전환된 지식인들도 아직 교회에 남아 있었으며, 해외에서 돌아온 유학생들과 특히 선교사들이 전개한 교육사업을 통해 근대적 가치와 사회의식을 갖게 된 신자들이 교회의 지도적 위치에서 활동하고 있었다. 이들은 지금까지와 같은 직접적인 사회 참여보다는 국민의 정신적 개조를 통해 한국 사회의 독립과 근대화에 기여하려는 노력을 보이기 시작하였다.[54] 따라서 이들은 기존의 교육사업과 함께 황성기독청년회(YMCA)[55] 등과 같은 사회단체를 통하여 교육·체육·사회사업·출판

---

의 책, p. 135 참조.

53) 이에 관해서는 민경배, 《한국민족교회형성사론》, 연세대학교 출판부, 1974 중 제3장 〈한국 교회의 종파의 계보〉, pp. 118-158을 참조할 것.

54) 노길명, 〈한국 그리스도교의 성격 형성과 사회개발사업〉, 홍승직 외, 《한국사회개발연구》, IX, 고려대학교 아세아문제연구소, 1983, p. 263.

55) YMCA는 초기부터 두 계층으로 구성되어 있었다. 그 하나는 상류층 중심의 독

문화사업·농촌개발사업 등의 활동을 전개하여 나아갔다. 이와 같은 새로운 경향은 1920년대부터 크게 나타났다. 따라서 1920년대는 한국 개신교사에서 또 하나의 새로운 계기가 되었다. 이때부터 한국 교회는 신비주의와 사회운동 외 두 경향이 한편으로는 보수와 진보의 신학적 갈등으로, 다른 한편으로는 신앙과 양심의 갈등으로 나타나기 시작하였던 것이다. 일제강점기 후반기부터 한국 개신교가 전개하였던 각종의 애국계몽운동과 산업진흥운동, 지역사회개발운동 등은 바로 이 시기에 새롭게 등장한 진보주의적 태도를 가진 혁신 사회운동가들에 의해서 주도된 사회개발 활동들이었다.[56]

그동안 한국 개신교의 역사는 주로 전달자의 입장에서 논의되어 왔다. 특히 1960년대를 풍미하였던 사회과학의 근대화 패러다임과 맞물리면서 그러한 논의는 한국 개신교가 서구문화의 수용 통로로 기능하면서 한국의 근대화에 크게 기여하였다는 호교론적(護教論的) 입장으로 굳어져 왔다.

그러나 최근에 들어서면서 한국의 개신교사는 전달자의 입장에서가 아니라 수용자의 입장에서 논의되어야 한다는 주장이 강하게 대두하기 시작하였다. 이러한 입장에서는 한국 개신교의 역사도 민족사의 일부라는 전제 아래, 한국 사회에서의 개신교의 수용과 성격 형성 과정, 그리고 민족사 속에서 수행한 개신교의 공과를 객관적으로 평가하려는 태도

---

립협회계(獨立協會系)였으며, 다른 하나는 하류계층 중심의 상동(上洞) 엡윗 청년회계였다.

56) 민경배, 〈한국 근대문화와 기독교의 형태 및 그 영향범위〉, 《한국사학》, 1, 1980, p. 227 ; 노치준, 〈일제하 한국 개신교운동의 사회학적 연구〉, 서울대학교 대학원, 1982 참조.

를 나타내고 있다. 또한 이러한 작업이 제대로 이루어질 때 한국 개신교와 한국 사회와의 관계나 당면 과제인 토착화 작업도 올바로 이루어질 수 있는 것으로 간주한다.

한국 사회에 개신교가 수용되던 시기는 전통적 사회질서가 급속히 해체되면서 국가적으로나 민족적으로 또한 문화적으로 정체성이 급속히 약화되던 시기였다. 당시, 조선은 세계 여러 지역을 식민지로 분할시킨 제국주의 열강들의 각축장으로 변모해 있었다. 개신교는 이러한 상황에서 복음을 전파하려는 서구 선교사들의 노력에 의해 수용되었다. 당시 조선왕조는 서구의 여러 국가들과 외교관계를 맺고 있었고, 개신교의 수용을 통해 개화와 독립이라는 발전가치를 실현코자 하는 개화사상이 확산되고 있었다. 따라서 개신교는 천주교의 경우와는 달리 보다 수월하게 수용될 수 있었다.

개신교의 주 전달자는 미국 출신의 선교사들이었다. 이들은 엄격한 성속이원론의 소유자들로서 근본주의 신앙을 지니고 있었으며, 정치문제나 사회문제에 대한 교회의 개입을 종교적 순수성을 훼손시키는 것으로 간주하고 있었다. 이들은 엄격한 정교분리 원칙을 바탕으로 주로 사회에서 소외되고 억눌려 온 하류계급을 대상으로 선교 활동을 전개하였다. 선교 대상을 이렇게 설정한 것은 봉건체제 아래서 고통받던 민중에게 인간의 존엄성과 평등성을 고취시킴으로써 인권의식과 함께 삶의 의미와 보람을 찾도록 해주었다는 점에서 중요한 기능적 의미를 지니는 것이었다. 또한 선교사들은 의료 활동과 교육 활동을 통해 근대적 지식과 서구문물의 통로로서 활동하였다. 이러한 그들의 노력은 한국 사회의 개화와 근대화에 지대한 공헌을 한 것으로 평가받을 수 있다.

그러나 민족사의 격변기에 있으면서도 한국 교회가 민족이 당하는 수난과 고통을 외면하고 초월적이고 내세적이며 부흥 중심적인 방향으로 나아가도록 만든 것은 한국 개신교의 비정치화라는 성격상의 차원을 넘어 한국 교회에 몰역사성을 가져왔다는 점에서 한국 개신교의 사회적 역할을 스스로 제한한 것으로 볼 수 있다. 여기에다 선교의 주 대상이었던 하류계급의 종교적 심성은 선교사들의 신앙 유형이나 선교 정책과 쉽게 결합됨으로써 한국 개신교의 신앙 형태를 개인적이고 기복 중심적인 것으로 고착시키는 중요한 요인으로 작용하였다.

한국 개신교의 성격 형성 과정은 언제나 순조로운 것만은 아니었다. 제국주의 열강 국가의 출신들로서 정치권력과의 긴밀한 관계를 바탕으로 여러 이권에 개입하면서 막대한 이윤을 추구하는 선교사들의 자본가적 행태와 함께 한국인과 한국문화를 미개한 것으로 간주하는 그들의 서구문화 우월주의와 인종 중심주의적 태도, 그리고 무엇보다도 민족사와의 결별을 지향하는 그들의 선교 정책은 교회 내부로부터 반발을 불러일으켰으며, 그 결과 한국 개신교는 내부로부터 종파 분열 현상을 나타내기 시작하였다. 그럼에도 불구하고 선교의 주요 원칙 중 하나였던 개교회주의, 즉 한국 교회를 자급적이고 자립적이며 자치적인 교회로 성장시켜 나아가야 한다는 지침은 한국 개신교의 양적 성장을 가져온 주요한 동인으로 작용하였다. 그러나 이 원칙 역시 한편으로는 한국 교회 안에 성장주의, 물질주의, 물량주의, 경쟁주의, 업적주의 등과 같은 바람직하지 못한 풍조를 확산시키는 요인이 되었다는 점에서 문제점을 지니는 것이기도 하다.

어떠한 종교를 막론하고 모든 종교는 사회와의 관계 속에서 발생하고 기능하며 또한 변동한다. 사회를 떠나서는 어떤 종교도 종교로서의 역할을 제대로 수행하기 어렵다. 그러나 종교는 초월적이며 궁극적인 것을 지향한다는 점에서 일반 사회조직이나 사회집단과는 다르다. 종교와 사회 간의 바람직한 관계는 종교가 초월적인 것을 지향하면서도 현실 세계 역시 인간의 삶과 밀접한 관련을 맺는 중요한 대상이라는 점을 인식하면서, 자신이 추구하는 궁극적 가치를 사회 속에 구현시키고자 노력하는 것이다. 이것은 종교가 사회의 구조적 모순이나 부조리를 지적하고 그것을 극복하기 위해 적극적으로 투신해야 한다는 명제와 관련된다. 한국 개신교 역시 이 명제에 충실할 때 한국 사회 안에서 종교로서의 생명력과 역동성을 유지할 수 있게 될 것이고, 한국 개신교의 사회적 기능은 보다 강화될 수 있을 것이다.

제 5 장

# 한국 신종교운동의 성격

19세기 중엽 이래, 아시아·아프리카 등 비서구사회에서는 수많은 신종교들이 발생하여 왔다. 이들 신종교들은 외래문화의 충격에 대응한 토착종교운동의 성격을 띠면서 전개되었지만, 그것을 지칭하는 용어들은 주어진 문화적 특수성에 따라 다양하게 불리고 있다. 예를 들면, 원주민보호운동(Nativist Movements), 부흥운동(Revitalistic Movements), 반문화접변운동(反文化接變運動, Contra-acculturation Movements), 해방운동(Liberation Movements), 미숙한 민족주의운동(Embryonic Nationalist Movements), 하물숭배종파운동(荷物崇拜宗派運動, Cargo-cult Movements), 예언운동(Prophetic Movements), 천년왕국운동(Millenarian Movements), 구세운동(Salvation Movements) 또는 종교부흥운동(Religious Revivalism Movements) 등은 이들 종교운동들을 지칭하는 용어로 사용되고 있다.[1)]

1860년 동학이 발생한 이래 한국 사회에서도 수많은 신종교운동이 전개되어 왔다. 한국 신종교의 수효가 얼마나 되는지는 정확하게 파악하기 어렵지만, 여러 조사 결과들을 종합해 보면, 광복 이후에 등장한 것만도 5백 개 이상에 이르는 것으로 집계되고 있다.[2)]

최근 한국 신종교에 대한 학문적 관심은 크게 높아지고 있다. 그러나 한국 신종교의 성격이나 신종교를 지칭하는 용어에 관해서는 연구자들 간에 일치를 보이지 못하고 있다. 일반적으로는 '신종교' 또는 '신흥종교'라는 용어를 사용하지만, 한국의 신종교운동이 갖는 성격이나 특수성을 강조코자 할 때에는 '민족종교' 또는 '민중종교'라는 용어를 사용하기도 한다.

신종교운동의 성격을 파악하는 데에는 두 가지 방법이 사용될 수 있다. 하나는 신종교운동의 발생사적 성격을 고찰하는 방법이고, 다른 하나는 신종교운동에서 제시하는 교리나 사상을 분석하는 방법이다. 여기에서는 한국 신종교운동의 전개 과정과 사상적 특성을 중심으로 그 성격을 고찰해 보기로 한다.

---

1) Gottifried Oosterwal, "Messianic Movements", *Philippine Sociological Review*, vol. XVI, January-April, 1968, pp. 40-50 ; J. Coleman & G. Baum (eds.), *New Religious Movement*, The Seaubury Press, 1983.

2) 김홍철, 〈신종교학 연구 어디까지 왔나〉, 한국종교학회 편, 《해방 후 50년 한국 종교연구사》, 창, 1997, pp. 149-150. 한국 신종교의 실태에 관해서는 그동안 여러 차례의 조사가 있었으나, 그 결과는 조사마다 상당한 차이를 나타내고 있었다. 이에 관해서는 가장 최근에 시행된 다음의 실태조사보고서를 참조할 것 : 김홍철 외, 《한국신종교실태조사 보고서》, 원광대학교 종교문제연구소, 1997, pp. 22-24.

## 1. 한국 신종교운동의 전개 과정

조선왕조의 지배종교로 군림해 온 성리학은 학문과 교양을 통해서만 그 원리를 익힐 수 있는 것이기 때문에 일반 민중과는 애당초부터 거리를 가질 수밖에 없었다. 특히 초자연적 신 관념을 배척하면서 고도의 합리성과 주지주의적 성격을 나타내는 성리학의 세계관은 억압과 수탈을 받아온 민중의 종교적 욕구를 채워주기에는 처음부터 한계를 갖고 있었다. 따라서 민중은 강력한 국가 정책과 사회 통제, 그리고 계급 내의 결속력 부족 등으로 인해 성리학적 가치를 전면적으로 부정하지 못할 뿐, 내면적으로는 지배계급의 가치체계와 분절 내지는 격차를 지니고 있었다.

이와 같은 계급 간의 가치적 분절 현상은 임진왜란과 병자호란을 거치면서 표출된 성리학적 가치체계의 기능 약화를 계기로 표면화되기 시작하였다. 특히 조선 후기에 심화된 사회해체 상황은 억압과 고통으로부터 벗어나려는 민중의 열망과 기존 질서의 청산 및 새로운 질서의 도래를 약속하는 여러 형태의 종교운동을 촉발시켰다. 조선 후기에 전개되기 시작한 미륵신앙운동과 비결신앙운동, 천주교 신앙운동 등은 이러한 민중종교운동으로서의 성격을 지니고 있었다.

이와 같은 민중종교운동은 19세기 중엽에 이르러서는 보다 체계적으로 조직과 교리를 갖춘 신종교운동으로 구체화되기 시작하였다. 그 효시는 수운 최제우(水雲 崔濟愚, 1824-1864)가 창도한 동학(東學)이었다. 1860년, 창도된 동학은 민중세계에 전개되어 온 다양한 형태의 종교운동 체험이 축적됨으로써 나타난 근대 신종교운동의 효시였다.

동학운동이 지역적 한계성을 넘어 범민중적 규모로 확산될 수 있었던 것은 민중의 삶과 밀착되어 있던 토착 신앙이나 주술의 많은 부분을 자신의 교리나 의례에 수렴하고 있었고,[3] '한울님'이라는 신 관념을 통해 신앙 대상으로서의 초월적 존재를 갈망하던 민중의 종교적 욕구에 부응하고 있었기[4] 때문이었다. 또한 기존의 사회질서는 종말을 고하게 되고 새로운 사회질서가 전개되리라는 혁세사상(革世思想)을 통해 새로운 세계의 도래를 갈망하는 민중의 욕구를 충족시킬 수 있었기 때문이기도 하다.

혁세사상을 바탕으로 하는 신종교운동의 또 다른 형태로서는 남학(南學) 또는 영가무도교(詠歌舞蹈教)로 불리는 정역(正易) 운동을 들 수 있다. 동학운동과 비슷한 시기에 일부 김항(一夫 金恒, 1826-1898)에 의해 전개되기 시작한 정역운동에서는 주역(周易)을 새롭게 해석하여 모순과 부조리로 특징지어진 낡은 질서는 곧 종말을 고하게 되고 새로운 질서가 펼쳐지는 사회가 도래할 것이라는 선후천운도(先後天運度)를 강조하였다. 정역에서 강조하는 후천개벽(後天開闢)의 논리는 그 후 증산교(甑山教)를 비롯한 수많은 한국 신종교들에 영향을 끼쳤다.

19세기에 본격화된 신종교운동들은 이전의 민중종교운동들과는 상당한 차이를 나타내고 있었다. 즉, 이전의 종교운동이 억압과 수탈이라는 계급모순으로부터 벗어나려는 민중해방의 성격을 띠었던 데 비해, 신종교운동은 계급모순과 함께 제국주의 물결로 인해 나타나는 민족모순을 바로잡고자 하는 민족종교운동으로서의 성격도 함께 지니고 있었다.

이러한 성격 전환은 개항을 계기로 두드러지게 나타나기 시작하였다. 1876년에 체결된 〈조일수호조규(朝日修好條規)〉는 일본이 서구 세

---

3) 황선명, 《민중종교운동사》, 종로서적, 1980, pp. 217-220.

4) 노길명, 〈동학에서의 신 관념의 체계화 과정〉, 《인문대논집》, 13, 1995, pp. 367-369 ; 노길명, 《한국신흥종교연구》, 경세원, 1996, pp. 111-134 참조.

력으로부터 강요당했던 불평등조약의 독소 조항을 그대로 조선에 강요한 것이었다. 1890년대 초반 일본과의 무역구조를 보면, 수입품은 기계제 면직물과 지배층의 사치품이 대부분인 반면, 수출품은 쌀·콩 등의 농산물과 그 밖의 원료가 주를 이루고 있어 약탈 무역의 성격을 띠고 있었다. 또한 저율 관세와 부등가 교환에 의한 약탈 무역은 조선의 국내 시장과 농업부문에 막대한 타격을 주고 있었다. 특히 쌀 수출로 인한 쌀값의 폭등은 농민, 특히 빈농(貧農)의 생활을 위협하여 소빈농과 도시 빈민의 몰락을 더욱 가속화시키는 한편 지주계급에게는 보다 많은 부를 축적케 하였다. 이 과정에서 지주계급은 무역을 통해 들어오는 사치품들을 구입하기 위해 농민에 대한 착취와 수탈을 더한층 강화함으로써 민중의 대다수를 이루고 있던 농민의 생활을 더욱 어렵게 만들고 있었다.

1894년에 발생한 동학혁명은 이와 같은 사회적 모순에 대한 대응으로 전개된 민중운동이었다. 영남지방에서 창교된 동학이 호남지방에서 동학혁명으로 분출된 것은 당시 계급모순과 민족모순의 결합이 곡창지대인 호남지방에서 보다 심화되고 있었기 때문이었다. 이 운동은 분명 동학의 이념과 조직을 바탕으로 전개된 민중혁명이었다.5) 이 혁명은 동학에서 제시한 혁세사상이 바탕을 이루고 있었으며, 민중의 동원과 결집은 동학의 조직체계에 의존하고 있었다. 또한 농민의 생존권을 위협하는 계급모순과 함께, 척왜(斥倭)·척화(斥華)·척양(斥洋)을 강조함으

5) 일부에서는 동학혁명은 동학이라는 종교적 외피(外皮)만 입었을 뿐 동학이라는 신종교와는 관계없는 것으로 보아야 한다는 주장도 내놓고 있다. 이러한 입장에서는 이 혁명을 주도한 전봉준도 동학 신도가 아니었다고 주장한다. 신복룡, 《전봉준의 생애와 사상》, 양영각, 1982 참조.

로써 민족모순도 함께 고발하고 있었다. 이 혁명에서 제시되었던 반(反) 봉건과 반(反) 외세의 기치는 이 혁명이 계급모순과 민족모순에 대응하여 전개된 혁명이었음을 의미한다.

한국 신종교운동사에서 큰 줄기를 이루고 있는 강일순(甑山 姜一淳, 1871-1909)의 증산교운동은 동학혁명의 전개와 밀접한 관련을 맺으면서 전개된 신종교운동이었다. 증산교운동은 동학혁명이 치열하게 전개되었던 지역에서 이 혁명의 실패 직후에 등장하였을 뿐 아니라, 참여자들의 대부분 또한 동학 신도들로서 동학혁명에 참여했던 사람들이었다. 강일순은 이들을 중심으로 종교운동을 전개하였다. 그는 계급모순과 민족모순을 비판하면서도 이상 세계의 건설을 동학혁명에서와 같은 혁명적 방법에서 찾지는 않았다. 그는 역사의 전개는 예정된 변동 원리, 즉 '천지도수(天地度數)'에 의해 이루어진다고 설명하면서, 곧 도래할 후천선경(後天仙境)에 참여하기 위해서는 "남에게 척을 짓지 말고 죄를 멀리하며 순결한 마음을 지녀야 한다"고 강조하였다.[6)]

한편, 동학운동에서 표출되기 시작한 신종교운동의 반침략·반외세적 성격은 일제의 침탈이 노골화됨에 따라 더욱 분명하게 나타났다. 1909년, 나철(弘巖 羅喆, 1863-1916)에 의해 중광(重光)[7)]된 대종교(大倧

---

6) 노길명, 〈신흥종교 창시자와 추종자의 사회적 배경과 그들 간의 관계 - 증산교를 중심으로〉, 《증산사상연구》, 3, 1977, pp. 149-153 ; 노길명, 〈한국 신흥종교의 민족의식과 사회변동 - 초기 증산교운동을 중심으로〉, 《인문대논집》, 15, 1997, pp. 241-242 참조.

7) 대종교에서는 나철이 대종교를 선포한 것을 새로운 종교를 창교한 것이 아니라, 신교(神敎)·대천교(代天敎)·숭천교(崇天敎)·경천교(敬天敎)·진종교(眞倧敎)·왕검교(王儉敎)·주신교(主神敎)·천신교(天神敎) 등의 명칭으로 민중세계에 면면이 이어져 온 한민족 고유의 단군신앙을 중흥시킨 것이라 하여 '중광(重光)'이라고 한다. 《대종교 중광 60년사》, 대종교총본사, 1971, p. 31.

敎)는 일제의 침략에 대응하여 전개된 신종교운동이었다. 그는 일제의 침략에 의해 훼손된 민족정신을 바로잡고 민족적 자존과 독립을 유지하는 최상의 방법은 국조신앙(國祖信仰)인 단군신앙(檀君信仰)을 중심으로 전 민족이 결집하는 것뿐이라는 판단 아래 대종교를 중광하였으며, 일제의 강점이 현실화되기에 이르자 교단 본부를 만주로 옮기고 반침략운동을 본격적으로 전개하였다.

일제의 강점은 조선 후기부터 심화되어 온 사회적 모순을 더 한층 심화시켰다. 특히 일제의 식민지 경제 정책과 더불어 시행된 토지조사사업은 농민의 토지를 국유지로 편입시켜 한국을 일본의 식량 공급지로 만드는 한편, 대다수의 농민을 노동자로 전환시켜 그들의 값싼 노동력을 확보하려는 의도에서 취해진 정책이었다. 그 결과, 농촌에서는 일본인 지주를 정점으로 일제의 지배 정책에 협조하여 성장한 친일 지주계급과 봉건적 특권 지주계급을 중심으로 하는 새로운 구조의 지주제(地主制)가 형성되었으며, 그에 따라 농민의 몰락은 더욱 가속화되었다. 이것은 조선 말부터 심화되어 온 계급모순이 일제의 강점과 식민정책이라는 민족모순과 결합됨으로써 민중의 삶을 더욱 어렵게 하였음을 뜻하는 것이기도 하였다.

이와 같은 상황은 신종교의 발생과 확산을 더욱 촉진하는 요인으로 작용하였다. 가중되는 일제의 억압과 수탈은 항일독립운동과 같은 세속적 차원에서의 사회운동뿐 아니라 종교적 차원에서 구원을 얻으려는 경향을 증대시켰다. 특히 강한 민족주의적 성향을 나타내며 곧 도래할 이상 세계의 참여와 현세 복락에 대한 여러 신종교에서의 약속은 식민 통치에 고통받던 민중에게는 그 자체가 해방의 메시지로 받아들여지기에 충분하였다.

따라서 일제강점기는 한국 신종교운동의 발흥기였다고 할 정도로 수많은 신종교운동들이 전개된 시기였다. 동학, 정역, 증산교 그리고 단군신앙에 바탕을 둔 신종교 등 이미 개항기에 발생하였던 신종교들은 일제강점기에 접어들면서 여러 종파로 분파되면서 민중세계에 교세를 넓혀 갔으며, 새로운 신종교운동들도 다수 발생하였다. 오늘날 한국 신종교운동의 계보는 대부분 이 시기에 활동하던 신종교운동들로부터 유래되고 있다. 예를 들면, 한국 신종교운동의 한 흐름을 이룬 이선평(晨鷄 李仙枰, 1882-1956)의 각세도(覺世道, 1915), "물질이 개벽되니 정신을 개벽하자"는 기치 아래 불교 교리의 시대화·대중화·생활화를 주장한 박중빈(少太山 朴重彬, 1891-1943)의 원불교(圓佛敎, 1916), 유교계 신종교를 표방하는 강대성(迎新堂 姜大成, 1889-1954)의 갱정유도(更定儒道, 1928), 찬물의 이법(理法)과 치병(治病)을 강조하는 김영근(奉南 金永根, 1898-1950)의 물법계(1943) 등 한국 신종교운동사에서 중요한 위치를 갖고 있는 신종교들은 대부분 이 시기에 궁핍으로부터 벗어나려는 민중의 욕구와, 손상된 민족의 자존과 긍지를 회복하려는 민중의 열망을 바탕으로 전개된 신종교운동들이었다.[8)]

이러한 운동은 그리스도계 신종교운동에서도 마찬가지로 전개되었다. 일제의 침략과 식민통치에 대해 무관심하거나 초월하도록 유도하는 선교사들의 신앙 유형과 선교 정책에 반발하여 일제강점기를 전후로 전개되기 시작한 신학적 이단 종파 운동·반(反)선교사 종파 운동·반(反)교권적 종파 운동·무교회주의 종파 운동·신비신령주의적 종파 운동·환상적 애국적 종파 운동 등은 계급모순과 민족모순으로 인해 고

---

8) 노길명, 《한국의 신흥종교》, 가톨릭신문사, 1988, pp. 49-50.

통받는 민중을 중심으로 전개된 신종교운동으로서 그 후 수많은 그리스도계 신종교운동의 모태가 되었던 운동들이었다.[9)]

이렇게 본다면, 한국의 신종교운동들은 한국 근대사의 특징인 계급모순과 민족모순을 고발하면서 전개된 종교운동이었다고 할 수 있다. 이것은 한국의 신종교운동이 민중과 민족의 정체성 회복을 위한 '민중종교운동'과 '민족종교운동'의 성격을 함께 띠고 있음을 보여주는 것이기도 하다.

## 2. 주요 신종교의 창교 과정

### 1) 동학(東學)

동학의 창교자 수운 최제우는 1824년 10월 28일 경북 월성군 현곡면 가정리의 명망 있는 선비 가문에서 태어났다. 그의 어머니는 어려서 사망하였으며, 부친 또한 17세에 사망하였다. 이로 인해 그는 어릴 때부터 인생의 무상함을 느꼈을 뿐 아니라 세상 사람들이 참된 도리를 잃어버리고 어둠 속을 헤매는 것을 보면서 어떻게 하면 참된 도리를 얻어 세상을 건질 수 있을까 하고 진리를 찾기 위한 구도에 힘쓰게 되었다 한다.

그는 전통종교인 유·불·선의 교리를 두루 섭렵하는 한편 음양(陰陽)·복술(卜術) 등 민간신앙을 연구하였으며, 활쏘기와 말타기, 장사생활 등을 하면서 세상인심을 경험하였다. 32세 되던 1855년 춘삼월 초순, 그는 초당에서 홀로 묵상에 잠겨 있었는데 문득 눈을 들어본즉 어떤 이상한 도인이 나타나 《을묘천서(乙卯天書)》라는 책을 주었다고 한다.

---

9) 위의 책, pp. 78-80 ; 노길명, 〈기독교계 신종교 개관〉, 《한국민족종교총람》, 한국민족종교협의회, 1992, pp. 205-211.

그는 그 책에 쓰인 대로 49일 기도 생활을 계속하던 중 37세 되던 1860년 4월 5일 갑자기 마음과 몸이 떨리면서 황홀한 경지에 이르는 종교체험을 하게 되었는데, 이때 한울님으로부터 "나에게 영부(靈符)가 있으니 그 이름은 선약(仙藥)이요 그 형상은 태극(太極)이요 또 형상은 궁궁(弓弓)이니 나의 영부를 받아 사람을 질병에서 건지고 나의 주문을 받아 사람을 가르쳐서 나를 위하게 하면 너도 또한 장생하여 덕을 천하에 펴리라"는 계시를 받았다고 한다.[10] 그 후 그는 거의 1년 동안 한울님과 문답하였으며, 한울님 강화(降話)의 가르침에 의하여 스스로 수련하고 스스로 닦아 장차 온 누리에 포덕할 대법(大法)을 세우게 되었다고 한다.[11]

그는 한울님으로부터 받은 무극대도(無極大道)를 '동학(東學)'이라 부르면서, 《동경대전(東經大全)》과 《용담유사(龍潭遺詞)》 등의 경전과 한울님을 치하하는 주문을 지어 포덕을 시작하였다. 그러나 교도가 날로 증가하게 되자, 정치권력은 이를 사교(邪教)로 규정하고 수운을 체포하고자 하였다. 수운은 1863년 8월 14일, 법통을 해월 최시형(海月 崔時亨)에게 전수하고, 같은 해 12월 10일에 체포되어, 이듬해인 1864년 3월 10일에 참형 당하였다.

수운 사상의 핵심은 크게 '천주(天主, '한울님'. 수운교에서는 '하날님'으로 호칭함)'와 '지기(至氣)'로 구분된다.[12] '천주'가 동학의 신관(神觀)이라면, '지기' 사상은 동학의 우주관이라 할 수 있다.

수운은 '천주'에 대해 명확히 규정하지는 않았다. 그러나 '천주'란 모

---

10) 〈포덕문〉, 《동경대전》.

11) 《천도교 요의》, 천도교중앙총부 출판부, 1988, pp. 14-15.

12) 김홍철 · 유병덕 · 양은용, 《한국 신종교 실태조사보고서》, 원광대학교 종교문제연구소, 1997, pp. 108-109.

든 현상 속에 내재해 있으면서 우주만물을 총섭하는 존재를 지칭하는 의미로 사용하였다. 이 존재는 시간상으로는 무한한 과거로부터 무한한 미래로 존재하며, 공간적으로는 무한하다. 만유는 천주 자체의 자율적 창조로 인하여 각양각색으로 나타난 것에 불과하다. 따라서 인간에게도 만유의 원인자인 '천주'가 내재한다. 그렇기 때문에 그가 말하는 '천주'는 인간의 내면에 존재함과 동시에 인간 밖에 존재하는 초월자로서의 성격을 지니고 있다. 한편, '지기'는 '천주'와 표리적 관계로 파악되는 것으로서, 허령(虛靈) 창창(蒼蒼)하여 우주에 충만된 기운을 말한다. 즉, '지기'는 '천주'의 질적 표현이라 할 수 있다. 따라서 '천주'가 우주 본체의 전체적 표현이라면, '지기'는 그 본질을 이적(理的)으로 표현한 것이라 할 수 있다.

수운은 '천주'를 모심을 깨달아 수심정기(守心正氣)로써 참된 삶의 길을 추구하며 객관적으로는 자아의 인격 완성을 기하고 국가 사회적으로는 보국안민(輔國安民)·광제창생(廣濟蒼生)·지상천국(地上天國) 건설을 이룰 것을 가르쳤다. 그의 가르침은 지기일원론(至氣一元論)의 우주관과 성신쌍전(性身雙全)·교정일치(敎政一致)의 사회관, 그리고 시천주(侍天主)의 인간관을 근간으로 삼는다고 할 수 있다. 그는 이러한 사상을 토대로 사람 대하기를 '천주' 대하듯이 하라는 사인여천(事人如天)의 윤리관을 제시하였으며, 정성·공경·믿음의 수행 덕목을 실천하여 동귀일체(同歸一體)로써 후천개벽(後天開闢)의 새 한울(新天), 새 땅(新地), 새 사람(新人)이 될 것을 가르쳤다.

현재, 수운의 가르침을 계승하는 종단으로는 천도교, 수운교, 동학천진교(東學天眞敎), 동학교본부(東學敎本部) 등이 있다.

### 2) 증산교(甑山敎)

증산교를 창교한 증산 강일순은 1871년 9월 19일 전라도 고부군 우덕면 객망리(현 전북 정읍군 덕천면 신월리)에서 몰락 양반 가문의 2남 1여 중 장남으로 태어났다. 그는 학문적인 소질을 지니고 있었지만, 경제적으로 빈궁하여 14, 15세 때에는 남의집살이와 나무꾼 생활도 하였으며, 결혼한 후에는 처남 집에 방 한 칸을 얻어 훈장 생활을 하기도 하였다.

그는 1894년에 발생한 동학혁명의 진전 과정과 그에 따른 사회적 참상을 직접 목격하고서 인간과 세상을 구원할 새로운 종교를 세울 결심하였다. 그는 사회 혼란을 극복하고 도탄에 빠진 민중을 구제하는 것은 기성 종교나 인간의 능력으로는 불가능하며 오직 하늘과 땅의 운행질서를 근본적으로 뜯어고치는 방법밖에는 없다고 보았다. 따라서 그는 유·불·선 등의 기성 종교 교리와 음양(陰陽)·풍수(風水)·복서(卜書)·의술 등을 연구하는 한편, 신명(神明)을 부리는 도술과 과거·미래를 알 수 있는 공부를 하였으며, 1897년부터는 세상과 인심을 보다 상세히 알기 위해 3년간 전국을 주유하였다. 이때 그는 충청도 비인 사람인 김경흔(金京訢)으로부터 증산교의 중요한 주문이 된 태을주(太乙呪)를 얻었으며, 연산에서는 당시 《정역》을 저술한 김일부(金一夫)를 만나 정역에 관한 지식을 얻게 되었다.

1901년, 증산은 전라도 모악산에 있는 대원사에 들어가 수도를 하던 중, 그해 7월, 하늘과 땅의 원리를 깨닫게 되고 탐음진치(貪淫瞋癡)의 사종마(四種魔)를 극복함으로써 성도(成道)하게 되었다고 한다. 그는 그해 겨울 처음으로 '천지공사(天地公事)'를 행하였으며, 그 후 주로 전라북도 지역을 중심으로 포교하면서 가르침을 전한 다음 1909년에 화천(化天)하였다.

증산교 교리의 핵심은 '천지공사'이다.[13] '천지공사'란 천지인(天地人) 삼계(三界)의 주재자인 증산이 자신의 권능으로 우주의 운행질서를 뜯어고쳐 후천선경(後天仙境)의 토대를 마련하는 작업을 말한다. 증산은 '천지공사'의 필요성을 다음과 같이 설명하였다. 즉, 선후천교역기(先後天交易期)에 해당하는 현대에는 선천시대로부터 누적되어 온 신명계와 인간계의 모든 원한과 살기(殺氣)가 터져 나올 수밖에 없기 때문에 원한과 살기를 해소시키고 새 질서를 이루기 위해서는 개벽이 필요하고, 현대에는 신명계의 정황이 극도로 혼란하여 신명과 인간 간의 조화, 즉 신인협화(神人協和)가 없을 뿐만 아니라 신명계의 혼란 상황이 인간계에 그대로 반영되어 이를 바로 잡기 위해서는 신명계의 조정이 필요하며, 지금의 기성 종교들은 각 민족과 민족 문명에 토대를 둔 것이기 때문에 사회적인 판도가 넓어지고 일이 복잡하게 된 오늘날에는 각 종교들의 진액을 걷어 모아 새롭게 통일시킬 필요가 있다는 것이다. '천지공사'란 이러한 필요성 때문에 삼계의 운행질서를 근원적으로 뜯어고치는 작업을 말한다. 많은 증산교 신도들은 증산이 생존 시에 행한 일체의 언행을 '천지공사'로 간주하기도 한다.

'천지공사'는 그 목적에 따라 천지간에 예정된 변동원리, 즉 천지도수를 뜯어고치는 운도공사(運度公事)와, 신명들의 원한을 해원시키고 그들을 새롭게 배치하며 통일시키는 신도공사(神道公事), 그리고 말세에 처해 앞길을 제대로 찾지 못하는 인간들의 영(靈)을 밝게 하고 후천시대의 윤리도덕을 닦도록 하는 인도공사(人道公事)의 세 가지로 나뉜다.

증산은 선천에는 상극지리(相克之理)가 인사와 사물을 맡았으므로 모

13) 노길명, 〈증산교의 천지공사와 해원상생 사상〉, 《한국 사회와 종교운동》, 빅벨출판사, 1988, pp. 143-160 참조.

든 인사가 도의에 어그러져 원한이 삼계에 쌓이고 넘치게 되어 마침내 살기가 터져 나와 세상의 모든 참혹한 재앙을 일으켰지만, 지금까지 누적되어 온 인간과 신명의 모든 원한은 '천지공사'를 통해 해원(解冤) 되었으며, 후천에는 사람과 사람, 족속과 족속, 사람과 신명, 사람과 자연 간에 상생지도(相生之道)의 원리가 세상을 이끌게 됨으로써 지상선경(地上仙境)을 이루게 될 것이라고 강조하였다. 또한 그는 천지인 삼계 중에 가장 존귀한 것은 인간이며, 이제는 인존시대(人尊時代)라고 선포하였다. 그러면서 그는 "후천에는 우리나라가 세계 상등국이 될 것이고 따라서 천하는 우리나라를 중심으로 한 집안으로 통일될 것"이라고 예언하였다. 증산의 사상은 해원상생사상 또는 인존사상으로 집약된다.

현재, 증산의 가르침을 바탕으로 하는 종단으로는 증산법종교, 증산교본부, 삼덕교(三德敎), 청도대향원(靑道大享圓), 태극도, 대순진리회, 증산도, 청우일신회, 태인미륵불교(泰仁彌勒佛敎) 등 수십 개가 있다.

### 3) 대종교(大倧敎)

대종교를 중광한 홍암 나철은 29세에 장원급제하여 승정원가주서(承政院假注書)와 승문원권지부정자(承文院權知副正字)를 역임하였다. 그는 일제의 침략이 본격화되자 관직을 사임하고 호남 출신의 지사(志士)들을 모아 1904년 유신회(維新會)라는 비밀단체를 조직하여 구국운동을 전개하였다. 그는 을사늑약이 체결되기 직전인 1905년 6월 몇몇 동지들과 일본으로 건너가 미국으로 가려 했으나, 일본 측의 방해로 뜻을 이루지 못하고 동경에 머무르게 되었다. 홍암은 일본의 총리대신, 추밀원장, 귀족원, 중의원 앞으로 동양의 대세를 논하고 한국과 일본과 청국 간의 평화를 이루는 방안을 제시하며 주한 일본공사의 횡포를 지적하는 내용의 글을 보냈으며, 그에 대한 응답이 없자 일본 궁성 앞에서 3일간 단식투쟁을 하였다. 이들은 이토 히로부미(伊藤博文)가 조선과 새로운 협약을 체결한다는 소식이 각 신문에 발표되자, 나라 안에 있는 매국노들을 제거해야 국정을 바로 잡을 수 있다고 생각하고 칼 두 자루를 사서 행장에 감추어 귀국하였다.

홍암은 귀국 직후 백전(伯佺)이라는 백발노인으로부터 《삼일신고(三一神誥)》와 《신사기(神事紀)》라는 두 권의 책을 받았다고 한다. 귀국 후, 홍암은 을사오적(乙巳五賊)을 살해하기 위해 폭탄을 장치한 소포를 보내려 하다가 실패하였다. 그는 1907년 3월 25일, 다시 오적을 주살하려 하였으나 사건의 전모가 탄로나 동지들이 체포되자 자수하여 10년 형의 언도를 받고 7월 12일 전라도 지도로 유배되었다. 그는 같은 해 12월 7일에 고종의 특사로 풀려났으며, 다음 해인 1908년 11월에 다시 일본으로 건너가 외교적 방법으로 구국운동을 하였으나, 별 소득을 얻지 못하고 귀국하였다. 이때 그는 일본에서 두일백(杜一白)이라는 노인으로부터, 《단군교포명서(檀君敎佈明書)》 한 권과 고본 《신가집(神歌集)》 및 《입교절차》 등의 책을 받고 귀국하였다. 그는 다음 해인 1909년 1월 15일, 서울 재동에서 '단군대황조신위(檀君大皇祖神位)'를 모시고 제천의식을 거행한 뒤 '단군교포명서'를 공포함으로써 단군교를 중광하였다.[14]

그러나 일부 사람들이 단군교를 빙자하여 친일행위를 하므로 홍암은 1910년 7월 30일, 교명을 '대종교(大倧敎)'로 개칭하였다. 교명을 바꾼 직후 나라가 일제에 의해 강점되자 그는 활동 지역을 만주로 넓히고 1914년 5월 13일에는 총본사를 만주 화룡현 청파호로 이전하였다. 아울

---

14) 《대종교중광60년사》, 대종교총본사, 1971, pp. 5-80.

러 서울에 남도본사, 청파호에 동도본사를 설치하는 한편, 백두산을 중심으로 동서남북 4도 교구와 외도교구를 선정함으로써 교구제도를 확대·개편하였다.

그러나 1915년 일제의 '종교통제안' 발표로 인해 대종교가 불법화되고 그에 따라 교단이 어려움에 봉착하게 되자, 홍암은 1916년 8월 15일 단군 신앙의 성지인 황해도 구월산에서 시봉자 6인과 함께 제천의식을 거행한 다음, 시봉자들에게 단식수도를 하겠으니 방문을 열지 말라고 하고 3일 동안의 수도에 들어갔다. 16일 새벽, 인기척이 없어 제자들이 문을 열고 들어가 보니, 이미 홍암은 자신의 죽음이 갖는 의미를 밝히는 〈순명삼조(殉命三條)〉라는 유서를 남기고 조식(調息)의 폐기법(閉氣法)을 사용하여 운명한 뒤였다.[15]

홍암의 사상은 그가 남긴 〈순명삼조〉에 집약적으로 담겨 있다. "첫째로는 나는 죄가 무겁고 덕이 없어서 능히 한배님의 큰 도를 빛내지 못하며 능히 한겨레의 망케 됨을 건지지 못하고 도리혀 오늘의 없우임을 받는지라. 이에 한 오리의 목숨을 끊음은 대종교를 위하여 죽는 것이다. 둘째로는 내가 대종교를 받든 지 여덟 해에 빌고 원하는 대로 한얼의 사랑과 도움을 여러 번 입어서 장차 뭇 사람을 구원할 듯하더니 마침내 정성이 적어서 갸륵하신 은혜를 만에 하나도 갚지 못할지라. 이에 한 오리의 목숨을 끊음은 한배님을 위하여 죽는 것이다. 셋째로는 내가 이제 온 천하의 많은 동포가 가달길에서 떨어지는 이들의 죄를 대신으로 받을지라. 이에 한 오리의 목숨을 끊음은 천하를 위하여 죽는 것이다."[16] 즉,

15) 《홍암신형조천기》, 대종교총본사, 개천 4428(1971), pp. 52-55 ; 신철호, 《한국중흥종교 교조론 – 홍암 나철 대종사》, 대종교총본사, 1992, pp. 15-16.

16) 《홍암신형조천기》, 대종교총본사, 개천 4428(1971), pp. 62-64.

그의 사상은 전통적으로 한민족의 신앙 대상이었던 한배검에 대한 철저한 신앙과 강한 민족의식으로 집약된다.

현재, 단군신앙을 바탕으로 하는 종단으로는 대종교, 한얼교, 천상환인미륵대도(天上桓因彌勒大道), 선불교, 삼신교(三神敎), 삼성궁(三聖宮) 등 여러 개가 있지만, 홍암의 종통을 계승하는 종단은 대종교라 할 수 있다.

#### 4) 원불교(圓佛教)

원불교를 창교한 소태산 박중빈은 7세 때에 청명한 하늘을 보고 우주와 자연 현상에 대한 의문을 품었으며, 인간의 생사와 존재 문제까지 의문을 확장시켜 나갔다고 한다. 그는 11세 때 시향제(時享祭)에 참여하였다가 산신의 권능에 대한 이야기를 듣고 산신을 만나기 위해 4년 동안 산상기도를 하였으며, 혼인한 다음 해인 16세 때에는 처가에 갔다가 도사에 관한 이야기를 듣고 그를 만나기 위해 22세까지 정성을 다하였다. 20세가 되었을 때 후원자였던 부친이 세상을 떠나게 되자, 그는 구도 성과를 얻지 못한 상태에서 깊은 회의에 빠져들게 되었으며, 24, 5세가 되었을 때에는 온몸에 종기가 나고 배 안에 단단한 것이 생겨 주위 사람들로부터 폐인 취급을 받기까지 하였다.

26세가 되던 1916년 4월 28일 이른 새벽, 묵묵히 입정삼매(入靜三昧)에 빠져 있던 소태산은 동트는 새벽과 함께 정신이 밝아지면서 우주의 자연현상과 인생의 모든 이치가 환히 떠올라 "만유가 한 체성(體性)이며 만법이 한 근원이다. 이 가운데 생멸 없는 진리와 인과보응되는 이치가 서로 바탕하여 한 뚜렷한 기틀을 지었다"는 것을 대각(大覺)하게 되었다고 한다.[17)]

그는 이 같은 대각의 안목으로 당시의 사회 현상과 인류의 장래를 관망한 뒤, "물질이 개벽되니 정신을 개벽하자"는 표어를 내걸고, 물질문명에 끌려가는 인류의 정신 구원을 위한 종교운동을 전개하기 시작하였다. 그는 교단 창립과 사회 개혁의 첫 사업으로 자신을 따르는 9인의 제자들과 함께 1917년 저축조합을 세우고 허례 폐지·미신 타파·금주 단연·근검저축운동을 펼쳤으며, 여기에서 저축된 자금으로 1918년 간척사업을 착수하였다.

그는 1924년 전라북도 익산에 '불법연구회'라는 임시 교명으로 본격적인 종교 활동을 시작하였다. 그는 불교 교리의 시대화, 대중화, 생활화를 강조하면서,[18] 선원(禪院)을 설립하여 교역자 양성과 신도 훈련을 병행하는 한편, 상조조합을 개설하여 근검저축 정신의 고취와 상호 협동을 통한 생활안정, 주경야독(晝耕夜讀)의 공동생활을 펼쳐 나갔다. 그는 1937년 자신이 대각한 진리를 '일원상(一圓相)'으로 상징하여 신앙과 수행의 표본으로 삼도록 하는 일원종지(一圓宗旨)를 선포하였으며, 1943년 3월에는 기본경전인 《불교정전(佛教正典)》을 발간하였다. 그는 같은 해 5월, '생사의 진리'라는 설법을 마치고 6월 1일에 열반하였다.

소태산의 가르침은 '법신불 일원상(法身佛 一圓相)', 즉 '○'으로 집약될 수 있다.[19] 이 일원상의 속성은 "동서고금을 통하여 하나이며, 시작도 없으며, 돌고 돌아 순환 무궁한 것이며, 텅 비어 아무것도 없으되 모든 것을 다 갖추고 있는 것이다. 이는 우주의 본래의 자리이며, 모든 부

---

17) 원불교정화사 편, 《원불교전서》, 원불교중앙총부 교정원, 1989, pp. 1038-1041.

18) 한국민족종교협의회 편, 《한국민족종교총람》, 한누리, 1992, p. 276.

19) 손정윤, 《개벽과 은혜의 성자 소태산 대종사》, 소태산대종사탄생 백주년 성업봉찬회, 1991, pp. 54-56.

처님의 깨우치신 마음이요, 일체 중생의 본래 마음 자리의 상징이다."

이 진리는 다음의 두 가지 문을 통해 만날 수 있다.

그 하나의 문은 진리의 소소영령(昭昭靈靈) 한 인과보응의 위력에 따라 이 위력을 믿고 받들어 들어가는 신앙문이다. 이 문을 들어서면 일원상 진리의 현상세계로서 천지은(天地恩)·부모은(父母恩)·동포은(同胞恩)·법률은(法律恩) 의 사은(四恩) 으로 가득 찬 세계가 펼쳐져 있다. 우주만물은 모두 사은에서 생성되고 생명을 유지 발전시키며 인간도 사은의 큰 은혜 속에 태어나서 그 은혜를 힘입어 살아간다. 그리고 다른 하나의 문은 텅 비어 가득 찬 진리의 모습인 진공묘유(眞空妙有) 로 벌려진 세계를 따라 원만구족(圓滿具足) 하고 지공무사(至公無私) 한 성품을 회복하는 문이다. 즉, 정신수양·사리연구·작업취사의 삼학 수행(三學修行) 은 일원상 진리를 깨치고 실천하여 원만한 인격을 이루어 도덕성을 회복함은 물론 대자유의 해탈세계를 이루는 길이다.

소태산은 일원의 진리가 현상 만유에 내재한다고 가르쳤다. 그는 이러한 가르침을 '처처불상(處處佛像)·사사불공(事事佛供)'이라는 말로 표현하였다. 그렇기 때문에 그가 가르치는 일원의 세계는 궁극적으로는 자리이타(自利利他) 의 정신으로 서로 살리는 은혜가 넘쳐흐르며, 정신문명이 물질문명을 선도하면서 조화를 이루어 가는 세계를 말한다. 이러한 일원상 진리에 따라 그는 이 세계의 모든 인류는 민족과 국가와 이념이 다르지만 그 근본은 한 형제이고 한 인류라고 강조하였다.

**5) 갱정유도(更定儒道)**

갱정유도의 창도자 영신당 강대성은 20여 세가 지나면서부터 천리(天理) 에만 몰두하였으며, 1919년에는 3·1운동에 참가했다가 검거되어

일주일간 옥살이를 하기도 하였다.

1922년, 그는 진정으로 국가를 위하고 민중을 구하며 큰일을 할 수 있는 길은 새로운 도(道)를 얻어 큰 능력을 갖추는 것밖에 없다고 판단하고 도를 이루기 위한 수련을 시작하였다. 1928년, 그는 기도 중에 "금강산 금강암에 가서 수도하라"는 천신의 외침을 듣고, 회문산에 있는 승강산 금강암에 초가삼간을 지은 다음, 부인과 10세 된 아들 용학(龍鶴)과 함께 고행과 정진을 하였다 한다. 그는 "이 집은 유불선(儒佛仙)을 겸하였으니, 천지인(天地人) 삼재(三才)로 보면 하늘이 선(仙)이고 땅이 불(佛)이고 사람이 유(儒)이며, 인간 부부자(夫婦子) 3인으로 보면 아버지는 선이고 어머니는 불이며 아들은 유라"고 말한 다음, 방 하나씩을 맡아 수도 장소로 정하고 마당에 금줄을 쳐서 외인의 출입을 금하였으며, 귀와 눈을 막고 음식마저 전폐하며 정진을 계속하였다. 그러던 중 1929년 7월 어느 날, 천지를 뒤흔드는 듯한 뇌성소리와 흔들림, 그리고 자욱한 안개가 덮이는 이상한 현상이 일어나면서 그는 도통을 이루게 되었다고 한다.

도통을 이룬 영신당은 그 후 7일간을 하늘에 올라가 거기에 머무르면서 천상 무형세계의 도수(度數)를 다 보고 내려왔다고 한다. 이때 그는 상제(上帝)로부터 천지(天地)가 지천(地天) 되었다가 다시 천지되는 대법정도(大法正道)와 노천노지(老天老地)를 신천신지(新天新地)로 변역(變易)시켜 부부자 3인이 광제창생하라는 천지공사(天地公事)의 대임(大任)을 받았다고 한다.

이와 같은 천지공사의 대임을 받고 지상에 내려온 후, 이 책임을 부부자 삼인이 분담하게 되었다 한다. 즉, 부(父－영신당)는 천황씨(天皇氏)로서 천상일기(天上一氣－諸聖 諸佛 諸仙 忠孝烈)를 인간에 해원(解寃－

神人合發) 시킬 책임을 맡고, 모(母 – 부인)는 지황씨(地皇氏)로 인간의 죄악을 천상으로 보내 인간 세상에는 죄악이 없도록 하는 일을 맡으며, 자(子 – 아들 龍鶴)은 인황씨(人皇氏)로 인수기별(人需奇別 – 儒道소식)을 붙여 만민을 해원시킬 책임을 맡게 되었다는 것이다. 이로부터 세 사람은 만민의 죄를 속죄하여 눈물을 흘렸는데, 이때 흘린 눈물을 수건으로 닦은 다음 그것을 짜서 서로 나누어 마심으로써 인류의 구원을 이루게 되었다고 한다. 이것이 갱정유도의 중심 교리인 '누건수(淚巾水) 도리'이다.[20]

그 후, 영신당은 4-5년 동안 여광여취(如狂如醉) 상태로 여러 지역을 방랑하다가 1934년 진안 운장산에 들어가 《해인경(海印經)》을 비롯한 수많은 경전들을 내놓는 한편, 제자들을 만나 그들을 가르치면서 예언과 치병 활동을 하였다. 그는 일본과 서양의 세력을 물리치는 공사를 여러 차례 행하였으며, 1945년 8월 15일 정오에는 제자들을 시켜 만들어 놓았던 태극기를 4명의 제자들에게 들린 다음 "조선독립만세"를 세 번 부르게 하고, "이제 일이 끝났으니 들어가라"고 함으로써 해방을 알아맞혔다고 한다.

1950년 4월, 영신당은 서울에 올라가 이승만 대통령에게 면담을 요청하고 1주일간을 기다렸으나 만나지 못하였다. 그리고 1953년 5월부터는 제자들을 시켜 각국의 대통령과 대사, 그리고 이승만 대통령과의 면담을 요청토록 하는 한편, 《해인경》과 '누건수 도리'를 영어로 번역하여 미국 대통령과 미 상하의원 의장 및 유엔 사무총장에게 항공우편으로 발송하였다. 또한 1954년 3월에는 그의 제자 4명이 "세계평화하실 만고

20) 《갱정유도개설》, 갱정유도성당, 단기 4322(1989), pp. 10-15.

비지대성인(萬古比之大聖人)이 한국에 나시었다"는 소식을 자유당 정부에 건의하려다 경찰에 체포되어 각각 1개월씩의 구류를 살았으며, 같은 해 5월 16일에는 제자 15인이 깃발을 들고 아시아반공대회장에 참석하려다 '국가위신손상죄'로 몰려 1개월씩 구류를 살기도 하였다.

당시, 《해인경》과 누건수 도리를 발송받은 미국 정부와 유엔은 한국 정부에 갱정유도라는 단체에 관한 문의를 하였는데, 정부에서는 이에 대한 내사를 전북도경에 지시하였다. 그런데 영신당의 제자였던 일부 사람들이 무고하여 사건은 더욱 확대되어 1954년 6월 1일, 전라북도 경찰국 소속의 무장 경찰 50여 명이 영신당을 비롯한 원로 간부들을 구타하고 연행하였다. 이때 받은 구타로 인해 영신당은 8월 16일 사망하였다. 이 사건을 '대화중흥국사건(大和中興國事件)'이라 한다. '대화중흥국'이란 영신당이 사용한 용어로서, 원래는 "천하가 도덕문명으로 정신문화가 창달되면 우리나라가 자연이 '대화중흥국'이 되고, 대화중흥국이 되면 온 천하가 평화를 누리게 된다"는 것인데, 당시 경찰에서는 영신당이 '중흥국 건립'을 목표로 '유사종교'를 만들어 혹세무민을 일삼고, 대한민국을 정복하여 계룡산에서 정씨 왕(鄭氏王)으로 등극하려 했다는 것으로 받아들였던 것이다. 이 사건은 1956년 대법원으로부터 무죄판결을 받음으로써 종결되었다.

영신당의 가르침은 선(仙)의 조화, 불(佛)의 형체, 유(儒)의 범절을 기본으로 하여 인의예지(仁義禮智)를 실현하고 격물치지(格物致知)와 성의정심(誠意正心)으로 수신제가치국평천하(修身齊家治國平天下)하며, 천상일기(天上一氣－諸聖 諸佛 諸善 忠孝烈)를 인간에 해원(解寃－神人合發)시켜 평화로운 낙원 세상을 이 땅을 중심으로 건설하자는 것으로 집약될 수 있다.[21]

갱정유도는 한때 일심교(一心教)라 불리기도 했으나 공식 도명은 '시운기화 유불선 동서학 합일 대도대명 다경대길 유도갱정 교화일심(時運氣和 儒佛仙 東西學 合一 大道大明 多慶大吉 儒道更定 教化一心)'이다.

## 3. 한국 신종교운동의 사상적 특성

한국 사회에서 발생한 신종교는 수없이 많다. 또한 그들의 계보·경전·조직 규모·활동 내용은 저마다 다양하다. 그러나 이러한 다양성에도 불구하고, 한국 신종교의 교리나 사상체계가 근본적으로 다른 것은 아니다. 그들의 경전이나 각종 출판물 그리고 설교의 내용들을 분석해 보면, 거기에는 놀랄 만한 공통성이 있는 것으로 나타난다. 이것은 한국의 신종교들이 동일한 역사적 체험과 문화적 유산을 바탕으로 하여 발생하였으며, 현실 사회 상황에 대한 민중의 진단과 종교에 대한 그들의 욕구가 동일하기 때문인 것으로 해석된다.[22)]

여기에서는 한국 신흥종교의 공통 교리와 사상은 무엇인지 살펴봄으로써 한국 신흥종교운동의 성격을 구명해 보기로 한다.

한국 신종교운동의 공통 교리나 사상은 관점에 따라 여러 가지로 분류될 수 있다. 그러나 그 중심축을 이루는 것은 개벽사상과 민족주체사상이다. 왜냐하면, 한국 신종교운동에서 추출되는 모든 교리나 사상은 이 두 가지로 귀착될 수 있기 때문이다.

앞에서 살펴본 바와 같이, 한국의 신종교운동은 계급모순과 민족모

21) 김홍철, 〈갱정유도의 새 세계 건설이념과 방향〉, 한국민족종교협의회 편, 《새천년 민족종교의 진로 – 한국민족종교총론》, 늘하늘, 2000, p. 228.

22) 노길명, 《한국의 신흥종교》, 가톨릭신문사, 1988, pp. 133-134.

순으로 특징되는 한국 근・현대사의 격변 속에서 억압과 고통을 받아온 민중의 종교운동으로 전개되어 왔다. 따라서 이들 종교운동에서는 어떤 형태로든 사회적 모순과 부조리의 원인과 그 극복 방안이 제시되어 있으며, 이것은 주어진 현실에 대한 개편 의지로 나타나고 있다. 1894년의 동학혁명과 1898년의 제주민란[23]은 이와 같은 신종교운동의 사회개편 의지가 현실적인 집합행동으로 나타난 대표적 경우라 할 수 있다.

현세 질서를 개편코자 하는 한국 신종교의 열망은 흔히 개벽사상 또는 종말사상으로 나타난다. 어떠한 신종교를 막론하고 이들은 내세에서의 복락만을 추구하지는 않는다. 어떤 면에서 본다면, 이들의 주 관심은 내세에서의 구원보다는 오히려 현세에서의 구원에 있다. 따라서 이들에게는 내세에 대한 교리가 거의 없거나, 있다고 하더라도 대단히 미약하다. 이들의 관심은 현세에서 행복한 삶을 영위하는 데 있다. 이러한 관심이 개벽사상이나 종말사상으로 나타나는 것이다.

서구 종교에서와는 달리, 한국 신종교의 교리나 사상은 일원론적이다. 서구인들의 사유 형식은 서로 모순・대립되는 요소가 극복의 과정을 통해 전체의 통일로 이르는 논리구조, 즉 변증법적인 구조를 특징으로 하지만, 한국인들의 사유 형식은 대립과 투쟁보다는 조화와 융합을 특징으로 한다. 한국의 신종교들은 이와 같은 한국인들의 사유 형식을 그대로 수용한다. 그러나 그들에게 있어서도 역사관만큼은 이분법적이다. 이들은 우주와 세상의 역사를 서로 상반되는 두 가지의 시대로 구분

---

23) 이에 관해서는 다음의 논문을 참조할 것. 조성윤, 〈1898년 제주도 민란의 구조와 성격－남학당의 활동과 관련하여〉, 한국사회사연구회, 《한국 전통사회의 구조와 변동》, 문학과지성사, 1986, pp. 209-236.

한다. 그러나 그 설명 방식은 전통종교 사상과 민간신앙을 강조하는 비그리스도계 신종교들과 그리스도계 신종교들 간에 약간의 차이를 나타낸다.

우선, 비그리스도계 신종교들은 역사를 선천(先天)과 후천(後天)이라는 서로 상반되는 두 시기로 구분하면서, 그 방향은 선천으로부터 후천으로 진행하는 것으로 간주한다. 이들은 선천시대는 모든 것이 거세고 겉으로 드러나는 '양(陽)의 시대'이고, 후천시대는 그에 반대되는 '음(陰)의 시대'라고 규정한다. 각 종교에 따라 설명 내용에는 약간의 차이가 있지만, 이들이 주장하는 '선천'은 각종의 모순과 부조리로 특징되는 시기이다. 따라서 선천에는 가진 자와 못 가진 자, 지배자와 피지배자라는 불평등이 존재하며, 그에 따라 개인과 개인, 집단과 집단, 계급과 계급, 국가와 국가, 민족과 민족 간의 대립과 갈등 및 투쟁이 발생하는 상극지리(相克之理)라는 원리가 지배한다. 그렇기 때문에 선천시대는 억눌린 개인이나 집단·계급·국가·민족의 한(恨)이 맺히고 쌓일 수밖에 없는 시기이다.

반면, '후천'은 선천과는 정반대의 특성을 갖는 시기로서, 인간의 자유와 평등·평화·복지가 실현되는 시기이다. 그리고 현대는 선천으로부터 후천으로 넘어가는 '선후천교역기(先後天 交易期)'에 해당된다. 흔히 '개벽의 시기'로 일컬어지는 선후천교역기에는 선천을 특징짓는 모든 사회적 모순과 부조리가 일시에 터져 나올 뿐 아니라 선천 동안 맺히고 쌓여온 개인이나 집단, 계급, 국가, 민족들의 원한이 해원(解寃)을 시도하는 시기이기 때문에 사회문제가 급증하게 되고 사회가 혼란에 빠지게 된다고 한다. 뿐만 아니라, 이 시기에는 삼재팔난(三災八亂)과 괴질(怪疾)이 엄습하게 된다고 한다. 또한 이 시기는 '대심판의 시기'로서,

심판 때에는 선천시기에 권력과 부(富)를 향유하던 자들은 모두 멸망하게 되고 억눌리고 고통을 받아온 약자들만이 후천선경에 참여하여 복락을 누리게 된다고 강조한다.[24]

이러한 사상은 그리스도교계 신종교의 종말론에서도 거의 같은 논리로 나타난다. 이들은 지금까지의 시대는 '사탄 주관(主管)의 시대'였기 때문에 악이 넘치고 많은 비리와 문제들이 발생할 수밖에 없는 시대였다고 설명한다. 그러면서 사탄 주관의 시대가 끝나는 말세에는 메시아가 재림하여 모든 악의 세력과 요소들을 일소시킬 것이라고 설명한다. 그러고 난 후에는 메시아가 이 지상에 사랑과 정의와 평화가 넘치는 '천년왕국(千年王國)', 곧 '하나님 나라'를 건설할 것이라고 강조한다. 또한 이들은 대심판기인 종말 때에는 기존 사회체제에서 권력과 부를 향유하던 지배계급은 유황불로 심판을 받게 될 것이고, 억압과 소외, 그리고 고통을 받던 자들만이 천년왕국에 들어가 예수와 함께 '공동왕(共同王)'으로 지내면서 온갖 복락을 누리게 될 것으로 신앙한다.

이와 같은 개벽사상과 종말사상에는 사회에서 소외되고 억눌려 온 민중의 한(恨)과 새로운 세계의 도래에 대한 바람이 강하게 투영되어 있다. 뿐만 아니라 이들이 사상에는 인간의 존엄을 강조하는 사상이 강하게 내재되어 있다. 물론 인간 존엄성 사상은 서구의 종교들을 비롯한 많은 종교들에서 거의 공통적으로 나타나는 사상이다. 그러나 서구 종교에서는 인간이 신에 의해 창조되었고 신으로부터 자유의지를 부여받았기 때문에 존엄한 것으로 설명한다. 즉, 신 중심적인 사상의 토대 위에서 인간의 존엄성을 강조하고 있는 것이다. 그러나 한국 신종교에서의

24) 노길명, 〈한국 신흥종교운동의 사상적 특성〉, 《종교신학연구》, 2, 1989, p. 13.

설명 방식은 상당히 다르다. 특히 비그리스도계 신종교에서는 인간을 신과 거의 동등한 존재로 보거나, 경우에 따라서는 신보다도 더욱 존귀한 존재로 간주한다. 그렇기 때문에 한국 신종교에서의 인존사상은 서구 종교에서의 그것보다 더욱 강렬하게 나타난다.

예를 들면, "사람을 섬기되 '한울님'을 섬기듯 섬기라(事人如天)", "사람이 곧 하늘이다(人乃天)"라는 동학의 가르침, "천존(天尊)과 지존(地尊)보다 인존(人尊)이 크니 이제는 인존시대니라", "선천에는 모사(謀事)는 재인(在人)하고 성사(成事)는 재천(在天)이라 하였으나 이제는 모사는 재천하고 성사는 재인이니라", "신(神)은 사람이 부리는 데 따라서 흠향(歆享)이 되느니라"고 설명하는 증산교의 교리, 삼진귀일(三眞歸一)과 홍익인간(弘益人間)의 이념을 강조하는 대종교의 교리, "내가 대하고 있는 모든 사물을 부처님 모시듯 하는 공경심과 경외심을 갖고 생활하라", "만유(萬有) 전체를 부처님과 같이 공경하는 처처불상(處處佛像)·사사불공(事事佛供)하라"는 원불교의 법신불 일원상(法身佛 一圓相) 신앙과 가르침, 그리고 인간을 '영(靈) 하나님'의 분령(分靈)으로 간주하는 영주교(靈主敎)의 영명사상(靈命思想) 등은 인간을 신과 거의 동격으로 보거나 또는 신보다 더 고귀하고 존엄한 존재임을 강조하는 것이라고 할 수 있다.[25)]

이렇게 본다면, 한국 신종교의 개벽사상과 종말신앙은 한국 근·현대사의 특징인 계급모순에 대한 고발인 동시에 민중의 해원이고 신바람이며, 민중해방을 향한 염원의 표출이라고 할 수 있다. 이것은 한국의 신종교운동이 '민중종교운동'으로서의 성격을 강하게 띠고 있음을 드러

25) 노길명, 《한국의 신흥종교》, 가톨릭신문사, 1988, pp. 135-137.

내는 것이기도 하다.[26]

한편, 한국 신종교운동의 또 하나의 사상적 특징인 민족주체사상은 선민사상(選民思想)과 민족문화계승사상을 통해서 나타난다. 한국의 신종교들은 한민족이 하느님의 혈통을 이어받은 천손(天孫)이라고 강조하거나, 적어도 특별한 소명을 받은 민족이라고 주장한다. 또한 이들은 자기 종교의 창시자야말로 낡은 질서를 청산하고 새로운 질서를 펼쳐줄 메시아 내지는 심판주라고 신앙한다. 즉, 자기 종단의 창시자야말로 이 세상의 불의와 악을 제거하고 이상 세계를 건설할 메시아라고 신앙하는 것이다. 따라서 신종교의 창시자는 신앙의 대상이 되기까지 한다.

창시자에 대한 이러한 신앙은 선민사상을 강화한다. 신종교의 교리에 따르면, 메시아는 이 세상에 와서 낡은 것을 청산하는 동시에 세상을 비출 '새 진리', '새 진법(眞法)', '새 원리'를 펼치고 인류를 구원할 분이다. 또한 그는 전 인류를 하나의 대가족으로 통합시키며 지상천국을 건설할 분이다. 그런데 그가 바로 자기 종단의 창시자라고 신앙하는 것은 메시아가 한국에 강림했다는 것을 의미한다. 이것은 한민족은 메시아를 영접한 민족이고, 따라서 한민족은 신이나 절대자로부터 선택받은 민족이라는 사상을 수반한다. 또한 이러한 사상은 세계 인류의 구원은 한국에서부터 시작되고, 전 세계는 한국을 중심으로 하나의 대가족 사회로 통합되며, 지상천국도 한국에서부터 건설될 것이라는 신앙을 수반한다.

한국의 신종교들은 한민족이야말로 후천개벽시대의 주역이고 한반도는 세계의 중심이라고 선언한다. 예를 들면, 증산교에서는 "우리나라

---

26) 노길명, 〈신흥종교운동의 교리와 사상〉, 임희섭·박길성 공편, 《오늘의 한국 사회》, 나남, 1993, pp. 462-463.

가 세계의 상등국(上等國)이 될 것이며, 세계를 밝힐 진법은 우리나라에서 나오고, 우리 민족은 좌상(座上)에 득천하(得天下)하게 될 것"이라고 강조한다. 또한 갱정유도에서는 "21세기에 전 세계를 다스릴 통합정부가 한국에서 나오게 될 것"이라는 메시지를 유엔본부에 보내기도 하였으며, 영주교에서는 "한국이 세계의 종주국(宗主國)이 되고 한민족은 주국민족(主國民族)이 될 것"이라고 선언하고 있다.[27]

또한 한국의 신종교들은 한국의 종교적 유산들을 수렴하고 새롭게 체계화함으로써 문화적 정체성을 확립시키고자 하는 강한 열의를 나타낸다. 이들은 전통종교의 교리나 사상은 물론 민중에 의해 전승되는 재래의 민간신앙을 배척함이 없이 거의 모두 수렴하고 있다. 이러한 점은 그리스도계 신종교운동에서도 마찬가지다. 예를 들면, 통일교를 비롯하여 대부분의 그리스도계 신종교의 교리 속에는 유교·불교·도교의 사상은 물론 음양사상·태극사상·주역사상·무속신앙·단군신앙·정감록신앙과 함께 경우에 따라서는 〈춘향전〉과 〈심청전〉의 내용까지도 포괄하고 있는 것으로 분석되고 있다.[28] 이들은 이와 같은 전통문화를 계승하고 체계화함으로써 외래문화의 충격으로 손상되는 문화적 정체성을 확립하고자 시도한다.[29] 이와 같은 점에서 한국의 신종교운동은 민족문화의 정체성 회복을 위한 운동으로서의 성격을 지니기도 한다.

결국, 한국 신종교의 구세주 신앙과 선민사상은 강대국에 의해 손상되어 온 민족적 자존심을 회복시키고 민족적 소명의식을 부여하는 기능

27) 노길명, 〈신흥종교－기독교계〉, 《한국민속대관》, 3, 고려대학교 민족문화연구소, 1982, pp. 684-687 ; 노길명, 《한국의 신흥종교》, 가톨릭신문사, 1988, pp. 146-147.

28) 노길명, 위의 논문, pp. 687-691 참조.

29) 노길명, 《한국의 신흥종교》, 가톨릭신문사, 1988, pp. 155-161.

을 수반한다. 이들은 이러한 신앙을 통해 지금까지 한민족이 겪어 왔던 민족모순으로부터 해방되고 자신과 민족의 밝은 미래와 영광을 약속받으며, 자기 자신과 민족이 나아갈 분명한 목표와 소명감을 얻고 있는 것이다. 따라서 그것은 그동안 억압과 핍박을 받아온 민중과 한민족의 해원이고 신바람이라고 할 수 있다. 그렇기 때문에 이와 같은 사상은 한국 근·현대사의 또 다른 특징인 민족모순에 대한 대응인 동시에 민족해방의 메시지라 할 수 있다. 이것은 곧 한국의 신종교운동이 민족사적인 수난과 고통 속에서 민족적 정체성을 확립하려는 '민족종교운동'으로서의 성격을 강하게 띠고 있음을 드러내는 것이라 할 수 있다.

한국의 신종교운동은 발생사적으로나 사상적으로 한국 근·현대사의 특징인 사회적 모순에 대한 대응적 성격을 띠면서 전개되어 왔다. 이것은 한국의 신종교운동이 '민중종교운동'과 '민족종교운동'의 성격을 함께 지니고 있음을 나타내는 것이기도 하다. 한국 신종교운동에서 발견되는 공통 사상 중 개벽에 초점을 맞추면 한국의 신종교운동은 민중종교운동으로서의 성격을 나타내게 되며, 민족주의 성향에 초점을 맞춘다면 민족종교운동으로서의 성격이 보다 강조되게 마련이다. 따라서 한국의 신종교운동은 한국의 근·현대사의 성격을 민족모순과 계급모순 중 어느 측면에 보다 중점을 두면서 보느냐에 따라 그 성격이 달라질 수밖에 없다. 그러나 중요한 것은 이들 종교운동은 한국의 근대사와 현대사를 통해 겪었던 역사적 체험의 내용을 체내화하면서 민중의 동반자로, 또한 민족의 종교로 전개되어 왔다는 점이다.

현대사회는 급변하고 있다. 따라서 한국 신종교들이 제도화에 성공하기 위해서는 이러한 변화 과정에 능동적으로 대응할 수 있어야 한다.

특히 세계화(globalization)와 정보화로 특징지어지는 시대적 상황에 대응하기 위해서는 무엇보다도 편협한 계급주의나 국수주의(國粹主義)만으로는 세계 보편종교로 성장하기 어렵다. 한국 신종교운동이 지닌 교리나 사상 속에는 인권 · 사회정의 · 인류 평화와 같은 보편적 가치와 함께, 근면 · 금욕 · 인간애(人間愛) · 공동선(共同善) · 해원상생 등과 같은 윤리 덕목이 내재되어 있다. 문제는 이와 같은 보편적 가치나 윤리 덕목을 찾아내어 어떻게 체계화하고 생활화하느냐 하는 점이다. 이러한 과제를 해결할 수 있을 때 한국의 신종교들은 세계종교, 즉 인류 보편의 종교로 발전할 수 있을 것이다.

제 6 장

# 그리스도계 천년왕국운동의 전개와 성격

완전한 세상에서 살고 싶어 하는 인간의 열망은 여러 가지 형태의 종교적, 정치적 또는 철학적 교의(敎義)를 형성케 한다. 또한 그러한 교의들은 참을 수 없는 것으로 느껴지는 현실의 세계를 행복한 세계로 대체코자 하는 신념이나 행동을 유발하기도 한다.

이러한 신념이나 행동은 이상 세계(理想世界)에 대한 관념으로 구체화된다. 여기에서 말하는 이상 세계란 현실 세계에서 충족되지 못하는 모든 조건들이 구현되는 세계, 구체적으로는 인간의 자유와 평등, 그리고 복지가 완전하게 실현되는 세계이다.

대부분의 종교들에서 제시하는 이상 세계는 역사 발전의 초기 단계를 의미한다. 유대교의 '다윗 왕국'이나 그리스 종교의 '황금시대', 그리스도교의 '에덴동산', 유교의 '요순시대(堯舜時代)' 등은 완벽함과 순결함으로 상징되는 최초의 '천국'으로 되돌아가고자 하는 인간 열망의 표현이라 할 수 있다.

그러나 이상 세계를 향한 인간의 열망이 언제나 초기 단계로의 회귀로만 나타나는 것은 아니다. 경우에 따라서는 옛날로 돌아가기 위해 후퇴하기보다는 더 나은 세상을 만나기 위해 앞으로 전진해야 한다는 신념으로 나타나기도 한다.[1] 이러한 신념은 모순과 부조리로 특징지어지는 이 세상은 곧 종말을 고하게 되고 완전한 자유와 평등 그리고 복지가 실현되는 이상사회가 도래할 것이라는 약속으로 표현된다. 그리스도교의 '계시 문학'으로 대표되는 문학 장르는 역사의 끝에 폭로될 세계를 제시한다는 공통점을 지니고 있다.

종말이나 이상사회의 도래에 대한 그리스도교 신앙은 천년왕국 사상(millennial thought)으로 집약된다. 이 사상은 초기에는 세상의 종말이 임박한 것으로 신앙함으로써 급진적이고 과격한 성격을 띠었다. 그러나 성서해석 방법이 체계화되고 신학과 교단의 조직화가 이루어짐에 따라 천년왕국이란 지금 당장에 도래하는 것이 아니라 점진적인 것이고 따라서 언젠가 이 세상에 이루어질 사건으로 이해되기 시작하였다. 이와 같은 천년왕국 신앙의 변모는 새로운 질서의 도래를 갈망하는 사람들로 하여금 기성 교회(church)로부터 분리되어 새로운 종파(sect)를 형성하도록 만드는 중요한 요인이 되었고, 그에 따라 천년왕국 신앙은 종파 운동의 중요한 이념적 기반으로 작용하게 되었다.

그동안 한국 사회에서도 수많은 그리스도교 종파 운동이 전개되어 왔다. 흔히 '그리스도계 신종교'로 불리는 이들 운동들은 세상의 종말과 '천년왕국의 도래'이라는 지상천국의 임박을 강조함으로써 종교적으로는 물론 사회적으로도 많은 관심과 논란을 불러일으키고 있다.

---

1) 데미안 톰슨, 《종말》, 이종인 · 이영아 옮김, 푸른숲, 1999, p. 33(Damian Thompson, *The End of Time*, Sheil Land Associates Ltd., 1996).

여기에서는 이들 종교운동에서 설명하는 천년왕국의 모습은 어떠하며 그것이 지니는 함의는 무엇인지 살펴보기로 한다. 이를 위해, 먼저 천년왕국 신앙의 성격과 그리스도계 신종교운동의 전개 과정을 고찰한 다음, 이들 운동에서 바라보는 한국의 미래 모습과 그러한 모습의 도래를 위한 조건은 무엇이라고 설명하는지 살펴보기로 한다.

## 1. 천년왕국 신앙의 성격

천년왕국 신앙이란 원래 《신약성서》에 포함된 〈요한묵시록〉 20장 1절부터 7절까지의 내용에 근거하여, 최후의 심판이 있기 직전에는 예수가 이 세상에 재림하여 사탄을 가둔 다음 천년 동안 통치하게 될 것이며 이 기간 중에는 의인(義人) 들이 부활하여 예수와 함께 왕 노릇을 하며 평화와 기쁨으로 가득 찬 생활을 하게 된다는 그리스도교의 종말신앙을 말한다. 이 신앙은 유대교의 종말사상으로부터 영향을 받았지만, 시기를 천년으로 구획짓는 것은 페르시아의 종말론과 《구약성서》의 내용이 결합된 것이라 할 수 있다.

그러나 이 용어는 기독교문화권뿐 아니라, 19세기 중엽 이후 아프리카와 아시아, 남태평양 등 비서구사회에서 전개되었던 다양한 형태의 신종교운동이나[2] 메시아운동(messianic movement), 그리고 백인들의

2) 예를 들면, 원주민보호운동(Nativist Movements), 부흥운동(Revitalistic Movements), 반문화접변운동(反文化接變運動, Contra-acculturation Movements), 해방운동(Liberation Movements), 미숙한 민족주의운동(Embryonic Nationalist Movements), 하물숭배종파운동(荷物崇拜宗派運動, Cargo-cult Movements), 예언운동(Prophetic Movements), 구세운동(Salvation Movements), 종교부흥운동(Religious Revivalism Movements) 등을 들 수 있다.

진출에 대한 반응으로 북아메리카 인디언들 사이에서 유행하였던 유령춤(幽靈舞, ghost dance)과 같은 특수한 종교 의례들[3]을 지칭하는 등 광범위하게 사용되고 있다. 이들 신종교운동들은 천년왕국운동과 마찬가지로 기존 사회질서의 청산과 새로운 사회질서의 도래를 중심 사상으로 한다는 점에서 천년왕국 신앙운동과 성격을 같이 한다.[4] 이러한 운동들은 대부분 제국주의와 서구 문화의 충격으로 손상되는 자신들의 정치적·문화적 정체성을 확립하기 위한 운동으로 전개되며, 서구 세력이나 지배계급에 대한 정치적 차원의 저항운동이 실패했을 때 등장한다.

그리스도교의 천년왕국 신앙은 초대교회 때부터 계속되어 온 신학 사상의 하나였다. 이 신앙은 특히 교회에 대한 로마제국의 박해가 극심하거나 민중의 생활이 어려울 때 널리 확산되었으며, 유스티노(Justinus, 100-165)와 이레네오(Irenaeus, 130-200) 등과 같은 일부 초대교회 교부(敎父)들로부터 지지를 받기도 하였다.

그러나 박해시대가 끝나고 교회가 안정을 찾게 됨에 따라, 이 신앙은 점차 약화되기 시작하였다. 특히, 성서 해석의 방법이 체계화되고 신학이 발전하기 시작한 아우구스티노(St. Augustinus, 354-430) 이후부터는 교회로부터 하나의 이단으로까지 단정되고 있었다.

천년왕국 신앙을 다시 제기한 것은 요아킴 데 플로리스(Joachim de Floris, 1131-1202)이었다. 그는 세상의 역사를 삼위일체 신앙에 따라 성부의 시대·성자의 시대·성령의 시대 등 세 시대로 구분하면서, 최후

---

3) 노길명 외, 《문화인류학의 이해》, 일신사, 1998, pp. 255-256.

4) Gottifried Oosterwal, "Messianic Movements", *Philippine Sociological Review*, vol. 16, January-April, 1968, pp. 40-50 ; J. Coleman & G. Baum(eds.), *New Religious Movement*, The Seaubury Press, 1983.

의 시대인 성령의 시대는 1260년부터 그리스도의 재림 때까지라고 주장하였다. 그의 천년왕국설은 종교개혁과 함께 세력을 떨쳤던 여러 그룹의 재세례파들(再洗禮派, anabaptists)과 연결되면서, 커다란 신앙운동으로 확산되기 시작하였다. 이들 운동들은 곧 그리스도가 재림하여 천년왕국시대가 도래하게 될 것이라고 강조하면서, 세상 종말의 구체적인 시간을 예언하기도 하였다. 초기의 천년왕국운동들은 대부분 과격하고 급진적인 성격을 띠고 있었지만, 예언했던 시한부 종말론이 들어맞지 않게 되자 점차 온건한 방향으로 변화되기 시작하였다. 이러한 운동들은 가톨릭과 프로테스탄트 양측으로부터 이단 운동으로 규정되었다.

기성 교회들로부터 배척을 받은 천년왕국 신앙의 신봉자들은 신앙의 자유를 찾아 북미 대륙으로 이주하기 시작하였다. 이들은 신대륙이야말로 자신들의 종교적 이상을 실현할 수 있는 '새 땅'이라 이해하고 있었으며, 자신들을 '새 하늘'과 '새 땅'(〈요한묵시록〉 21장)을 건설하도록 부름을 받은 선민(選民)으로까지 인식하고 있었다. 미국의 동부 지역은 이들의 주 정착지가 되었다. 미국 펜실베이니아 주에는 오늘날에도 천년왕국설을 신봉하던 중세시대 말의 메노파(Mennonite)가 중세적인 생활을 그대로 고수하고 있다. 또한 미국 동부 지역에서 천년왕국 신앙을 근간으로 하는 모르몬교(Mormonism), 제7일안식일예수재림교회(안식교, Seventh-Day Adventist), 워치타워성서책자협회(여호와의 증인, Watch Tower Bible and Tract Society / Jehovah's Witnesses), 크리스천 사이언스(Christian Science) 등 여러 종파 운동들이 발생하였다.

그러나 천년왕국 신앙운동이라 하여 같은 입장을 지니는 것은 아니다. 이들 운동에서도 그리스도의 재림을 중심으로 일어날 종말 때의 사건이나 과정을 어떻게 설명하는가에 따라 상당한 차이를 나타낸다. 대체로 보면, 천년왕국 신앙은 그리스도가 천년왕국 이후에 재림할 것이라는 후천년설(postmillenarism)과, 천년왕국 이전에 재림할 것이라는 전천년설(premillenarism), 그리고 '천년왕국'에서 말하는 '천년'의 의미는 상징적 의미를 갖는 것으로 보아야 한다는 입장 등 세 가지로 분류될 수 있다.[5)]

후천년설을 처음으로 제기했던 것은 12세기 가톨릭 사제였던 요아킴 데 플로리스(Joachim de Floris)였지만, 그것을 체계적으로 발전시킨 것은 18세기 영국의 휘트비(Daniel Whitby)였다. 아우구스부르크 신조와 웨스트민스터 신조는 기본적으로 후천년설을 취하며, 루터파와 장로교도 이 입장을 따르는 경향을 보였다. 그리고 19세기와 20세기 초의 프린스턴 신학파도 후천년설을 대변하였다.

후천년설에서는 전 세계가 복음의 전파와 성령의 구원 활동을 통해 결국 그리스도교화될 것이며, 그리스도의 재림은 정의와 평화가 지배하는 긴 시기, 즉 천년왕국 말기에 있을 것으로 간주한다. 또한 후천년설은 그리스도의 재림 이전에 모든 민족이 회개할 것을 기대하며, '하느님의 왕국'은 미래의 어느 때에 파국적으로 도래하는 것이 아니라 복음의 꾸준한 전파에 의해 점진적으로 완성되는 것으로 생각한다. 그리고 '하느님의 왕국'은 미래의 천상적 실재가 아니라 현존하는 지상적 실재라고 여기며, 천년왕국의 기간에 대해서 문자주의적 태도를 취하지는 않는다. 따라서 후천년설에서는 '천년'이란 어떤 긴 시간을 뜻하는 것이지,

---

5) 이에 관해서는 다음을 참조할 것. 로버트 G. 클라우스, 《천년왕국》, 권호덕 옮김, 성광문화사, 1980(Robert G. Clouse(ed.), *The Meaning of the Millennium*) ; 노길명, 〈시한부 종말론의 배경과 성격〉, 《한국신흥종교연구》, 경세원, 1996, pp. 249-281 ; 강돈구, 〈한국 신종교의 역사관〉, 《현대 한국 종교의 역사관》, 한국정신문화연구원, 1997, pp. 295-300 ; 노길명, 〈천년왕국운동〉, 《한국가톨릭대사전》, 10, 한국교회사연구소, 2004, pp. 8095-8099.

반드시 달력으로 헤아리는 '천년'은 아니라고 간주한다.

후천년설에서는 천년왕국의 끝은 배반의 시대로서, '적(敵) 그리스도'가 출현하여 악이 창궐하게 되지만 결국에는 그리스도의 인격적이고 육체적인 재림으로 끝나게 될 것이라고 받아들인다. 그리고 그리스도의 재림에 이어 모든 사람이 부활하여 심판을 받게 되며, 그 결과에 따라 천국과 지옥이라는 영원한 두 상태 중 하나로 가게 될 것이라고 신앙한다.

전천년설은 초대교회 때 널리 퍼졌던 신앙으로, 현재는 프로테스탄트 복음주의나 보수주의 교단에서 따르는 경향이 있다. 전천년설은 교회시대의 마지막에는 지상에 범세계적인 '7년 대환란'이 있게 되며, 그 뒤에는 그리스도가 지상에 가시적으로 재림해 문자적이고 가시적인 천년왕국을 건설하여 직접 왕으로 통치하게 될 것이라고 믿는다. 따라서 천년왕국 바로 앞에는 대환란이 있을 것으로 생각한다.

전천년설은 대환란이 닥칠 때에는 성도들이 공중으로 들어올림을 받는 '휴거(携擧)'가 있을 것으로 신앙한다. 그러나 휴거 시점에 대해서는 전천년설에서도 대환란 이전 휴거설(pretribulational rapture), 대환란 이후 휴거설(posttribulational rapture), 대환란 중간 휴거설(midtribulational rapture), 부분 휴거설(partial rapture theory) 등 여러 입장들이 있다.

대환란 이전 휴거설은 천년왕국의 기간은 명확히 천 년이며, 대환란의 기간도 정확히 7년이라고 주장한다. 이러한 입장은 한국 개신교에도 상당히 퍼져 있으며, 보수적인 침례교 운동과 독립적인 근본주의 입장을 취하는 교회들은 거의 대부분 이 견해를 받아들이고 있다. 대체로 볼 때, 대환란 이전 휴거설의 주장 내용은 교회가 7년 대환란이 시작되기 이전에 휴거되기 때문에 7년 대환란을 통과하지 않게 되며, 7년 대환란이 끝난 후에는 그리스도와 함께 이 세상에 내려와 그리스도의 천년왕국 통치에 동참하게 된다는 것으로 요약된다.

전천년설에서는 그리스도의 재림을 두 국면으로 설명한다. 첫째 국면은 그리스도가 교회를 데려가기 위해 세상에서 오는 것이며, 둘째 국면은 그리스도가 지상에 천년왕국을 수립하여 통치하고자 교회와 더불어 오는 것이다. 7년 대환란 이전설의 핵심 주장은 세대주의(dispensionalism) 신학체계에 속한다. 따라서 전천년설을 주장하였던 '1992년 종말설'은 세대주의의 한 갈래라 할 수 있다.

대환란 이후 휴거설은 그리스도는 대환란 마지막에 단 한 번 재림할 것으로 생각하는 입장으로서 대부분의 전천년론자들이 지지하는 입장이다. 이 입장의 핵심적인 주장은 교회가 하느님의 보호를 받으면서 7년 대환란을 통과하게 될 것이고 7년 대환란의 마지막인 그리스도의 재림 직전에 휴거되었다가 그리스도와 함께 지상에 돌아오게 된다는 것이다. 따라서 이 입장에서는 교회가 대환란 동안 세상에 남아 있는 것으로 설명한다. 전천년설은 후천년설과 마찬가지로 그리스도가 통치하는 정부, 즉 '하느님의 왕국'이 세상에 수립될 것으로 생각한다.

대환란 중간 휴거설은 교회가 대환란 기간의 전반부인 3년 6개월은 지상에 있으면서 세상 사람들과 함께 환란의 일부를 경험하다가, 대환란이 가장 심해지기 직전에 휴거될 것으로 믿는 입장을 말한다. 그리고 부분 휴거설은 교회의 일부는 대환란 이전에 휴거되고 다른 일부는 대환란 내내 지상에 머물 것으로 설명하는 입장을 말한다. 즉, 그리스도의 공중 재림 때 모든 성도들이 휴거되는 것은 아니고, 영적으로 준비된 성도들만이 7년 대환란 기간 중 여러 차례에 걸쳐 휴거된다는 입장이다.

한편, 무천년설은 문자적이고 가시적인 천년왕국은 없으며, 그리스도의 초림부터 재림까지의 긴 기간, 즉 교회시대가 바로 천년왕국이라고 해석하는 입장이다. 다시 말해, 그리스도의 지상적 천년 통치는 없다는 입장이다. 무천년설에서는 후천년설과 마찬가지로, 〈요한묵시록〉에 언급된 '천년'이라는 용어를 문자적인 것으로보다는 상징적인 것으로 해석하며, 그리스도의 재림에 이어 산 자와 죽은 자들의 부활과 모든 사람들에 대한 심판 그리고 그에 따른 각각의 영원한 미래가 있을 것으로 생각한다.

무천년설은 필로(Philo)와 오리겐(Origen) 등을 통해 교회에 점진적으로 들어온 다음, 성 아우구스티노에 의해 체계화된 신학 사상이다. 프로테스탄트의 경우, 미국의 웨스트민스터 신학교가 대체로 이 설을 지지하고 있으며, 한국에서도 대부분의 교파 신학교들이 이 설을 지지하고 있다. 그리고 대부분의 장로교 교단은 물론 미국의 개혁교회를 포함한 프로테스탄트의 역사적 개혁파에 속하는 보수주의자들은 대부분 무천년설을 받아들이고 있다.

천년왕국 신앙은 현세의 종말과 유토피아의 도래를 갈망하는 신앙이다. 즉, 고통과 질곡으로 특징지어지는 지금의 세상 질서는 곧 종말을 고하고 그에 대치되는 새로운 질서가 펼쳐지기를 갈망하는 신앙이다. 그렇기 때문에 천년왕국 신앙은 억압받는 사람들의 구원사상으로 받아들여졌으며, 새로운 질서를 갈망하는 민중운동의 중심 사상으로 작용하여왔다.

천년왕국 신앙의 중심 사상은 구원이다. 그것은 메시아의 대림(待臨)과 이상사회의 도래로 구성된다. 따라서 대부분의 천년왕국운동들은 고통받는 자신들을 구원하고 새로운 사회질서를 펼쳐 줄 메시아가 곧 출현하게 되리라는 신앙을 바탕으로 전개된다는 특징을 지닌다.

천년왕국운동에 대한 고전적 연구가인 콘(Norman Cohn)은 이 운동의 성격을 1) 구원이란 개인적이 아니라 '집단적'으로 이루어지고, 2) 그것은 내세에서가 아니라 바로 이 지상에서 이루어지는 '현세적'인 것이며, 3) 그것은 곧바로 그리고 갑자기 이루어진다는 의미에서 '긴박한' 것이고, 4) 새 질서는 단순한 현재의 개선이 아니라 현세의 삶을 철저하게 변혁시키는 '절대적'인 것이며, 5) 구원은 초자연적인 힘에 의하거나 그의 도움을 받아서 이루어지는 '기적적'인 것으로 신앙한다는 것 등으로 정리하였다.[6)]

천년왕국운동은 주로 급격한 사회적 전환기에 등장한다. 즉, 비교적 안정과 통합을 나타내던 한 사회가 내적 요인이나 외적 충격에 의해 급속한 변화를 겪게 되면, 기존의 가치나 규범이 지니던 영향력은 급속히 약화되고 그에 따라 급속한 변동에 적응하지 못하는 사람들은 자신을 둘러싼 사회적 세계를 해석할 능력을 상실하게 된다. 이 경우, 이들의 상당수는 자신들에게 고통을 가져다주는 현실 세계의 종말과 새로운 세계의 도래를 열망하게 된다. 이러한 열망은 기존 사회질서를 '낡은 세계' 또는 '악의 세계'라 규정하면서, 인간의 참다운 자유와 평등, 그리고 물질적인 축복이 넘치는 '새로운 세계'로서의 지상천국(地上天國)이 곧 도래할 것이라는 신앙을 강화시킨다.

천년왕국운동에서는 흔히 사회의 구조적 모순과 부조리에 대한 원인을 분석하고 그에 대한 나름대로의 대응 방안을 제시한다. 이때의 대응 방안은 새로운 사회질서로의 개편이다. 따라서 이 운동은 급격한 사회변동이 낳은 산물이면서도, 사회변동의 동인(動因)이 되기도 한다. 또한 대부분의 천년왕국운동은 이상사회에 대한 민중의 소망을 수렴하고

6) Norman Cohn, *The Pursuit of Millennium*, Oxford University Press, 1977.

그들의 광기(狂氣)를 에너지로 삼아 전개된다. 따라서 광란적이거나 혁명적 성격을 띠는 경우가 많다. 예를 들면, 중세 말엽 농민층의 분해 과정에서 전개되었던 뮌처(Thomas Münzer) 파에 의한 '농민전쟁'이나, 19세기 중엽 서구 제국주의에 저항하여 전개되었던 중국의 '태평천국(太平天國)의 난'은 물리적 방법을 통해 '하느님의 왕국(kingdom of God)'을 이루려 한 대표적인 사례에 속한다.[7)]

그러나 모든 천년왕국운동이 물리적 방법을 사용하는 것은 아니다. 하물숭배종파운동이나 '개벽'을 강조하는 대부분의 한국 신종교운동들은 기존 질서의 종말과 새로운 질서의 도래를 희구한다는 점에서는 천년왕국운동에 포함되지만, 물리적인 방법을 사용코자 하는 경우는 별로 없다.

천년왕국운동은 기성 교회로부터는 예언주의·이단 운동·이상한 종파 운동 등으로, 그리고 기존 질서의 옹호자들로부터는 착란·종교적 일탈·집단적인 광기의 발작 등으로 규정받는다. 따라서 천년왕국의 신봉자들은 기성 종교로부터 분리된 새로운 종교집단을 구성하게 된다. 그러나 이 운동은 급격한 사회변동에 적응하지 못하는 사람들이 개인적·집단적·문화적 또는 민족적으로 자신의 정체성을 찾으려는 정체성 회복 운동으로서의 성격을 강하게 나타낸다. 19세기 중엽 이래 한국에서 전개된 대부분의 신종교운동들이 계급모순에 대응하는 민중종교운동으로서의 성격과 함께, 민족모순에 대응하는 민족종교운동으로서의 성격을 띠면서 전개되었다는 것은 이러한 점을 그대로 반영하는 것이라고 볼 수 있다.

---

7) 황선명, 《민중종교운동사》, 종로서적, 1980, pp. 60-83 참조.

## 2. 한국 사회에서의 천년왕국운동의 전개 과정

천년왕국 신앙은 그리스도계 신종교운동의 중심 사상으로 작용하여 왔다. 대부분의 그리스도계 신종교들은 천년왕국 신앙을 바탕으로 기성 교회로부터 분리되어 하나의 종파 운동이나 메시아운동으로 전개되기 시작하였다.

한동안 세계적으로 관심을 불러 모았던 '1992년 휴거설'[8]을 통해서도 알 수 있듯이 그동안 한국 사회에서도 수많은 천년왕국운동들이 전개되어 왔다. 이러한 배경에는 한국 사회가 나타낸 근·현대사의 특성과 한국 개신교 신앙의 성격이라는 두 가지의 요인이 크게 작용한 것으로 분석된다. 즉, 한국 개신교가 지니고 있는 특성들이 한국의 근·현대사 흐름과 맞물리면서 천년왕국운동으로 표출된 것으로 볼 수 있는 것이다.

한국 개신교의 주요 교파들은 대부분 미국에서 진래된 미국 개신교이다. 또한 한국 사회에서 활동하는 대부분의 그리스도계 종파 운동이나 천년왕국운동들은 거의 모두 미국 개신교나 한국 개신교에서 분파된 운동들이다. 그렇기 때문에 한국 개신교의 성격이나 그리스도계 종파 운동 또는 천년왕국운동을 이해하기 위해서는 미국 개신교 신앙의 흐름을 파악할 필요가 있다.

전통적으로 미국의 개신교는 성격을 달리하는 두 집단으로부터 영향을 받아 왔다. 그 하나는 청교도 집단이었고 다른 하나는 천년왕국운동 집단이었다. 이 두 집단은 근대사회에 접어들면서 유럽에서 등장하였지만, 기성 종교로부터 탄압을 받아 신대륙으로 이주해 온 집단들이었다.

---

8) 이에 관해서는 노길명, 〈시한부 종말론의 배경과 성격 - '1992년 종말론'을 중심으로〉, 《한국신흥종교연구》, 경세원, 1996, pp. 249-281을 참조할 것.

청교도들은 문화 중심적이고 사회제도 지향적 성격을 띠는 유럽의 그리스도교와는 달리, 종교의 사회 참여나 정치 관여는 엄격한 금기로 삼는 한편 개인의 영적 성화(靈的聖化)에만 주력하는 보수성을 지니고 있었다. 따라서 청교도들의 신앙 형태는 종교적 순수성을 지향하는 특징을 나타내고 있었다. 이러한 신앙적 흐름은 근본주의(fundamentalism)로 연결되었다. 원래 근본주의는 19세기 후반 유럽의 자유주의 신학 사조에 대항하여 미국에서 등장한 보수주의 경향의 신학 사조로서, 현재 미국 개신교 신앙의 주된 흐름을 형성하고 있다. 근본주의는 개인주의, 공동체의식의 결여, 내세주의, 경건주의, 신비주의, 성서에 대한 자구적인 해석, 사경회 중심(査經會中心), 전례(典禮)에 대한 소극성, 부흥 중심, 성령 중심, 사회제도에 대한 무관심, 반(反)에큐메니컬적 성격 등을 특징으로 한다.[9] 이 신학 사조는 원래 성서적 예언의 해석에 관한 세미나와 성경학교를 통해서 발전된 천년왕국의 도래를 믿는 운동의 산물이었다.

한편, 앞에서 살펴본 바와 같이 기성 교회로부터 철저하게 배척을 받던 유럽의 천년왕국 신봉자들도 신대륙이 발견되자 신앙의 자유를 찾아 이주하기 시작하였다. 따라서 미국은 초기부터 청교도들과 함께 천년왕국 신봉자들의 집결지가 되고 있었다. 미국의 동부 지역은 이들의 주 정착지가 되었다.[10]

---

9) 노길명, 《한국 사회와 종교운동》, 빅벨출판사, 1988 중 제8장 〈한국의 프로테스탄티즘〉, pp. 77-79 ; 이원규, 《한국 교회 무엇이 문제인가》, 감리교신학대학교 출판부, 1998 중 제5장 〈개신교 근본주의의 문제〉, pp. 137-164.

10) 미국 펜실베이니아 주에는 오늘날에도 천년왕국설을 신봉하던 중세시대 말의 메노파(Mennonite)가 중세적인 생활을 그대로 고수하고 있다. 또한 미국의 천년왕국운동은 모르몬교(Mormonism), 제7일안식일예수재림교회(안식교,

청교도와 천년왕국 신봉자들은 신대륙이야말로 자신들의 종교적 이상을 실현할 수 있는 '새 땅'이라 이해하고 있었으며, 자신들은 '새 하늘'과 '새 땅'(〈요한묵시록〉 21장)을 건설하도록 부름받은 선민(選民)이라고까지 인식하고 있었다.[11] 따라서 미국 개신교 신앙에서는 초기부터 '새 땅'과 '새 하늘'에 건설될 천년왕국의 도래시기에 관심을 가져왔으며, 이러한 종말신앙은 안식교, 워치타워(여호와의 증인) 등 여러 신종교운동의 바탕이 되기도 하였다.

한편, 천년왕국 신앙은 근본주의와 결합하면서 세대주의(dispensationalism)라는 새로운 신학 사조를 확산시켰다. 세대주의 신학은 인류역사를 일곱 세대로 구분하면서, '하나님 나라'가 언제 건설되는가에 대해 주목하는 경향이 강하다. 이 사조는 영국 성공회에서 발생하였지만, 영국보다는 근본주의 성향이 강한 미국에서 활발하게 확산되어왔다.[12]

이와 같은 미국 개신교의 신학적 특성과 신앙적 흐름은 한국 개신교의 성격 형성에 지대한 영향을 끼쳤다. 한국 개신교의 초기 선교사들은 대

---

Seventh-Day Adventist), 워치타워성서책자협회(여호와의 증인, Watch Tower Bible and Tract Society/Jehovah's Witnesses), 크리스천 사이언스(Christian Science) 등과 같은 종파 운동으로 진행되기도 하였다.

11) 이러한 인식은 미국적 선민의식과 종말신앙으로 확립되었다. 종교사회학자들은 이러한 신앙을 '시민종교(civil religion)'라 부르면서, 이것이 바로 다양한 인종과 문화 배경을 가진 미국 사회를 하나로 통합시켜 강력한 국가로 만드는 구심점이자 원동력이라고 보고 있다. 또한 미국이 세계 각지에서 발생하는 문제들에 적극적으로 개입하면서 미국을 중심으로 한 세계평화, 즉 팍스 아메리카나(Pax Americana)를 추구하는 것도 이와 같은 시민종교에 바탕을 둔 것으로 파악한다. 따라서 시민종교는 미국의 국교로 간주되기도 한다. 이에 관해서는 다음을 참조할 것 : John A. Coleman, "Civil Religion", in *Sociological Analysis*, vol. 31, 1970, pp. 67-77 ; Robert N. Bellah & Phillip E. Hammond(ed.), *Varieties of Civil Religion*, Harper & Row, 1980.

12) 노길명, 《한국신흥종교연구》, 경세원, 1996, pp. 254-255.

부분 근본주의자들이었고 개신교 근본주의의 주요 특징의 하나였던 천년왕국 대망 신앙의 소유자들이었다.[13] 이러한 초기 선교사들의 근본주의 신앙은 그대로 한국인 신자들에게 전해졌고, 그것은 선교사들의 선교 정책이나 한국 사회의 역사적 체험과 만나면서 천년왕국운동의 발생을 촉진하였다. 특히 한국의 전통문화와 한국인을 열등시하는 선교사들의 인종우월주의(ethnocentrism)와 문화제국주의적 선교 방식, 그리고 민족사의 대전환 과정에서 민족이 당한 수난과 고통에는 무관심한 채 오직 초월적이고 내세적인 신앙만을 강조하는 선교사들의 선교 정책에 대한 반발은 새로운 종파 운동의 발생을 촉발하였다. 따라서 한국 개신교의 종파 운동은 초기부터 민족주의적 성격을 강하게 띠고 있었고, 그리스도계 신종교들 또한 민족종교운동의 한 형태로 전개되기 시작하였다.[14]

그리스도계 신종교운동은 일제강점기에 접어들면서 활발하게 전개되기 시작하였다. 이들 운동들은 대체로 신학적 이단 종파 운동, 반(反)선교사 종파 운동, 반(反)교권적 종파 운동, 무교회주의 종파 운동, 신비신령주의 종파 운동, 환상적·애국적 종파 운동 등으로 분류될 수 있다.[15] 이들 종파 운동들은 일제 강점 하에서 겪는 민중의 고통이나 민족의 수난과정에 대한 종교적 의미를 추구함으로써 외세 열강에 의해 손상된 민족적 정체성을 회복하려는 경향을 나타냈다. 또한 '성주교회-새주(主)교회' 등에서 보이는 바와 같이 일부에서는 한국에 메시아가 출현할 것을

13) Ernest R. Sandeen, *The Roots of Fundamentalism: British and American Millenarianism 1800-1930*, The University of Chicago Press, 1970, pp. 187, 249.

14) 노길명, 〈기독교계 신종교 개관〉, 한국민족종교협의회 편, 《한국민족종교총람》, 한누리, 1992, pp. 205-211.

15) 민경배, 《한국민족교회형성사론》, 연세대학교 출판부, 1974, pp. 118-158.

강조하였으며, '시온 산(山) 제국(帝國)'의 경우에서와 같이 또 다른 일부에서는 한국이야말로 "예수 그리스도의 신부(新婦)의 사명을 가진 국가로서 동양의 시온 산 제국의 정치적 주최와 신구약(新舊約)을 중심으로 한 온 세상 만국의 종교 심판의 사명까지 보유한 그리스도와 더불어 왕(王)노릇 하는 제사장국(祭司長國)"이고 주장함으로써[16] 식민 상황으로 손상된 민족적 자존심을 극복하려는 성향을 나타내고 있었다. 이러한 운동이나 사상들은 모두 천년왕국 신앙에 바탕을 두고 있었다.

그러나 한국 사회에서 천년왕국운동이 보다 본격화되기 시작한 것은 8·15 광복과 6·25 전쟁을 치르면서부터였다. 민족의 분단과 전쟁은 민족이 겪는 수난과 고통에 대한 의미 추구와 함께 그에 대한 보상 심리는 기존의 주류 신학과는 다른 흐름들을 파생시키기 시작하였으며, 그에 따라 수많은 그리스도계 신종교운동들이 등장하기 시작하였다. 그리스도계 신종교의 발생과 확산은 1960년대 이후 국가 주도 아래 시작된 경제개발정책이 부정과 불의를 확산시키고 상대적 박탈감을 심화시키며 한국인들의 삶의 바탕을 이루고 있었던 지연공동체(地緣共同體)와 혈연공동체(血緣共同體)를 해체시킴에 따라 더욱 가속화되었다.[17]

이러한 운동들은 대부분 낡은 사회질서는 곧 종말을 고하게 되고 하나님의 사랑과 정의와 평화가 넘치는 '하나님 나라'가 도래하리라는 천년왕국 신앙에 바탕을 두고 있었다. 그렇기 때문에 한국의 천년왕국운동은 기본적으로는 민족과 민중이 겪는 수난과 고통의 의미를 종교적으

---

16) 위의 책, pp. 153-157 참조.

17) 노길명, 〈광복 이후 한국 신종교운동의 전개와 연구 동향〉, 《종교와 문화》, 3, 1997. pp. 50-62 ; 노길명, 〈신종교 II－기독교계〉, 《한국민속의 세계》, 10, 고려대학교 민족문화연구원, 2001, pp. 373-376.

로 승화시켜 그것을 구원과 재생으로 연결시키는 '고통의 신정론(神正論, theodicy of suffering)'[18]과 밀접한 관련을 맺는 것으로 볼 수 있다.

## 3. 천년왕국운동에 나타난 한국의 미래

### 1) 메시아의 재림지

천년왕국은 메시아인 예수 그리스도의 재림으로부터 시작된다. 따라서 천년왕국 신앙의 중심은 메시아 재림 신앙이며, 천년왕국운동의 원동력 또한 메시아 신앙에 있다. 천년왕국운동이 메시아운동으로도 불리는 것[19]은 이 사상을 중심으로 참여자들이 동원되고 운동의 목표와 방법이 모색되기 때문이다.

천년왕국운동에 따르면, 재림하는 그리스도는 대심판을 통해 악을 일소하고 선을 바로 세우는 한편, 이 세상을 '하나님'의 사랑과 정의와 평화로 가득 찬 '하나님 나라'로 바꾼다. 이 '하나님 나라'가 바로 천년왕국이다.

그리스도계 신종교운동에서는 예수가 재림할 장소는 한국이라고 단언한다. 즉, 메시아는 한국에서 한국인의 모습으로 출현한다고 주장한다. 이러한 주장은 강한 민족주의로 연결된다. 왜냐하면, 이 세상을 구원할 메시아가 한국에 임한다는 것은 곧 한국은 하나님으로부터 선택받

18) Max Weber, *The Sociology of Religion*, trans. by Ephraim Fischoff, Beacon Press, 1963.

19) 페레이라 데 케이로즈, 《세계의 메시아운동》, 이상률 옮김, 청아출판사, 1992(Maria Isaura Pereira de Queiroz, *Réforme et Révolution dans les sociétés traditionnelles : histoire et ethnologie des mouvements messiaques*, Editions Anthropos, 1968) 참조.

은 나라이고, 한민족은 메시아를 영접하는 민족이며, 새로운 역사의 주역으로 하나님으로부터 선택받은 선민(選民)이라는 신앙으로 연결되기 때문이다.

그리스도계 신종교들은 《구약성서》의 내용을 인용하면서, 하나님의 인류 구원 사업은 항상 특정 민족을 선택하여 그들을 도구로 삼아 전개되어 왔다고 설명한다. 그러면서 이들은 구약시대에 하나님의 도구로 선택받은 민족은 이스라엘 민족이었지만, 이스라엘 민족은 구세주로 왔던 예수를 십자가에 못 박아 죽임으로써 선민(選民)의 자격을 박탈당했다고 주장한다. 그러면서 이들은 성서적 입장으로 보나 기타 여러 가지의 조건으로 보나 한민족이 '새 선민'이 될 수밖에 없다고 강조한다. 그렇기 때문에 메시아도 한국에 임하게 된다고 강조한다.

통일교에서는 메시아가 한국에 출현하게 되는 그 이유를 다음과 같이 설명한다.[20]

> ① 성서를 보면, 본래의 상태로 복귀하기 위해서는 항상 40수(數)라는 선악 분립의 기대(基臺)가 있어야 하는데, 한국은 1905년 을사늑약을 통해 일제에 국권을 박탈당한 다음, 1945년 해방될 때까지 탕감복귀(蕩減復歸)를 위한 40년간의 일제 치하의 핍박과 수난을 받았으며,
> ② 하나님의 탕감복귀의 섭리적 역사는 선악분립(善惡分立)의 역사이고, 분립된 선이 분립된 악을 굴복시키는 과정이라는 점에서 볼 때, 한국에는 민주주의를 지향하는 하나님의 일선과 공산주의를 지향하는 '사탄'의 일선이 휴전선을 경계로 하여 대치해 있고,
> ③ 메시아를 영접하기 위해서는 먼저 하나님의 심정의 대상이 되어야 하는데, 한민족이 걸어온 비참한 역사 과정은 하나님의 선민으로서 걸어야 할 고난의 역사 과정을 걸어온 것이고, 한민족은 선천적으로 경천사

20) 세계기독교통일신령협회, 《원리강론》, 성화사, 1966, pp. 539-551.

상(敬天思想)을 비롯한 충(忠)·효(孝)·열(烈)의 종교적 품성을 갖고 있으며,

④ 메시아를 맞이하기 위해서는 그를 영접하도록 준비시키는 예언자의 증거가 있어야 하는데, 한국에는 민족적 메시아 사상으로서 '정감록신앙(鄭鑑錄信仰)'을 비롯하여 각 종교 도주(道主)들에 의한 예언의 소리와 영통인(靈通人)들에 의한 신령역사(神靈役事)가 일어나 재림주를 맞이할 준비를 갖추도록 하고 있고,

⑤ 메시아는 모든 문명들이 집합되어 결실을 맺게 되는 곳으로 임하게 되는데, 고대에 동방에서 발생한 문명들이 주변의 문명들을 결집하면서 서진(西進)해 온 문명의 이동 법칙을 본다면, 모든 문명들이 집합되고 결실을 맺을 장소는 지정학상(地政學上)으로 보아 한국일 수밖에 없다.

또한 세계일가공회(현 세계일주평화국)에서는 메시아가 한국에서 출현하게 되는 이유를 다음과 같이 설명한다.[21)]

① 첫 이스라엘 민족은 예수를 십자가에 못 박아 죽임으로써 그 선민권(選民權)을 박탈당했으며,

② 한민족은 역사적으로 보아서 하나님을 찾는 민족임과 동시에, 성서적으로 보아서 한민족의 오늘날 민족사가 이스라엘의 민족사를 방불케 하며, 성서에 예언된 사실이 한국에서 성취되고 있고,

③ 계시적으로 볼 때, 국내외의 많은 인사들이 한민족은 새 시대의 사명국(使命國)이라는 계시를 받고 있다.

한편, 최근 다시 활발한 움직임을 나타내고 있는 천국복음전도회에서도 메시아는 한국에서 출현하고 지상천국도 한국에서 이루어진다고 강조하면서, 그 이유를 다음과 같이 설명한다.[22)]

---

21) 양도천, 〈공회신조〉, 《공회송가》, 하나님의집공회, 천기 4년, pp. 8-9.

22) 《종교신문》, 2004. 5. 12, 12면 전면광고 참조.

① 대한민국의 상징인 태극기는 하나님 본체의 영광의 모양이므로, 만세 전부터 예정되어 있는 것이고,

② 성서에서는 하나님을 자기 나라의 하나님으로 삼는 백성은 복이 있다고 하였는데(〈시편〉 33, 12 ; 144, 15), '하나님'을 자기 나라의 하나님으로 삼는 나라는 오직 대한민국뿐이며, 대한민국에서는 하나님을 알고 섬기든 또는 모르고 섬기든 하나님의 본체의 영광의 형상인 태극기를 국기로 만들어 온 국민 전체가 섬기며 경배함으로써 하나님께 산제사를 드리고 있기 때문이다.

이 밖에도 대부분의 그리스도계 신종교들은 한국이야말로 축복 받은 땅이며 한민족은 선민이라고 신앙하고 있다.

이들은 여러 가지 근거를 제시하면서 한국이 메시아의 재림지라고 주장한다.

우선, 대부분의 그리스도계 신종교들은 〈요한묵시록〉과 〈이사야서〉에 기록된 '동방의 해 돋는 나라'라는 구절을 들고 있다.[23] 이 구절은 그리스도 신학에서는 메시아의 출현 장소를 예언한 것으로 해석되어 왔는데, 한국의 그리스도계 신종교들은 한국이 예전부터 "동방의 해 돋는 나라"로 일컬어져 왔기 때문에 이에 해당한다고 주장하고 있는 것이다.

둘째로는 민족의 수난과 고통으로 이어진 한국의 민족사를 제시한다.[24] 이들은 이집트에서 종살이하던 이스라엘 민족이 하느님이 약속한 "젖과 꿀이 흐르는 가나안 땅"(〈출애굽기〉 3, 8)에 들어가기까지는 40

---

23) 예를 들면 통일교 · 전도관 · 여호와의새일교단 · 신권도학연구소 · 삼광수도원 · 새마을전도회 · 장막성전 · 기독교대한천도관 · 팔영산기도원에서는 〈요한묵시록〉과 〈이사야서〉를 주로 인용하는데, 그중에서도, 특히 〈요한묵시록〉 7장 2절과 〈이사야서〉 41장 25절을 자주 인용하고 있다.

24) 예를 들면, 통일교와 전도관, 세계일가공회 등이 그러하다.

년 동안 광야를 헤맸고, 모세가 하나님으로부터 10계명을 받기까지 40일 동안 기도했으며, 예언자 엘리야가 '하나님의 산'인 호렙산에 이르기까지는 40일 밤낮을 걸었고, 예수가 복음을 선포하기 전에 40일 동안 단식하였으며, 부활한 후 하늘에 오르기까지는 40일 동안 지상에 머물렀다는 성서 구절을 인용하여, '40'이라는 숫자는 '낡은 시대'로부터 '새 시대'로, '죄악의 세계'로부터 '선의 세계'로, 그리고 '고통의 시대'로부터 '행복한 시대'로 나가기 위해서는 반드시 채워져야 하는 숫자라고 설명한다. 그러면서 성서의 내용을 보면, 이 '40'에 해당하는 기간은 그 자체가 준비의 기간이고 정화(淨化)의 기간이며 고통의 기간이라고 설명한다. 그런데 한국은 1905년 을사늑약을 통해 외교권과 국방권을 일제에 빼앗김으로써 실질적으로는 일제강점기에 들어간 이래 1945년 해방이 될 때까지 40년 동안 일제 치하에서 모든 민족적인 수난과 고통을 받음으로써 하나님의 선민으로서 받아야 할 '40'수를 채웠다는 것이다.

셋째로는 한국의 지정학적 위치를 지적하기도 한다. 통일교에서는 재림할 메시아는 악의 세력을 거꾸러뜨리고 선을 세우는 사명을 지니고 있기 때문에 그가 재림할 나라는 선의 세력과 악의 세력이 첨예하게 대립해 있는 장소라야 한다고 설명한다. 그러면서 통일교에서는 한국은 선의 세력인 민주주의와 악의 세력인 공산주의가 휴전선을 경계로 첨예하게 대립해 있기 때문에 메시아의 재림지가 될 수밖에 없다고 단정한다. 또한 이들은 한국이 동서냉전의 접점일 뿐 아니라 빈곤과 풍요로 특징지어지는 남북문제의 교차점이라는 사실도 한국이 세계의 중심임을 나타내는 증거라고 설명한다. 다시 말하면, 이들 운동에서는 한국이 휴전선을 경계로 하여 민주 진영과 공산 진영이 대치하고 있다는 사실과, 한국이 선진국과 개발도상국의 이해관계 속에 위치하고 있다는 사실은 한국의 문제가 곧 세계의 문제이며, 따라서 이 세상의 문제를 해결할 메시아는 한국에 재림할 수밖에 없다고 주장한다.[25)]

넷째로는 한국의 급속한 그리스도교의 성장을 제시한다. 이들은 그리스도교의 역사가 대단히 짧음에도 불구하고 한국 사회에서 천주교와 개신교가 급속하게 성장한 것은 한국이 재림주를 영접할 준비를 갖춘 국가이며 또한 하나님으로부터 축복받은 증거라고 설명한다.

다섯째로는 세계 무대에서 갖는 한국의 위상이다. 그리스도계 신종교들은 최근까지도 은둔과 빈곤으로 특징지어지던 한국이 세계적으로 주목받는 경제성장을 나타내고 있는 것이나 올림픽과 월드컵대회를 개최한 것은 그 자체가 하나님으로부터 선택받은 국가임을 나타내는 섭리적인 것이었다고 주장한다.

그렇다면, 구체적으로 메시아는 누구인가?

대부분의 그리스도계 신종교들은 단연 자기 종단의 창교자가 바로 재림주이고 메시아라고 단언한다. 따라서 천년왕국운동의 주창자들은 대부분 이 세상을 심판하고 인류를 구원할 메시아로 간주된다. 신종교의 창교자들이 메시아로 신봉되고 있다는 사실은 이들에 대한 호칭에서도 잘 나타난다. 예를 들면, 통일교 문선명의 '선생' 또는 '참 아버지', 전도관 박태선의 '동방의인' · '감람나무' · '영모(靈母) 님' · '이긴 자', 동방교 노광공의 '이례천부(天父)' · '이례신명(神明)' · '말세의 사명자' · '심판주' · '여호와이례', 장막성전 유재열의 '어린 종', 신권도학연구소 신동수의 '재림주' · '심판자' · '하나님의 둘째 아들', 세계일주평화국 양도천의 '정도령' · '성황(聖皇) 님' · '한님', 영생교 조희성의 '정도령' · '주님' ·

25) 노길명, 《한국신흥종교연구》, 경세원, 1996, p. 51.

'이긴 자'·'하나님', 하나님의 교회 안상홍증인회 안상홍의 '성령 하나님', 천국복음전도회 구인회의 '재림 예수', 팔영산기도원 전병도의 '만군의 여호와 하나님', 주환인신도애천부성령애교 장병만의 '전 인류의 시조님'·'인자(人子)'·'천부(天父)님 아들' 등은 바로 이들이 메시아임을 나타내는 호칭들이라 할 수 있다.[26] 따라서 한국 천년왕국운동의 주창자, 즉 한국 그리스도계 신종교의 창교자는 대부분 단순한 종교지도자가 아니라, 이 세상을 심판하고 구원할 메시아로 신앙된다.

통일교에서는 문선명이 메시아인 이유를 다음과 같이 설명한다. 통일교의 교리인 '통일원리'에서는 하나님은 항상 특정의 중심인물을 중심으로 하여 인류 구원 사업을 펼쳐 오셨다고 설명한다. 그러면서 인류 구원 역사의 중심인물은 아무 때나 나타나는 것이 아니라, 그를 맞을 조건과 사건이 충족되었을 때 출현하게 된다고 설명한다. 그러나 중심인물이 자신이 부여받은 사명을 다하지 못하게 되면, 중심인물을 맞을 준비가 다시 갖추어질 때까지 인류 구원 사업은 지연될 수밖에 없는 것으로 설명한다. 통일교에서는 인류사를 보면, 중심인물의 파견은 1930년을 주기로 하기 때문에 예수가 사명을 다하지 못하여 실패한 인류 구원 사업을 완성할 새로운 중심인물은 1930년에 이르러 나타나게 된다고 설명한다. 그러나 여기에는 10년을 전후한 가감이 있기 때문에, 메시아가 탄생한 때는 1917년부터 1930년 사이라고 설명한다.[27] 통일교의 창교자 문선명 1920년에 태어났기 때문에 이 시기에 해당된다.

---

26) 이러한 호칭들에 관해서는 노길명, 〈신종교 II－기독교계〉, 《한국 민속의 세계》, 10, 고려대학교 민족문화연구원, 2001, pp. 382- 383 ; 노길명, 《한국의 신흥종교》, 가톨릭신문사, 1988, p. 144를 참고할 것.

27) 세계기독교통일신령협회, 《원리강의안》, 성화사, 1982, p. 223.

또한 '통일원리'에서는 예수님이 재림하는 나라는 '동방의 해 돋는 곳', 즉 극동의 어느 나라이며, 구체적으로는 한국일 수밖에 없다고 주장한다.

### 2) 인류 문명의 집결지

오랫동안 서구인들의 의식구조, 특히 서구의 그리스도교 사상은 이분법적인 사유 형식, 즉 이원론(dualism)에 바탕을 두어 왔다. 그러나 즉 서구인들의 사유 형식은 서로 모순·대립되는 요소가 극복의 과정을 통해 전체의 통일에 이르는 논리구조, 즉 변증법적인 구조를 특징으로 하여 왔다. 그러나 동양인의 의식구조, 특히 한국인의 사유 형식은 다르다. 한국인의 사유 형식은 대립과 투쟁보다는 조화와 융합을 특징으로 한다. 전통적으로 한국인의 사고 속에는 유(有)와 무(無), 생(生)과 사(死), 현실과 초현실, 인간세계와 신명세계(神明世界)가 분리되어 있지 않고 하나의 연속선상에 놓여져 있다.[28] 즉, 한국인의 사유형식은 모순·대립이 아니라, 조화의 대칭이다. 또한 종합통일이 아니라, 조화전개의 논리적 통일이다.[29] 이것은 한국인들이 논리적이고 분석적인 성향보다는 직관적이고 종합적인 성향이 강함을 나타내는 것이다. 이러한 성향은 성속융합(聖俗融合)·영육쌍전(靈肉雙全)·정교일치(政敎一致)·정신과 물질의 조화 사상 등으로 나타난다.[30]

한국의 신종교들은 이와 같은 한국인의 의식구조와 사유 형식을 바탕

---

28) 한국사상연구회, 《한국사상사의 주류》, 경인문화사, 1975, pp. 76-79.

29) 김광식, 〈기독교 토착화 시안〉, 《한국의 신학사상》, 대한기독교서회, 1983, pp. 261-264.

30) 한승조, 〈신흥민족종교에 담겨진 한국 사회의 미래상〉, 《제1회 한국학 국제학술회의 논문집》, 한국정신문화연구원, 1979, p. 1103.

으로 하여 자신의 교리와 사상 체계를 형성한다. 그렇기 때문에 이들의 교리와 사상에서는 신과 인간, 성과 속, 영혼과 육신, 정신과 물질, 종교와 과학이 분리된 실체가 아니라, 조화와 융합의 실체로 파악된다. 이러한 점은 그리스도계 신종교에서도 마찬가지로 나타난다.

모든 것을 하나로 통합시켜야 한다는 이들의 교리는 천년왕국의 도래를 위한 조건을 설명하는 데도 사용된다. 이들은 천년왕국이 도래하기 위해서는 종교를 비롯하여 인류가 쌓아온 모든 문화들이 하나로 통합되어야 한다고 주장한다.

이러한 점은 물질계와 정신계를 통합시키려는 그들의 태도를 통해서도 잘 나타난다. 통일교에서는 지상천국을 이루기 위해서는 이 세상을 하나님이 원래 창조코자 하였던 피조세계(被造世界)로 원상복귀시켜야 하며, 그러기 위해서는 인간의 정신세계와 물질세계에 대한 근본적인 개혁이 필요하다고 강조한다. 이들의 경전이라 할 수 있는《원리강론》에서는 하나님이 창조한 본래의 세계로 복귀하기 위해서는 지금까지 인간의 정신세계를 담당했던 종교와 육적(肉的)·물질적 세계를 담당했던 과학이 균형 있게 통일되어야 한다고 주장한다.[31]

통일교에서는 과학과 종교의 두 가지 방식으로 발전되어 온 인간 지식은 현대에 이르러서는 종교가 과학을 포용함으로써 통일이 가능한 것으로 파악한다.[32] 그러면서 이들은 종교와 과학의 통일에 있어서 주체가 되어야 할 것은 종교라고 강조한다.[33] 이들은 종교와 과학이 균형 있게 조화를 이룰 때 비로소 현대종교는 생명력을 가질 수 있다고 설명

31) 세계기독교통일신령협회,《원리강론》, 성화사, 1966, pp. 3-4.
32) 위의 책, pp. 109-110.
33)《문선명 선생 강연선집》, 성화사, 1980, pp. 274-275.

한다. 이러한 관점에서 통일교에서는 신본주의(神本主義)와 인본주의(人本主義), 그리고 물질의 생산과 관리를 하나님의 뜻에 맞도록 하는 물본주의(物本主義)의 융화가 현대사회를 구제하는 새로운 방법이라고 강조한다.[34)]

또한 통일교에서는 예수가 재림하여 이루어야 할 세계는 과학이 최고도로 발달된 세계여야 하기 때문에 복귀섭리(復歸攝理)의 종적(縱的)인 역사노정(歷史路程)에서 발달해 온 모든 문명도 재림하는 주님을 중심한 사회에서 횡적(橫的)으로 일시에 모두 복귀되어 최고도의 문명사회를 이루지 않으면 안 된다고 설명한다. 따라서 통일교에서는 유사 이래 전 세계에 널리 발달해 온 종교와 과학, 정신과 물질 양면의 문명이 한국을 중심으로 모두 하나의 진리 밑에 흡수되고 융합되어 하나님이 바라는 이상 세계의 것으로 결실되지 않으면 안 된다고 설명한다. 이러한 교리를 바탕으로 통일교에서는 지금까지 인류의 문화사는 동쪽에서 발생한 문화가 계속 서진(西進)하면서 주변문화를 흡수하는 경향을 띠어 왔는데, 그 종착지는 바로 한국이 될 수밖에 없고 따라서 한국은 세계 모든 문명의 집결 장소이고 통합 장소인 동시에 결실을 맺는 장소라고 강조한다.[35)]

한편 통일교에서는 인간의 종교사를 살펴볼 때 인간 구원이라는 동일한 목표를 갖고 나왔던 모든 종교들이 점차 그리스도교 문화권으로 흡수되고 있다고 분석한다. 그러므로 그리스도교는 역사상 나타났던 모든 종교들의 목적까지도 성취해야 하는 최종적인 사명을 띠고 나타난 종교

34) 〈통일교회와 천법(天法)〉, 《통일세계》, 102, 세계기독교통일신령협회, 1979, p. 14.

35) 세계기독교통일신령협회, 《원리강론》, 성화사, 1966, pp. 549-550.

라고 간주한다.[36] 왜냐하면, 지상천국을 이루기 위해서는 다양한 문화들이 하나로 통일되어야 하며 그렇게 될 때 인류 문명이 결실을 맺어 창조 본연의 모습을 이룰 수 있다는 것이다.

모든 종교가 통일되어야 한다는 사상은 통일교에서만 제시되고 있는 것은 아니다. 이것은 세계일가공회나 세계종교연합법황청에서와 같이 교단의 명칭 자체를 종교 통일의 의미를 가질 수 있도록 만든 종단은 물론, 모든 그리스도계 신종교들의 교리에서 나타나는 공통 사상이기도 하다.[37] 또한 한국이 인류 문명의 집결지라는 교리는 통일교에서만 강조되는 것은 아니다. 이러한 교리 역시 비록 체계화의 정도는 낮지만 대다수의 천년왕국운동에서 발견되는 공통된 신앙의 하나이다.

### 3) 세계 역사를 주도할 국가

앞에서도 살펴본 바와 같이, 천년왕국 신앙을 바탕으로 하는 한국의 그리스도계 신종교운동은 세계사의 격랑 속에서 한국 사회와 한민족이 받은 수난과 고통에 대한 의미를 추구하고 있다. 이러한 의지는 훼손된 민족적 자존심을 회복하고 민족의 발전과 영광을 약속받으려는 강한 염원으로 구체화된다.

이러한 염원은 창교자에 대한 신앙을 통해 충족된다. 대부분의 그리스도계 신종교들에서 공통적으로 나타나는 창교자에 대한 신앙은 단지 창교자 개인의 카리스마를 넘어 민족주의적 성격을 수반하고 있다.

한국 천년왕국운동의 창도자들이 재림주나 메시아이고 한국이 하나님으로부터 '새 선민' 또는 '새 이스라엘'로 선택받은 나라라면, 앞으로

---

36) 위의 책, p. 115.

37) 노길명, 《한국신흥종교연구》, 경세원, 1996, pp. 53-54.

펼쳐질 인류 구원 사업은 한국에서부터 시작된다는 것을 뜻하게 된다. 다시 말하면, 한국 그리스도계 신종교의 창교자가 재림주나 구세주라면, 죄악으로 가득 찬 낡은 세상을 타파하고 새 세상을 열어줄 '새 진리'는 한국에서 전 세계로 퍼져나갈 것이기 때문에 한국은 세상을 비추는 '등불'이 될 것이고, 전 세계는 한국을 중심으로 새롭게 통합될 것이며, 따라서 한국은 세계 역사를 주도하는 국가가 될 것이고, 한국어는 세계의 '조국어' 또는 '만국어(萬國語)'가 될 것이며, 천년왕국이나 지상천국도 한국에서부터 건설될 것이라는 신앙으로 연결되는 것이다.[38] 이러한 신념은 여러 종교들에게서 발견된다. 예를 들면, 한얼수도원에서는 "세계 유신의 진리는 '高利我(Korea)'에 있다"고 주장하고,[39] 통일교[40]나 정도교에서는 앞으로 한국어가 세계의 조국어 또는 모국어가 될 것이라고 강조하며, 새마을전도회와 천국복음전도회에서는 태극기가 "하나님의 본체의 영광의 형체"[41]라고 강조한다. 또한 멸공진리운동본부를 설치하여 멸공운동을 활발히 전개하고 있는 새일중앙교회에서는 한국은 '새 일'과 '새 시대'를 이룰 '사명국가'라고 강조한다.[42]

이러한 신앙을 바탕으로 많은 그리스도계 신종교들은 한국과 한민족에 대해서도 특별한 호칭을 부여한다. 예를 들면, 전도관(현 천부교)과

38) 예를 들면, 한얼수도원에서는 "세계 유신의 진리는 '高利我(Korea)'에 있다"고 주장하고, 통일교나 정도교에서는 앞으로는 한국어가 세계의 조국어 또는 모국어가 될 것이라고 강조하며(《원리강론》, pp. 555-556), 새마을전도회와 천국복음전도회에서는 태극기가 "하나님의 본체의 영광의 형체"(《종교신문》, 2004. 5. 12, 12면 전면광고 제목)라고 강조한다.

39) 노길명, 《한국의 신흥종교》, 가톨릭신문사, 1988, p. 146.

40) 세계기독교통일신령협회, 《원리강론》, 성화사, 1966, pp. 555-556.

41) 《종교신문》, 2004. 5. 12일자, 12면 전면광고 제목.

42) 새일중앙교회 전도지 참조.

영생교 하나님의 성회 승리제단과 한국기독교 에덴성회 등에서는 한민족은 〈창세기〉 30장 6절에 나오는 '단' 지파(支派)가 한반도로 이전해 와서 '단군'이 되어 세운 나라의 백성들이기 때문에 '믿음의 조상' 아브라함의 적자(嫡子)라고 주장한다. 또한 삼광수도원에서 사용하는 '선지자(先知者)와 사제장적(司祭長的) 주체국', 일월산 기도원에서의 '말세 심판의 피난처'·'새 세계의 땅', 정도교에서의 '천하만국의 구세주', 세계일가공회에서의 '새 선민'·'복 있는 나라', 새일수도원에서의 '남은 교회'·'종말의 사명자'·'세계 통일의 새로운 왕국'·'세계 인류에 봉사할 사명국', 동방교에서의 '동방선민'·'성민(聖民)' 등은 한민족이 선민이며 한국이 세계의 종주국(宗主國)임을 나타내는 호칭들이라 할 수 있다.[43] 따라서 이들의 교리나 사상에서는 민족의 정체성(正體性)을 강조하면서 민족의 자존과 소명을 강조하는 강한 민족주의적 성향이 나타난다.

한국 그리스도계 신종교운동에서 강하게 표출되는 선민사상은 외세의 침략과 억압을 받아 온 한국 사회와 한국인의 피해의식을 철저하게 종교적으로 투사시킴으로써 경험한 새로운 부활 심리의 결과로 해석할 수 있다.[44] 이들은 그동안 겪어 왔던 민족적 수난과 고통을 하나님으로부터 선택받기 위한 조건과 과정으로 해석하는 한편, 그것을 통해 과거의 열등과 불만에 찼던 자아를 극복하고 있는 것이다. 뿐만 아니라, 이들은 이러한 종교적 승화 과정을 통하여 과거의 피해의식과 절망감을 지상천국 건설을 위한 선택된 역군이라는 적극적인 소명감으로까지 승

43) 노길명, 〈신종교 II－기독교계〉, 《한국 민속의 세계》, 10, 고려대학교 민족문화연구원, 2001, p. 385 참고.

44) 김광일, 〈한국신흥종교의 사회심리학적 고찰〉, 《대화》, 39, 1973. pp. 66-67 참조.

화시킨다. 여기에서 이들의 선민사상은 억압되었던 배달민족으로서의 긍지와 자부, 그리고 자아 존중의 신념을 회복시키도록 만드는 중요한 메커니즘으로 기능을 하게 된다.[45)]

#### 4) 천년왕국의 실현 장소

천년왕국 신앙에서 나타나는 인류 역사의 최종 단계는 천년왕국의 실현이다. 천년왕국은 모든 모순과 부조리가 사라지고 일체의 억압과 질곡이 소멸된 이상 세계를 말한다. 천년왕국에서는 하나님의 사랑과 정의와 평화가 실현될 것이고, 물질적인 축복과 복락이 넘쳐나게 될 것이다. 따라서 천년왕국은 인류가 그토록 소망했던 창조 본연의 세계인 '에덴동산'의 회복이다. 메시아의 재림이나 인류 문명의 집결도 그 궁극적인 목적은 천년왕국을 실현하는 데 있다. 그렇기 때문에 천년왕국 신앙에서 목표로 삼는 최종적 구원이란 천년왕국에 참여하는 것이다. 천년왕국의 도래와 그에 대한 참여야말로 천년왕국운동의 가장 큰 열망이며 목표이다.

대부분의 천년왕국운동에서는 천년왕국의 도래는 임박했다고 강조한다. 그러면서 이들 운동에서는 다가올 새로운 세계에 대해 독특한 명칭들을 부여한다. 예를 들면, 전도관의 '천년성(千年城)', 동방교와 천국복음전도회의 '지상천국(地上天國)', 세계일가공회(현 대한일주평화국)의 '통일평화세계(統一平和世界)', 새일수도원의 '지상천년왕국(地上千年王國)', 산성기도원의 '천년세계(千年世界)', 그리고 '1992년 휴거설'을 주장하던 여러 신종교 교단들이 강조한 '천년왕국' 등은 모두가 다가올 이상 세계를 지칭하는 용어들이다.

---

45) 노길명, 〈신종교 II－기독교계〉, 《한국 민속의 세계》, 10, 고려대학교 민족문화연구원, 2001, pp. 385-386.

이들이 설명하는 천년왕국의 모습은 거의 동일하다. 통일교에서는 다가올 천년왕국을 '공생공영공의주의 사회(共生共榮共義主義社會)'라 부른다. '공생공영공의주의'는 통일교가 주장하는 이상사회 혹은 이상세계에 대한 사상이며 이데올로기이다. 또한 지상천국이라고 설명되는 '완전사회'에 대한 이념이기도 하다. 공생주의란 공생·공영·공의주의의 경제사상을 말한다. 다시 말하면, 공생주의는 하나님의 참사랑을 터로 한 공동소유의 사상이다. 여기에서의 공동소유란 물질적 소유만을 지칭하는 것이 아니라 '사랑'이라고 하는 정신적 소유를 바탕으로 한다. 그렇기 때문에 공생주의 아래에서의 공동소유는 하나님과 나, 전체와 나, 이웃과 나라고 하는 공동소유의 개념, 즉 공적 사유의 개념이라 할 수 있다. 그리고 공영주의란 이상사회의 정치적 측면을 말하는 미래사회의 정치사상이다. 이것은 한마디로 공동 정치에 관한 사상이라 할 수 있다. 여기에서의 공동 정치란 인류의 참부모를 중시하는, 형제를 위한, 형제에 의한, 형제의 정치라 할 수 있다. 그렇기 때문에 공영주의는 민주주의 정치라기보다는 하나님주의를 중심한 공동 참여의 정치라 할 수 있다. 한편, 공의주의란 공동 윤리의 사상이다. 그것은 모든 사람이 공적으로나 사적으로 도덕 윤리를 준수하고 실천함으로써 건전한 도의사회, 곧 공동윤리사회를 이룩해야 한다는 사상이다. 또한 공의주의는 도래하는 이상사회의 윤리, 곧 만인이 지위 고하를 막론하고 공동으로 동일한 윤리관을 지니고 사는 공동윤리사회의 가치이기도 하다. 이렇게 본다면, '공생공영공의주의'는 하나님을 중심으로 합성일체를 이룬, 하나님이 이상으로 했던 창조 이상의 세계라 할 수 있다.[46)]

---

46) 김항제, 《통일교의학연구 I》, 선문대학교 출판부, 2000, pp. 228-237.

천년왕국운동으로 전개된 한국의 그리스도계 신종교들은 천년왕국이 실현되는 장소는 한국이라고 단정한다. 그 이유는 메시아의 재림 장소에 대한 설명이나 인류 문명의 최종 집결지가 한국일 수밖에 없다는 근거와 동일하다.

일부 그리스도계 신종교들은 천년왕국의 실현 장소를 보다 구체적으로 제시하기도 한다. 그러나 이들이 제시하는 천년왕국의 구체적 장소란 대부분 자신의 종단본부가 위치한 지역을 말한다. 예를 들면, 전도관의 소래산(蘇來山), 일월산기도원의 일월산(日月山), 세계일가공회와 새일수도원 및 세계종교연합법황청의 계룡산(鷄龍山), 팔영산기도원의 팔영산(八影山), 시온 산 제국의 매산 등은 바로 메시아의 재림지 또는 성지로서 해석되고 있는 것이다.[47] 이들은 그곳이 천년왕국 또는 이상 세계의 실현 장소인 근거를 나름대로 제시한다. 예를 들면, 천국복음전도회에서는 천년왕국인 '에덴동산'은 경기도 시흥군 과천면 일대에 이루어진다고 주장하면서, 그 까닭으로 구약성서인 〈예레미아서〉 31장 38에서 언급된 구절들을 들어 해석한다. 즉, 천국복음전도회에서는 이 성서 구절을 "나 여호와가 말하노니 날이 이르러 이 성〔천국〕을 하나넬망대〔관악산 관망대〕에서부터 모퉁이문〔남태령 고개를 말함〕까지 여호와를 위하여 건축할 것이라 측량줄이 곧게 가렙산〔청계산〕에 이르고 고아〔안양〕 방면으로 돌아 시체와 재의 골짜기〔장막교를 말함〕와 기드론〔삼거리〕 시내에 이르는 데까지와 동편 말문〔말죽거리〕 모퉁이에 이르기까지 모든 밭〔세상〕에 다 여호와의 성지가 되고 다시는 뽑히거나 전복되지 아니하리라"고 해석함으로써 그곳이 바로 천년왕국의 실현 장소라고 주장한다.[48]

---

47) 노길명, 《한국신흥종교연구》, 경세원, 1996, p. 60.

48) 《종교신문》, 2004. 4. 7, 제12면 참조.

## 4. 천년왕국의 도래를 위한 인간의 역할

천년왕국운동에서는 지금까지의 인류 역사는 모순과 부조리, 그리고 죄악으로 가득 찬 '죄악의 시대' 또는 '사탄의 나라'라고 규정하면서, 다가올 시대는 '선(善)의 시대' 또는 하나님의 사랑과 정의와 평화가 실현되는 '하나님 나라'라고 강조한다. 이 '선의 시대', 곧 '하나님 나라'가 바로 천년왕국이라는 것이다. 따라서 대부분의 천년왕국운동에서는 인류의 역사를 '낡은 시대'와 '새 시대', '죄악의 시대'와 '선의 시대', '사탄의 나라'와 '하나님 나라'라는 두 단계로 구분하면서, '종말'은 이 두 시기가 전환되는 시점으로 설명한다. 이러한 설명 방식은 기성 교회에서도 거의 동일하다. 그러나 기성 종교들은 수많은 종교 체험과 오랜 역사를 통해 비교적 안정되고 추상화된 종말론을 제시하는 데 반해, 신종교운동에서는 종말의 임박성을 강조한다는 점에서 양자 간에는 큰 차이가 있다.

대부분의 천년왕국운동이 지니고 있는 역사관은 이분법적 성격을 띤다. 그러나 일부 천년왕국운동에서는 이분법적 사고를 벗어나 일종의 진화론적 입장을 취하기도 한다. 즉, 천년왕국은 급작스럽게 도래하는 것이 아니라 일정한 단계를 거쳐 실현되는 단계임을 강조하기도 한다. 예를 들면, 통일교에서는 인류 역사의 발전 단계를 원시공동사회·씨족사회·봉건사회·군주사회·민주사회 등으로 구분하며,[49] 새일수도원에서는 양심시대·언약시대·율법시대·은혜시대·환란시대·심판기·천년세계·영원한 무궁세계의 순으로 논한다.[50] 이러한 입장들은 한 단계로부터 다음 단계로 넘어가기 위해서는 그에 필요한 조건들

---

49) 세계기독교통일신령협회, 《원리강론》, 성화사, 1966, pp. 445-449.

50) 이뢰자, 《인간의 종말》, 새일수도원, pp. 18-79 참조.

이 충족되어야 한다고 설명한다. 그러나 이러한 경우에도 지금이야말로 바로 천년왕국의 도래 시기라는 점에는 동의한다.

천년왕국운동에서는 인류의 역사 전개는 하나님이 예정한 절차와 방식에 따라 진행되는 것으로 설명한다. 따라서 천년왕국의 도래는 인간의 의지와는 전혀 관계없는 하나님의 뜻이나 섭리에 속한 것으로 설명한다.

이미 살펴본 바와 같이, 대부분의 천년왕국운동들은 천년왕국의 임박을 강조한다. 이 입장에서는 천년왕국이 도래하기 직전에는 기존 사회질서가 끝장을 고하게 되는 세상 종말이 있게 될 것이고, 그때에는 환란과 대재앙, 그리고 대심판이 닥치게 될 것이라고 주장한다. 그러면서 이러한 환란과 심판을 면하고 천년왕국에 들어가기 위해서는 특별한 비방을 취해야 한다고 강조한다. 대부분의 천년왕국운동에서 강조하는 비방이란 지나온 삶에 대한 회개와 뜨거운 신앙이다. 그러나 몇몇 종단들에서는 특별한 비표(秘標)를 소지하거나 특정 지역으로 도피해야 한다고 강조하기도 한다.

이러한 입장에서는 천년왕국은 하나님이 예정한 바로 그 시각에 이루어지는 것이며, 이때 인간이 취할 수 있는 역할이란 단지 심판을 면하고 천년왕국에 들어갈 준비에 국한될 수밖에 없는 것으로 설명한다. 그렇기 때문에 대부분의 천년왕국운동에서는 천년왕국의 도래는 환란이나 대심판과 함께 밀어닥치는 공포의 시간으로 설명된다. 이러한 관점은 주로 세상 종말의 시간을 구체적으로 제시하는 시한부 종말론자들에게서 공통적으로 나타난다.

시한부 종말론은 세상 종말과 천년왕국의 임박을 강조하기 때문에 직장이나 학업, 재산, 심지어는 가정까지도 포기한 채 종말에만 전념케

함으로써 많은 사회적 물의를 빚기도 한다. 이러한 시한부 종말론의 사례로는 동방교의 1965년 8월 15일, 장막성전의 1969년 11월 1일, 일월산기도원의 1971년 8월 15일, 천국복음전도회의 1973년 11월 10일 오전 10시, 중앙예루살렘교회의 1975년 8월, 하나님의 교회 안상홍증인회의 1988년, 영생교 하나님의 성회 승리제단의 1990년 등이 있다.[51] 그리고 소위 '휴거설'을 주장하던 여러 종단들은 1992년 10월 28일 24시에 세상 종말이 시작될 것이며, 그때에 자신들은 공중으로 휴거되어 천국에 들어가게 될 것이고, 이 세상은 7년 대환란기에 접어들게 될 것이라고 주장하였다. 이와 같은 예측이 들어맞지 않을 경우, 대부분의 종단들은 소멸하지만, 일부 종단들은 종말의 시기를 수정함으로써 위기를 넘기기도 한다.

그러나 천년왕국의 도래를 신의 영역에 속한 것으로 간주하면서 인간의 의지나 역할을 도외시하는 이러한 입장과는 달리, 일부 그리스도계 신종교들에서는 인간의 의지나 역할도 중요한 것으로 강조한다. 이러한 입장에서는 천년왕국의 임박을 강조하면서도 그것이 이루어지기 위해서는 일정한 조건이 따라야 하는 것으로 설명한다. 여기에서 말하는 조건이란 구체적으로는 천년왕국의 도래나 실현을 위한 인간의 역할을 의미한다. 즉, 천년왕국이라는 이상 세계가 건설되기 위해서는 현실 사회의 구조적 모순을 타파하려는 인간의 적극적인 노력, 구체적으로는 이상 세계의 건설을 위한 사회 개혁이 따라야 한다는 것이다.

통일교에서는 이것을 '인간 책임 분담'[52]이라는 용어로 설명한다. 즉, 천년왕국과 같은 지상천국의 건설은 하나님이 예정한 것이지만, 그것이

51) 노길명, 《한국의 신흥종교》, 가톨릭신문사, 1988, pp. 141-142 참조.
52) 세계기독교통일신령협회, 《원리강론》, 성화사, 1966, pp. 57-59 참조.

실현되기 위해서는 반드시 인간에게 부과된 책임 분담이 완수되어야 한다고 강조한다. 그러면서 여기에서 말하는 책임 분담이란 개인·가정·종족·민족·국가·세계 그리고 천주(天宙)[53]까지 하나님이 본래 의도했던 창조 본연의 상태와 위치로 복귀시키는 것이라고 설명한다.[54] 그러면서 창조 본연의 상태인 '에덴동산'의 회복을 위해서는 인간의 정신세계와 물질세계에 대한 근본적인 개혁이 필요하다고 강조한다.

통일교에서는 하나님이 이 세상을 창조했을 때는 물질세계를 먼저 창조한 다음 인간을 창조하였으며, 인간을 창조할 때에도 육신을 먼저 창조한 다음 영인체(靈人體)를 창조하였기 때문에, 재창조원칙의 '복귀섭리(復歸攝理)'는 외적인 것에서 내적인 것으로 복귀해 가는 과정일 수밖에 없다고 설명한다.[55] 즉, 물질세계가 먼저 구원되어야 인간 세계가 구원될 수 있고, 인간 구원의 경우에도 육적 구원이 전제되어야 영적 구원이 이루어질 수 있다는 것이다. 그렇기 때문에 통일교에서는 하나님의 창조 목적 달성의 일차적인 조건으로 물질세계에 대한 인간의 관심과 노력을 강조한다. 통일교가 초기부터 경제활동을 적극적으로 펼쳐온 것은 이러한 교리에 기인한다.[56]

이와 같이 천년왕국의 도래를 위한 조건으로 물질의 중요성을 강조하는 입장은 "만물을 바로 사용하면 영원한 왕권(王權)의 영광을 받게 될 것"이라는 새일수도원[57]을 비롯하여 몇몇 종단들에서도 발견된다. 일

---

53) 여기에서의 천주란 유형, 무형의 두 실체세계(實體世界)를 합친 전 피조세계(全被造世界)를 의미한다고 한다. 위의 책, p. 61.

54) 위의 책, '후편' 참조.

55) 위의 책, p. 451.

56) 노길명, 《한국신흥종교연구》, 경세원, 1996 중 제8장 〈통일교의 경제활동과 그 '원리적' 배경〉, pp. 205-223.

반적으로 그리스도계 신종교들이 어느 정도의 인적·물적 자원을 확보하였을 때 기업 활동을 전개하는 것은 물질계와 정신계를 통합하는 것이 바로 천년왕국을 이루는 방법이라는 그들의 인식과 관련된다.[58] 이러한 점은 수많은 기업체를 운영하고 있는 통일교와 여러 곳에 신앙촌을 건설하여 다양한 기업 활동을 전개하면서 그곳을 '천년성(千年城)'이라 불렀던 전도관의 경우에서 잘 나타난다.

천년왕국의 도래를 위해서는 기존 사회질서를 개혁하려는 인간의 노력이 따라야 한다는 입장은 통일교 이외에도 여러 종단들에서 강조되고 있다. 예를 들면, 세계일가공회에서는 지상천국이 이루어지기 위한 조건으로서 인간개조·종교개혁·정치개선을 들고 있으며,[59] 그것은 교육운동·종교운동 및 국가운동[60]을 통해서 가능한 것으로 파악한다. 또한 신권도학연구소에서는 인간혁명·종교혁명·제도혁명을 들면서, 기성 제도·종교의 교권, 기성 사회의 모든 윤리가 파멸되고 새로운 윤리사회가 수립될 때 비로소 신권(神權)이 다스리는 지상천국이 건설될 수 있다고 강조한다.[61] 물론, 이들 종단에서도 이러한 사회 개혁이나 혁명의 주체는 반드시 자신들의 종교가 되어야 한다고 주장한다.

한국 사회에서 천년왕국운동은 그리스도계 신종교운동으로 전개되

---

57) 이뢰자, 앞의 책, p. 7.

58) 노길명, 〈신종교 II－기독교계〉, 《한국 민속의 세계》, 10, 고려대학교 민족문화연구원, 2001, pp. 388.

59) 양도천, 《공회송가》, 하나님의집공회, 천기 4년, p. 7 : 〈한민족아 일어나자〉 중 제3절 참조.

60) 위의 책, 〈공회신조〉, p. 7.

61) 탁명환, 《한국의 신흥종교－기독교 편(상)》, 신흥종교문제연구소, 1972, p. 183.

었다. 이 운동은 기본적으로는 한국 근・현대사의 체험과 미국 개신교의 신앙 유형, 그리고 선교사들의 선교 정책이 결합되어 나타난 현상이었다. 즉, 민족의 수난과 고통으로 점철된 근・현대사 속에서 민중은 낡은 질서의 종말과 새로운 질서의 도래를 강조하는 미국의 개신교 신앙 흐름에 친화성을 지니게 되었으며, 여기에 덧붙여 교회사를 민족사와 분리시키는 서구 선교사들의 선교 정책에 대한 반발이 기성 교회와는 다른 새로운 종파 운동으로 나타나게 되었던 것이다.

한국 그리스도계 신종교운동의 신학적 바탕을 이루는 천년왕국 신앙은 그것이 지닌 종말과 심판의 임박성과 급진성, 그리고 새로운 지상천국 도래에 대한 민중 열망의 강한 절박성 등으로 인해 많은 문제들을 수반하기도 한다. 시한부 종말론에 따른 직업과 학업, 재산, 가정생활 등의 포기나 기대한 천년왕국의 도래가 지연됨으로써 나타나는 집단 자살과 같은 집단 히스테리 현상, 또는 기존 질서를 타파하고 새로운 질서를 확립하기 위한 방법으로 기존 사회체제에 대한 전면적인 부정과 새로운 사회체제를 이루기 위한 민란이나 혁명 등은 천년왕국운동에서 나타나는 일반적 현상이다.

한국의 천년왕국운동에서도 이러한 부정적 측면들은 나타나고 있다. 그러나 한국의 천년왕국운동에는 이러한 부정적 측면만 있는 것은 아니다. 이들 운동 속에는 민족사가 민족의 자주적 결단보다는 외세 열강의 이해관계에 의해 결정되는 민족모순에 대한 강한 비판과 함께 그 과정에서 손상된 민족의 자존심과 정체성을 회복하려는 강한 의지가 포함되어 있다. 이러한 의지는 한국의 미래에 대한 이들의 전망에서도 분명하게 드러난다. 이들 운동에서는 이 세상을 구원할 메시아는 한국에서 출현한다고 강조한다. 이러한 신앙을 바탕으로 이들은 이 세상을 비출 '새 진리', '새 원리'는 한국에서부터 전 세계로 퍼져나가게 되고, 따라서 한국은 세상을 비추는 '등불'이 될 것이며, 전 세계는 한국을 중심으로 새롭게 통일될 것이고, 한국은 세계사를 이끌어 가는 주도국가가 될 것이며, 한국어는 세계의 '모국어' 또는 '조국어'가 될 것이고, 천년왕국도 한국에서부터 시작될 것이라고 강조한다.

이와 같은 신앙은 민족모순에 대한 고발인 동시에 민족해방의 메시지라 할 수 있다. 이들 운동들은 수난과 고통으로 이어져 온 민족사에 대해 의미를 부여하고, 그것을 통해 민족적 자존감과 정체성을 회복하는 한편, 밝은 미래를 약속하고 있는 것이다. 그렇기 때문에 '한국적 천년왕국 신앙'은 민족적 해원(解寃)이고 신바람이라 할 수 있다. 이러한 점에서 천년왕국 신앙운동에 바탕을 둔 그리스도계 신종교운동은 여타 계열의 신종교운동들과 마찬가지로 '민족종교운동'으로서의 성격을 지닌다고 할 수 있다.

대부분의 그리스도계 신종교들에서는 인류의 역사나 천년왕국의 도래는 하나님이 예정한 프로그램에 따라 진행되는 것이기 때문에 거기에는 인간의 의지나 노력이 개입될 수 없는 것으로 파악한다. 그러나 어느 정도의 체계화된 교리와 조직을 갖춘 그리스도계 신종교들에서는 천년왕국의 도래는 기본적으로 하나님이 예정한 것이지만, 그것의 실현을 위해서는 인간의 역할도 필요한 것으로 강조한다. 이러한 인간 역할에 대한 강조는 사회 윤리로 체계화됨으로써 천년왕국의 도래에 대한 조급성과 광조성(狂操性)을 제거하고 주어진 현실에 적극적으로 대처하도록 만드는 동력이 되기도 한다.

그러나 한국 천년왕국운동들이 지닌 민족주의적 성향이 언제나 사회 발전에 도움이 될 수 있는 것은 아니다. 오늘날은 정보화와 세계화로 특징지어지는 시대이다. 이러한 시대적 흐름에 효율적으로 대처하기 위해서는 확고한 자아 정체감뿐 아니라 이러한 흐름에 적극적으로 대처하려는 자세도 필요하다. 그것은 투철한 정체감을 바탕으로 다양한 문화들과 접촉하면서 세계 보편의 가치를 창출하고 구현하는 것이다. 여기에는 감상적인 민족주의는 걸림돌이 될 수 있다. 이러한 점에서 일부 그리스도계 신종교들에서 나타나는 강한 국수주의적(國粹主義的) 성향은 극복되어야 할 과제라고도 할 수 있다.

제 7 장

# 신영성운동의 전개와 성격

미래학자인 앨빈 토플러(Alvin Toffler)는 자신의 저서 《제3의 물결》[1]에서 인류 역사에는 두 차례에 걸쳐 큰 물결이 밀어닥쳤었는데, 그 물결들은 인간의 의식구조나 생활양식은 물론, 사회구조까지도 크게 변화시켰다고 지적하였다. 그러면서 그는 지금 '제3의 물결'이 밀려오고 있으며, 이러한 물결에 어떻게 대응하느냐 하는 것은 개인의 운명은 물론 인류의 장래까지도 결정하게 될 것이라고 하였다. 그가 말한 첫 번째 물결은 인간이 농사짓는 방법을 알게 된 것이었고, 두 번째 물결은 산업혁명이었다. 그리고 '제3의 물결'이란 지식 · 정보화의 물결을 말한다.

한차례의 거대한 물결이 밀어닥칠 때마다 사회구조나 생활양식은 커다란 변화를 보여 왔다. 영농 방법의 습득으로 채취경제시대는 끝나고 농업사회가 시작되었으며, 산업혁명을 계기로 인류 사회는 산업사회로

1) Alvin Toffler, *The Third Wave*, Bantam, 1980.

접어들게 되었다. 그리고 지식・정보화의 물결은 전 세계를 하나로 연결시키면서 지식・정보화 사회로의 변화를 촉진시켰다. 이 세 가지 형태의 사회들은 전통사회(traditional society), 현대사회(modern society), 탈현대사회(post-modern society)라고도 불린다.

새로운 물결이 가져오는 충격은 정치나 경제, 가족, 교육 등의 부문에서만 나타나는 것은 아니다. 그것은 종교적 영역에서도 마찬가지로 나타난다.

일반적으로 전통사회는 '종교의 시대'였다. 대부분의 전통사회에서는 사회성원의 대다수가 믿고, 사회 전반에 걸쳐 막강한 영향력을 행사하는 주도 종교(主導宗教)가 존재한다. 주도 종교는 정치, 경제, 신분, 교육, 가족 등 사회의 모든 제도들을 정당화할 뿐 아니라, 종교와 정치, 교회와 국가가 거의 분화되지 않아 정치권력이 개인의 종교생활에도 크게 관여한다. 또한 이러한 사회에서는 대부분의 사람들이 이 세상은 어떤 '보이지 않는 힘'이나 원리에 의해 지배되고 운행되며 역사 발전에 대한 인간의 능력은 제한될 수밖에 없다는 예정론(豫定論)이나 운명론적 세계관을 지닌다. 그러면서 이들은 빈곤과 고통으로 특징지어지는 현세보다는 영원한 내세에서의 복락에 관심을 갖는다.

그러나 현대사회에 들어와서는 다르다. 현대사회에는 다양한 종교들이 존재한다. 따라서 각 종교들은 사회적 영향력의 강화를 위해 경쟁한다. 그렇기 때문에 현대사회는 '종교들의 시대'라 할 수 있다. 그러나 정치권력은 종교의 영향력을 특정 수준으로 제한하려 하며, 개인의 신앙생활이나 종교 활동은 사적 행위(私的 行爲)로 간주된다. 뿐만 아니라 전통사회에서와는 달리 현대사회에서는 자신의 능력과 노력에 따라 신분과 생활수준의 상승이 가능하기 때문에 사람들은 현세 지향적이고 물질 중심적인 성향을 나타낸다. 또한 인간 능력에 대한 확신은, 역사란 어떤 보이지 않는 힘에 의해서가 아니라 인간 자신에 의해 창조되고 진행되는 것이라는 인식을 수반함으로써 인간 중심적 세계관을 확산시킨다. 이와 같은 사회제도로부터의 분리와 인간 중심주의적 세계관의 확산은 종교의 사회적 영향력을 크게 약화시킨다. 종교사회학자들은 이러한 현상을 종교의 '세속화(secularization)'라 부른다.

그러나 지식・정보화 사회에서는 또 다른 변화가 나타난다. 일반적으로 지식・정보화 사회의 문화적 특징을 일컬어 '탈현대성(post-modernity)'이라 부른다. '탈현대성'이란 '현대성(modernity)'에 대한 대응으로 등장한 문화적 특성으로서, '현대성'이 '현세적'이고 '물질적'이며 '합리적 성격'을 지녔던 데 반해, '탈현대성'은 '탈물질적 생활양식의 지향', '합리성으로부터의 탈피', '탈노동화', '개별화', '소비화', '문화화' 등의 특성을 나타낸다. 따라서 생산성의 증대와 이윤의 추구, 그리고 그것을 이루기 위한 과학화와 조직화, 체계화를 지나치게 강조하던 현대사회에서와는 달리, 탈현대사회에서는 정신적인 것, 영적인 것에 대한 관심이 크게 증대하게 된다. 오늘날을 '영성의 시대'라고도 부르는 것은 이 때문이다.

그러나 탈현대사회에서 사람들의 종교적 성향은 전통사회나 현대사회에서의 그것과는 상당히 다르게 나타난다. 많은 사람들은 영적 관심이나 종교적 욕구를 제도 종교를 통해서만 충족하려 하지 않는다. 그들은 자신이 직면하게 되는 일상적인 사건이나 경험들 안에서 종교적 주제들을 찾아내고, 그것에다 나름대로 의미를 부여하려는 경향을 나타낸다. 죽음, 장례, 윤회, 귀신, 영계(靈界), 초능력 등은 더 이상 제도 종교들만의 주제가 아니라, 제도 종교의 영역을 벗어나 일상생활이나 대중문화 또는 예술의 주요 주제가 되고 있다.[2] 이제는 '종교의 일상화'가 아니라 '일상생활의 종교화' 또는 '문화의 종교화'가 나타나고 있는 것이다. 그렇기 때문에 오늘날은 '종교적인 시대'라 할 수 있다.

일상생활 자체가 종교적 의미로 채색되는 '종교적 시대'에서는 종교의 모습 자체도 변화될 수 있다. 특히 자신의 삶 안에서 직면하게 되는 경험들을 전통적인 제도 종교의 가르침보다는 자기 나름대로의 의미 부여를 통해 해석하려는 경향은 '종교 변용(transformation of religion)'을 촉진시킨다. 이러한 종교 변용의 두드러진 현상으로는 '보이지 않는 종교(invisible religion)'[3]의 출현을 들 수 있다. 지금까지의 종교들은 대부분 물리적 시설이나 신자 공동체, 교계제도, 집단적인 예배 의식 등을 갖추고 있었다. 따라서 '보이는 종교(invisible religions)'였다. 그러나 탈현대사회에 접어들면서부터는 이러한 요건들을 갖추지 않은 '보이지 않는 종교들'이 확산되고 있는 것이다. 이러한 '보이지 않는 종교들'의 유형으로는 서구 사회에서 등장하여 우리나라 젊은이들의 의식 세계와 행동양식에 지대한 영향을 끼치고 있는 뉴에이지운동(new age movement), 일본 사회에서 시작된 다음 우리나라의 장년층에게 주로 서적을 통해 영향을 끼치고 있는 정신세계운동, 그리고 1970년대 이후 우리나라에서 크게 확산되는 일부 기 수련 운동 등을 들 수 있다. 이러한 운동과 흐름

2) 예를 들면, 월드컵 당시 '붉은 악마'의 응원 열풍이나 미군 장갑차에 의해 숨진 효순이와 미선이를 기리는 촛불집회, 이라크 파병 반대를 위한 촛불집회, 프로축구와 프로야구경기 때의 응원, 대학축제에서 행하여지는 마당굿과 대동굿 등은 성스러움을 담고 있다는 점에서 종교적 성격을 지니는 것으로 볼 수 있다.

3) '보이지 않는 종교'란 원래 종교사회학자 루크만(Thomas Luckmann)이 처음으로 사용한 용어이다. 그는 현대사회에서 제도 종교의 쇠퇴 현상이 나타나고 있지만, 자아의 형성 과정은 근본적으로 종교적일 수밖에 없기 때문에 그리스도교의 쇠퇴는 다만 그리스도교를 '보이지 않는 종교'로 만들 뿐이라고 주장한다. Thomas Luckmann, *Invisible Religion*, The Mamillan Company, 1967.

들은 비록 물리적 시설이나 조직체계, 그리고 집단적인 예배 의식을 갖추지는 않았지만, 초월적이고 신비적이며 영적인 것을 추구하면서 사람들의 종교적 욕구에 부응하기 때문에 새로운 형태의 종교이거나, 아니면 적어도 '대체종교(alternative religion)'로서의 의미를 지닌다고 할 수 있다.

이들 운동들은 '보이는 종교들'의 영역을 침범하면서 그들의 정체성(identity)을 위협한다. 따라서 이러한 운동들의 확산은 제도 종교들의 성장에 위협적 요인으로 작용할 수 있다. 기성 종교, 특히 그리스도교가 이러한 현상에 주목하면서 그에 대한 식별을 신자들에게 촉구하는 것은 이 때문이다.[4)]

제도 종교들의 위축 현상은 최근 한국 사회에서도 두드러지게 나타나고 있다. 그동안 세계적으로 주목을 받아왔던 그리스도교의 신자 증가율은 급속히 감소하고 있으며[5)], 최근 높은 신자 증가율을 나타내던 불교의 경우도 2003년도에는 신도의 수효가 감소한 것으로 보고 있다.[6)] 그러나 뉴에이지운동과 정신세계운동, 그리고 기 수련 운동 등과 같은

---

4) 예를 들면, 천주교의 경우 교황청과 한국천주교 주교회의에서는 이러한 운동과 흐름에 주의를 가질 것을 여러 차례에 걸쳐 촉구했으며, 한국 개신교 내에서는 뉴에이지가 지닌 반그리스도교적 성격을 알리는 서적들이 수십 종이나 출판되었다.

5) 문화관광부 종무실에서 발간한 《한국의 종교현황》(2000)에 따르면, 1999년 말 현재 개신교 자체에서 발표한 신자 수효는 전년도에 비해 1,029,327명이나 감소했으며, 과거 1백만 신도에 달하던 천도교·대종교·원불교의 신자 수효도 10만 명에 이르지 못하는 것으로 된 것으로 나타난다(p.7). 또한 한국천주교중앙협의회에서 발표하는 〈한국 천주교회 통계〉를 보면 최근의 신자증가율은 2001년 3.9%, 2002년 2.8%, 2003년 1.9%로 매년 크게 둔화되는 것으로 나타난다.

6) 통계청, 〈2003년 사회통계조사〉, 2004. 4. 참조.

대체종교운동들은 계속 확산되어 나가고 있다.

뉴에이지운동과 정신세계운동, 그리고 기 수련 운동은 여러 면에서 유사한 성격을 지니고 있다. 따라서 일부 학자들은 용어상의 혼란을 피하기 위해 이 세 가지를 묶어 '신영성운동(new spirituality movement)'이라 부르고 있다.

'신영성운동'이란 용어를 처음으로 사용한 학자는 일본 도쿄 대학의 종교사회학자 시마조노 스스무〔島薗進〕였다. 그는 20세기 후반부터 소비문화가 발달한 대도시를 중심으로 전통종교들에 대항하면서, 새로운 '영성(spirituality)'을 추구하는 운동들을 '신영성운동'이라고 명명하였다. 그에 따르면, 이러한 운동들은 기존의 종교들과는 달리, 특정한 의례나 교리 체계, 그리고 수행 방식을 따르지 않으며, 결합 방식이 느슨하고, 리더십도 불분명한 특징을 지니고 있다. 그러나 그는 최근에는 자신의 의견을 일부 수정하고 있다. 즉, 그는 대부분의 신영성운동이 기존의 문화 환경과 긴장관계를 나타내면서 전개되지만, 경우에 따라서는 그러한 긴장이 없이 기존 문화 환경의 일부로 인식되는 부분도 있으며, 자체의 여러 특성들로 인해 하나의 집단으로 오래 지속되는 경우도 많지 않아 통상적 의미의 종교운동으로 보기는 어렵다는 점에서, '신영성운동'이라는 용어보다는 '신영성운동=문화' 또는 '신영성 문화'라고 부르는 것이 더 적절할 수도 있다고 자신의 의견을 수정하고 있다.[7] 그러나 이 용어가 과연 이러한 현상들을 지칭하는 데 적합한가에 관해서는 앞으로

---

7) 시마조노 스스무〔島薗進〕, 《현대 일본 종교문화의 이해－현대종교구원론》, 박규태 옮김, 청년사, 1997 ; 島薗進, 《精神世界の ゆくえ : 現代世界と 新靈性運動》, 東京堂出版, 1999, pp. 51-52 ; 島薗進, 〈신영성문화와 종교전통〉, 《미래사회와 종교》, 정산종사탄생 100주년 기념 국제학술대회 발표논문집, 원광대학교, 2000. 9. 21-22, p. 122 참조.

보다 많은 검토 작업이 따라야 할 것이다.[8)]

여기에서는 이 용어의 적합성 여부보다는 이러한 운동이 지닌 성격을 고찰함으로써 종교문화의 새로운 흐름을 살펴보기로 한다.

## 1. 신영성운동의 전개

신영성운동의 가장 두드러진 특성은 기존의 종교들과는 다른 '새로운 영성'을 추구한다는 것이다. 신영성 운동가들이 추구하는 '새로운 영성'이란 근대의 합리주의나 과학의 한계를 자각하여 그것을 극복하려는 것을 말한다. 즉, 예전의 종교와 같이 과학과 대립하는 것이 아니라, 종교적인 것과 합리성이 융합·일치되는 새로운 깨달음을 구현하는 것을 의미한다. 많은 경우, 새로운 영성의 자각은 자기 변용의 체험을 수반한다. 이제까지의 인생에 있어서 가족이나 사회로부터의 강압에 억눌리면서 형성된 가식적인 자기로부터 자유롭게 되어, '진정한 자신(authentic self)'을 발견하는 탐구에 큰 가치를 부여하는 것이다. 그렇기 때문에 신영성운동에서는 호흡법이나 체력 단련, 명상을 비롯한 의식 변용 기법, 카운슬링이나 심리학적 게임 등이 사용된다. 그러한 '수행'을 통하여 기존의 관념이나 통념에 사로잡혀 있던 의식적 자아의 껍질이 깨어져 크게 넓어진 안목의 '진정한 자신'을 발견하는 체험을 얻을 수 있다는 것이다.

---

8) 이 용어와 관련하여 현대 종교현상에 대한 개념적 정의 문제에 관해서는 다음을 참조할 것 : 박규태, 〈일본의 현대종교에 관한 몇 가지 쟁점 – 정신세계·신영성운동, 신신종교〉, 《신종교연구》, 3, 2000, pp. 29-58 ; 우혜란, 〈한국 현대 종교현상의 연구와 종교학 개념의 문제 – '영성(spirituality)'에 대한 논의를 중심으로〉, 한신대학교 인문학연구소 주최 제6회 한신 종교문화 포럼발표문, 2005. 6. 29.

시마조노 스스무는 이와 같은 흐름에는 많은 사상이나 실천들이 포함된다고 설명한다. 그는 이러한 것들로서 심리요법적인 관념이나 요소, 신도(神道) 나 켈트 문화, 미국의 원주민 문화, 마녀의 전통과 같은 자연종교, 명상 체험이나 신비 사상, 동양종교나 형이상학적인 체계 등에 의한 내면세계의 체험, 기공이나 자연식과 같은 실제적인 건강법 등을 들고 있다.[9)]

여기에서는 미국에서 발생한 뉴에이지운동과, 일본에서 퍼져 나가고 있는 정신세계운동, 그리고 한국 사회에서 확산되고 있는 기 수련 운동의 전개 과정을 살펴보기로 한다.

#### 1) 뉴에이지운동

뉴에이지운동의 기원에 관해서는 여러 학설들이 있다. 일반적으로는 러시아 출신인 블라바츠키(Helena Petrovna Blavatsky) 라는 여인이 1875년에 미국 뉴욕에서 창설한 신지학협회(神智學協會, The Theosophical Society) 가 그 기원으로 전해지고 있지만, 실질적인 기초는 이 협회의 3대 회장을 지낸 영국 출신의 베일리(Alice A. Bailey) 가 닦은 것으로 알려져 있다. 일부에서는 1세기경에 그리스도 신앙을 크게 위협했던 영지주의(靈知主義, gnosis) 까지 그 기원을 소급시키기도 한다.

그러나 기본적으로는 뉴에이지운동이 서구문화, 특히 그리스도교 문화에 대한 회의와 반발을 바탕으로 확산되었다는 점에 대해서는 대부분 동의한다. 따라서 이 운동의 전개 과정과 성격을 이해하기 위해서는 근대 서구문화의 흐름을 살펴볼 필요가 있다.

---

9) 島薗進, 앞의 논문, p. 110.

근대 이후, 세계문화를 주도해 온 것은 서구문화였다. 소위 과학화와 산업화, 그리고 민주화로 표상되는 '근대화'의 물결은 서세동점(西勢東漸)과 제국주의의 물결을 타고 전 세계적으로 확산되어 막강한 영향력을 행사하였다.

서구 사회에서 '근대화'가 추진될 수 있었던 원동력은 합리성을 추구하는 서구인들의 사유 형태와 인간 이성에 대한 확신 때문이었다.

서구인들의 사유 형식에 오랫동안 바탕을 이루어 온 것은 이원론(dualism)이었다. 이원론에서는 주어진 현상을 서로 대립되는 양극단으로 나눈 다음, 나누어진 양극단 간의 관계를 구명하려는 입장을 취한다. 따라서 양극단 간의 관계는 모순과 대립의 관계로 나타나게 되며, 양자의 통합은 하나가 다른 하나를 정복함으로써만 가능하게 된다. 예를 들면, 신과 인간, 천사와 악마, 영혼과 육신, 현세와 내세, 이성과 감성, 종교와 과학, 합리성과 비합리성, + 와 -, 자본가계급과 노동자계급 등의 관계 구조에서는 어느 하나가 다른 하나를 지배하거나 정복함으로써만 합일이나 평화가 가능하다. 이러한 이원론적 사유 형식은 서구의 종교, 사상, 이데올로기, 학문 등에서 잘 나타나고 있으며, 합리적 사고의 토대를 이룬다. 이와 같은 합리적 태도는 근대 과학의 발전에 바탕이 되었다.

한편, 인간 이성에 대한 확신은 "모든 인간은 합리적으로 사고하고 행동하는 이성적 존재"라는 인식을 확산시켰다. 그리고 인간 이성에 대한 확신은 이성의 발달이 곧 과학의 발전을 촉진하여 인간을 무지로부터 해방시킬 것이고, 과학의 발전은 산업의 발달을 수반하여 인간을 빈곤으로부터 해방시킬 것이라는 것과, 모든 인간을 이성적 존재라는 믿음으로 민주주의를 발전시켜 인간을 억압으로부터 해방시킬 것이라는 확신으로 연결됨으로써, 과학화와 산업화, 그리고 민주화의 원동력으로 작용하게 되었던 것이다. 이러한 사상은 근대 계몽주의사상의 바탕을 이루고 있었다.

과학화, 산업화, 민주화로 표상되는 '근대'의 물결은 인간의 생활양식은 물론 사고까지 크게 변화시키기 시작하였다. 특히 '근대'의 결과로 얻어진 경제 수준의 향상과 개인 자유의 신장은, 사회란 보다 나은 방향으로 진화, 진보, 발전한다는 낙관적이고 단선적인 사회진화론을 확산시키는 한편, 서구문화만이 가장 우월한 문화이며, 비서구 사회는 서구사회의 지배나 영향을 통해서만 개화되고 발전된다는 서구문화우월주의와 문화제국주의로 연결되었다.

또한 합리성과 인간 이성에 대한 확신은 더 나아가 "인간이 모든 것의 주인이며 인간의 능력은 무한하다"는 인간 중심주의로까지 확대되었다. 그 결과, 사회학자 뒤르켕(Emile Durkheim)의 말대로, 현대사회에서는 인간이 성스러운 존재, 그 어느 누구도 침범할 수 없는 '하느님'의 위치에까지 이르게 되었으며, 예배의 대상으로까지 승화되었다.[10] '현대의 정신'이라고 일컬어지는 '인간 존엄성', '인권', '자유' 등은 최상의 가치로 높여졌으며, 이것을 침범하거나 훼손하는 것은 하느님을 모독하는 것과 마찬가지로 간주되기에 이르렀다.

이와 같은 인간 중심주의의 확산은 자연을 정복하고 지배하려는 태도를 고양시켰다. 인간은 자연으로부터 자신의 생존에 필요한 것들을 얻기 때문에 자연은 인간의 삶의 일차적 원천이고 기반이다. 그러나 주어진 세계에 대한 투쟁과 정복을 통해 '발전'과 '근대화'가 가능하다는 서구

10) Emile Durkheim, *Suicide*, Free Press, 1966, pp. 333-334.

인들의 이원론적 세계관과 인간 중심주의적 사고는 '자연'마저 정복하고 다스려야 할 객체(客體)로 간주하게 되었던 것이다.

그러나 이와 같은 서구인들의 낙관적인 세계관과 문화우월주의적인 사고방식은 20세기에 접어들면서 점차 무너지기 시작하였다. 두 차례에 걸친 세계대전의 발발, 볼셰비키 혁명과 소비에트 공산체제의 등장, 나치즘과 파시즘의 등장, 히틀러에 의한 수백만 유태인들의 학살, 산업화와 관료제에 따른 물질주의·개인주의 및 인간 소외 현상의 심화, 생태계의 파괴와 핵(核) 확산의 공포 등은 과학과 산업의 발전이 진정으로 인간을 해방시키고 민주주의가 가장 바람직한 체제이며 서구문화가 가장 우월한 문화이고 인류 역사는 시간이 지남에 따라 보다 나은 방향으로 진화·진보하는가에 대한 근원적인 회의를 불러일으키기 시작하였던 것이다.

"서구의 몰락"을 예언한 슈펭글러(Oswald Spengler),[11] 인간은 계몽주의자들이 주장하는 것처럼 지적이고 도덕적이며 합리적인 존재가 아니라, 충동적이고 비합리적이며 무책임하고 오직 유행과 붐에만 민감하며 소수자에 의해 쉽게 조종당하는 '대중'에 불과하다는 오르테가 이 가세트(Ortega y Gasset),[12] 그리고 현대인들은 주어진 체제에 순응함으로써 산업화가 가져오는 물질적 부를 얻는 데만 관심을 갖는 '일차원적'이며 '동조형'의 인간에 불과하다는 마르쿠제(Herbert Marcuse)[13] 등은 서구문화가 지닌 문제점을 지적함으로써 현대사상의 새로운 전환을 촉구하였던 영향력 있는 사상가들이었다.

---

11) Oswald Spengler, *The Decline of The West*, 1922.

12) Ortega y Gasset, *La Rebelion de las Masas*, 1930.

13) Herbert Marcuse, *One-Dimensional Man*, Beacon Press, 1964.

이와 같은 사상들은 뉴에이지운동을 확산시키는 이론적 토대로 작용하였다. 특히 1960년대에 접어들면서 미국 사회를 휘몰아친 반문화운동(counter-culture movement)의 물결은 기존의 가치, 제도, 권위, 규범, 신앙 등을 거부하면서 그 영역을 확대하여 나갔다. 당시 서구 사회를 휩쓸었던 히피운동, 프리 섹스 운동, 여성해방운동, 흑인해방운동, 반전운동, 학생운동, 자연운동 등은 이와 같은 일련의 저항문화운동들이었다. 이러한 운동은 1970년대에 접어들면서 뉴에이지운동의 확산으로 연결되었다.

그러나 뉴에이지운동은 오늘날 세계 각지에서 일어나고 있는 다양한 흐름들을 총체적으로 일컫는 용어이기 때문에, 그것이 어떤 운동인지를 한마디로 정의하기란 쉽지 않다. 그러나 일반적으로는 육체적·정신적·영적인 건강과 평화를 추구하고, 그것을 통해 자기 변용을 이루며, 그 결과 새로운 사회를 이루는 것을 목적으로 하는 운동으로 정의되고 있다.[14)]

뉴에이지운동은 말 그대로 '새로운 시대'를 추구하는 운동을 말한다. 원래, 이 용어는 서양의 점성술에서 나온 것인데, 점성술에서는 태양과 여러 행성들은 황도(黃道)라는 하나의 궤도를 돌면서 순환운동을 하고 있는 것으로 간주한다. 점성술에서는 이 궤도를 한 바퀴 도는 데에는 약 26,000년이 걸린다고 설명하면서, 이 기간을 서양의 별자리를 빌어 사자·게·쌍둥이·황소·양·물고기·물병·염소·궁수·전갈·천칭·처녀자리 등 12자리로 나누고 있다. 따라서 한 자리로부터 다른 자리로 넘어가는 데 걸리는 시간은 26,000년을 12로 나눈 약 2,160년이

---

14) Melton, J. Gordon, *New Age Encyclopedia*, Gale Research Inc., 1990, p.7.

며, 이것이 바로 '한 세대(one age)'라고 설명한다. 점성술에서는 현대는 물고기자리로부터 물병자리로 넘어가는 대전환의 시기라고 주장한다.

뉴에이지운동가들은 황도의 한 자리에서 다른 자리로 넘어가는 대전환의 시기에는 위대한 성인이 출현하여 새 시대에 알맞은 가르침을 준다고 설명한다. 이들은 양자리로부터 물고기자리로 넘어오던 약 2천여 년 전에는 붓다, 공자, 예수와 같은 성인들이 출현하여 물고기자리 시대에 알맞은 가르침을 주었다고 설명한다. 이들은 그리스도교 초대교회 신자들이 자신들을 나타내는 표지로 물고기를 그렸던 것은 이 때문이었다고 설명한다. 그러나 지금은 물고기자리가 끝나고 물병을 거꾸로 들면 물이 쏟아지듯 영성이 폭포수처럼 쏟아지는 물병자리 시대라고 주장한다.

뉴에이지운동은 서구문화에 대한 근원적인 회의와 반발을 바탕으로 전개된 운동이다. 따라서 이들의 사상 속에는 반(反) 그리스도교적 성격과 함께 동양문화의 요소들이 상당 부분 수용되고 있다.

#### 2) 정신세계운동

일본에서 '정신세계'라는 용어가 처음으로 등장하게 된 것은 1977년에 《정신세계의 책 베스트 100》과 《정신세계의 레코드 베스트 100》이 나오면서부터였다. 이후 《별책 다카라지마 16 — 정신세계 지도》(1980), 《뉴에이지의 책 600》(1990), 《정신세계 총카탈로그》(1994년 이래 매년 발간) 등의 정보 책자와 함께 《정신용법과 명상》(1991), 《뉴에이지 워크숍 카탈로그》(1995) 등의 세미나 또는 워크숍을 위한 안내서들이 일반인들 사이에 널리 읽히면서 '정신세계'에 대한 관심은 크게 확산되기 시작하였다.[15] 또한 1970년대 이후 도시의 대형서점에 등장한 '정신세계'라는 코너도 '정신세계'에 대한 사회적 관심을 확산시키는 데 지대한 영향을 끼쳤다.[16] 종교서적 코너와는 별도로 설치되어 있는 이 코너는 신영성운동의 실재를 가리키는 중요한 상징적 공간으로 알려져 있다. 이곳에는 크리슈나무르티, 라즈니쉬, 셜리 매클린, 루돌프 슈나이더, 카를로스 카스타네다 등의 책, 신과학(new science), 초인격 심리학(trans-persnal psychology), 샤머니즘, 채널링(channelling - 일종의 영매현상), 기공, 동양의학 등에 관한 책, '임사체험(臨死體驗)'을 비롯하여 사후세계와 신비현상을 현대과학과 결부시키려는 책 등이 진열되어 있다. 그리고 미국에서 '뉴에이지'라고 불리는 사상적 동향과 관련된 책들도 이곳에 진열되고 있다.[17]

'정신세계'의 범위는 가장 일상적인 삶의 영역에서부터 초일상적인 오컬티즘(occultism - 신비 체험을 추구하는 비밀 종교집단), 영적 현상, UFO, 점성술, ETI(외계생명체), 잃어버린 대륙(문명), 꿈, 초능력, 전생(前生) 등에 이르기까지, 그리고 종교와 철학에서 과학과 예술 및 대중문화에 이르기까지 그 파장이 매우 넓다. 한마디로, '정신세계'는 삶의 신비에 대한 총체적인 관심이 집약적으로 표현되어 있다고 말할 수 있으며, 서구의 뉴에이지적 관심과 상당 부분 중첩되고 있다고 할 수 있다.

'정신세계운동'은 1970년대 후반에 일본에서 등장한 운동이다. 이 운동이 대두하게 된 사회적 배경으로는 1970년대 이후 일본 사회의 구조

---

15) 박규태, 앞의 논문, pp. 40-41.

16) '정신세계'라는 용어와 정신세계운동은 한국 사회에서도 1980년대에 접어들면서 크게 확산되고 있는데. 그 중심은 서울 광화문에 위치하고 있는 '정신세계사'라는 출판사와 '정신세계원' 그리고 '책방 정신세계'라는 서점이다.

17) 시마조노 스스무, 《현대 일본 종교문화의 이해 - 현대종교구원론》, 박규태 옮김, 청년사, 1997, p. 276.

변화와 그에 따른 개인의식의 변화가 지적되고 있다.

제2차 세계대전에서 패망한 일본인들은 근면과 절제, 그리고 무엇보다도 국가와 소속 집단에 대한 충성을 강조하는 '일본 정신'을 바탕으로 경제성장을 추구하였으며, 그 결과 세계적인 경제대국으로 성장하였다. 그러나 1970년대의 일본 젊은이들은 부모 세대와 같은 굶주림이나 고통을 겪지 않았다. 그들은 부모들이 쌓아올린 물질적인 풍요와 자유주의 물결로 인해 자신들의 욕구를 상당 부분 충족할 수 있게 되었다. 이 과정에서 일본의 젊은이들은 근면이나 절제 또는 집단과 국가를 강조하는 '일본 정신'보다는 자기 개인의 안일에 관심을 갖기 시작하였으며, 이러한 관심 영역의 변화는 국가나 집단보다는 자신의 정신적 · 육체적 건강과 평화를 추구하는 방향으로 나타났다. 정신세계운동은 이와 같은 흐름과 결합되면서 확산되기 시작하였다. 그렇기 때문에 이 운동은 일본 사회가 급속히 탈산업사회, 거대소비사회, 첨단 정보화 사회로 전환되면서 나타난 운동이라 할 수 있다.[18)]

정신세계운동에서는 인류의 보편적 가치나 윤리 덕목, 또는 국가나 소속 집단에 대한 충성을 강조하는 '일본적 가치'에 대해서는 별로 관심을 갖지 않는다. 대신, 이 운동에서는 명상 · 요가 · 신비주의 · 오컬티즘(occultism－신비 체험을 추구하는 비밀 종파) 등에 관심을 가지며, 초능력이나 신비체험이 강조된다. 또한 가족이나 혈연집단, 국가, 사회의 안녕이나 평화보다는 개개인의 정신적 · 내면적인 세계에 대한 몰입이 중요시된다.

---

18) 노길명, 〈신영성운동의 전개와 성격〉, 《인천가톨릭대학교 논문집－누리와 말씀》, 12, 2002, pp. 82-87.

### 3) 기 수련 운동

'기(氣)'를 간단히 정의하기는 어렵다. 그 까닭은 이 용어가 너무나 다양하게 사용되고 있으며, 학술적으로도 여러 이론들이 있기 때문이다. 일반적으로는 "생태계 일반을 두루 관통하고 있는 우주적 생명력"을 의미한다. 그러나 모든 현상이 이(理)와 기(氣)로 생성되고 구성되어 있다는 유학의 이기론에서는 "사물을 이루는 데 필요한 질료나 형질"을 일컫기도 한다. 그리고 '기공(氣功)'이란 '기'를 다스리는 것을 뜻한다. 그러나 최근에는 건강체조법이나 무술(武術) 방법, 질병치료법, 정신수양법, 초능력개발법, 더 나아가서는 초월적 경지에 이르는 방법 등 다양하게 사용되고 있다.

기 수련은 '기'에 대한 관념을 바탕으로 몸과 마음을 단련하는 전통적인 심신 수련방법의 하나였다. 그러나 근대에 이르러서는 대종교나 동학, 증산교, 원불교 등 일부 민족종교의 수도방법으로 이어졌다.

한국 사회에서 '기'에 관한 관심이 크게 확산되기 시작한 것은 1970년대 초부터였다. 이때부터 수많은 기 수련 단체들이 대도시를 중심으로 설립되기 시작하였다. 현재 그 수효는 1백 개 내외에 이르는 것으로, 또한 여기에 참여하는 사람들의 숫자는 2-3백만 명에 이르는 것으로 추정된다.

이와 같이 기 수련 운동이 급속하게 확산되기 시작한 데에는 여러 요인들이 작용한 것으로 보인다. 특히 1960년대 이후 한국 사회가 보여 온 여러 사회 흐름들과 종교계의 변화는 기 수련 확산에 크게 영향을 끼친 것으로 볼 수 있다.

그동안 정부 주도 아래 강력히 추진되어 온 산업화는 경제 발전에 크게 도움이 되었지만, 친족과 마을 등과 같은 전통적인 공동체의식을 크게 약화시키는 한편 인간관계를 타산적이고 단편적인 것으로 변화시켰다. 또한 산업화에 따른 능률과 경쟁의 원리는 인간의 가치나 평가를 인격이나 존엄성보다는, 직장이나 사회에서 수행할 수 있는 기능과 능력 또는 물질적 소유 정도에 따라 내리도록 만들었다. 그리고 경제성장에 따른 물질세계의 확대는 물질주의, 물량주의, 경쟁주의, 업적주의, 권위주의 등과 같은 사회 풍조를 확산시키게 되었다. 이와 같은 합리적이고 물질적인 흐름에 대한 회의와 반발이 결국 정신적, 신비적, 초월적, 영적 세계에 대한 관심을 증폭시키는 주요 요인으로 작용하게 되었던 것이다.

이와 함께 한국 종교계가 나타낸 여러 현상들도 기공이나 단전(丹田), 초월명상, 요가, 선(禪) 등과 같은 동양적 수련방법에 대한 사회적 관심을 확산시키는 데 상당한 작용을 하였던 것으로 볼 수 있다. 그동안 한국의 종교계, 특히 천주교와 개신교는 세계적으로 찾아보기 어려울 정도로 급속한 양적 성장을 거듭해 왔다. 이러한 기성 교회들의 양적 성장은 교회의 대형화를 수반하였으며, 그것은 일반 사회조직이나 단체와 마찬가지로 엄격한 위계질서와 권위를 지니는 조직화・관료제화로 연결되었다. 또한 이러한 과정에서 성직자들에게는 교회 조직이나 종교 시설의 경영자 또는 관리자로서의 역할이 강화됨으로써 사회 속에서 갖게 되는 여러 긴장과 갈등을 해결하는 데 도움을 줄 영적 스승 내지는 영적 지도자를 바라는 일반인들의 기대와 괴리를 나타내기 시작하였다.

여기에 덧붙여, 경제성장과 민주화, 그리고 남북관계의 진전도 사람들의 관심을 인권, 사회정의, 민족통일 등과 같은 보편적 가치보다는 자신의 육체적・정신적 안정과 평화, 그리고 안녕과 같은 개인적 관심으로 전환시키기 시작하였다. 기공, 단전, 선(禪), 요가 등과 같은 수련방법은 이와 같은 변화되는 관심에 부응하면서 확산되어 나가기 시작하였다.

기 수련 운동은 전통적인 심신 수련방법의 하나이다. 따라서 그것은 종교라고 규정하기 어렵다. 그러나 일부 기 수련 단체들은 종교성을 띠거나 영성을 추구한다는 점에서 강한 종교적 색채를 지니고 있다.

종교적 색채를 지닌 기 수련 단체들은 몇 가지 특성을 나타낸다. 이들은 기공, 단전과 같은 수련방법을 육체적·정신적 수련이나 수양의 단계를 넘어 영적 세계와 교감을 갖거나 영적 깨달음을 얻기 위한 방법으로 활용한다. 또한 일부 기 수련 단체에서는 초기에는 육체적 건강과 정신적 평화를 얻는 방법으로 기 수련을 제시하지만 점차 수련의 단계가 높아질수록 종교성을 나타내어, 최고 수준의 수련은 "몸과 마음을 기화(氣化)시켜 스스로 허공이 됨으로써 물질계를 벗어나 초월계로 들어서는 하늘사람의 경지에 이르는 것"이라고 강조하기도 한다. 다시 말하면 '얼령'과 같은 자신의 신성(神性)을 극대화시켜 마침내 신(神)이 되거나 신선이 되는 것을 궁극적 목표로 삼는다.

기 수련 운동에서는 누구든지 특정한 비술(秘術)이나 영술(靈術)을 습득하면 건강과 평화를 유지할 수 있다는 일종의 만인사제주의(萬人司祭主義)를 나타내기 때문에 단체나 조직의 결성에는 별로 큰 관심을 두지 않는다. 그러나 경우에 따라서는 기 수련의 지도자가 특수한 신성이나 초능력을 지닌 사람으로 강조됨으로써 그를 중심으로 하는 전형적인 신종교운동으로 전개되는 경우들도 적지 않다.[19]

---

19) 노길명, 〈기 수련 운동의 전개와 성격〉, 《월간 레지오 마리애》, 190, 2004, pp. 46-48.

## 2. 신영성운동의 유형과 특성

신영성운동이 구체적으로 어떤 운동을 지칭하는가에 관해서는 연구자들 사이에도 아직 명확한 합의가 이루어지지 않고 있다. 일반적으로는 오늘날 나타나는 다양한 형태의 영성운동과 종교운동들을 총칭하는 용어로 사용되고 있다. 여기에는 다음과 같은 다양한 운동과 흐름들이 포함된다.[20]

첫째는 자기 변용을 이루기 위한 운동들이다. 예를 들면, 초능력 개발을 목적으로 하는 기공(氣功)·단전(丹田)·초월명상(TM)·염력(念力, psychokinesis)·요가·마인드 컨트롤(mind control)·초감각적 지각(ESP, Extrasensory Perception) 등이 이에 속한다.

둘째로는 영계(靈界)나 초감각적 또는 초월적인 존재와의 교감을 추구하는 운동들이다. 예를 들면, 영계와의 교통을 시도하거나 사탄이나 귀신을 숭배하는 운동, 그리고 강신술(降神術) 등이 이에 속한다. 이러한 운동들은 특정한 비술이나 영술을 통해 영적 세계나 초월적 존재 또는 조상의 영(靈)과의 접촉을 시도하고 영적 체험을 갖는 데 목적을 두고 있다.

셋째로는 인간의 정신세계와 과학을 통합하려는 운동이다. 여기에서는 종교와 과학, 물질과 정신을 분리된 실체로 보지 않고 하나로 연결시키려 시도하면서, 그렇게 할 때 인류 사회가 평화로운 새 시대를 맞게 될 것이라고 주장한다.

넷째로는 자연 중심주의 운동이다. 이 운동에서는 신(神) 중심의 사유

---

20) 박문수·주원준, 《한국의 종교문화와 뉴에이지 운동》, 바오로딸, 1998, pp. 11-15 참조.

방식이나 인간 중심의 사유 방식을 거부하면서 자연 중심의 세계관을 지닐 것을 강조한다. 이들은 인간 또한 자연의 일부이기 때문에 인간은 자연에 대한 정복보다는 자연과의 조화나 합일을 추구해야 하며, 그렇게 할 때 인간에게 내재되어 있는 자연의 무한한 능력이 발휘될 수 있다고 강조한다. 이러한 입장은 흔히 생태학주의(ecologism)로 나타난다.

다섯째는 서구종교의 사상이나 수련방법에 동양의 사상과 수련방법을 접합시키려는 운동들이다. 이러한 입장에서는 특히 그리스도교의 교리나 사상을 동양의 범재신론(汎在神論－만물에는 신적 요소가 내재되어 있다는 사상)이나 윤회사상(輪廻思想), 기(氣) 관념 등의 입장에서 해석하고 있다. 또한 선(禪)·기공·단전·요가 등과 같은 동양종교의 수련방법은 하느님을 체험하거나 하느님에게 보다 가까이 갈 수 있는 방법이라고 설명한다.

여섯째는 외계인(外界人) 숭배 운동이다. 예를 들면, 하느님은 인간보다 몇 차원 높은 외계인이라고 주장하면서, 외계인이나 UFO(unidentified flying object, 미확인 비행 물체)를 숭배하는 운동들이 이에 속한다.

신영성운동은 확연하게 눈에 띄지는 않지만, 초월적 세계에 관심을 갖고 있으며 영성을 추구한다는 점에서는 분명 종교성을 지니고 있다. 그러나 이 운동은 지금까지의 신종교운동과는 다르다. 신종교운동은 대부분 급속한 사회 변동에 적응할 조건을 상실하고 있는 민중의 종교운동으로 등장하였다. 따라서 이 운동의 교리나 사상은 사회의 구조적 모순과 부조리를 고발하는 한편, 인권·사회정의·인류 평화와 같은 보편적 가치나 인간애·해원상생 등과 같은 윤리 덕목이 강조되고 있었다. 또한 강력한 카리스마를 지닌 것으로 간주되는 창교자를 중심으로 강한 응집성을 나타내고 있었다.

그러나 신영성운동은 다르다. 신영성운동은 비교적 높은 교육 수준과 안정된 직업을 갖고 있는 중산층을 중심으로 소비문화가 발달한 대도시 지역을 중심으로 확산되고 있고, 사회의 보편적 가치나 규범보다는 개인의 육체적 · 정신적 건강과 평화, 그리고 안녕에 관심을 가지며, 누구든지 특정한 비술이나 영술을 습득하면 건강과 평화를 유지할 수 있다는 일종의 만인사제주의를 나타낸다. 일본의 일부학자들이 신영성운동을 '신신종교운동(新新宗教運動)'이라 부르는 것은 이 때문이다.[21]

신영성운동의 범위는 광범위하며 또한 비형식적이다. 이 운동은 건강 운동이나 심신 수련, 또는 문화 양식의 한 유형으로 소위 '웰빙 붐(well-being boom)'을 타고 전파되는 한편 기성 종교들에는 기도나 피정의 방법으로 스며들고 있다.

신영성운동에서는 우주 자연에는 그것이 존재하도록 하는 생명력으로서의 에너지가 존재한다고 설명한다. 그리고 이 우주적 생명력, 우주적 에너지가 바로 '기'이고 '신'이며 또한 '하느님'이라고 설명한다. 그리고 인간을 비롯한 모든 생명체는 우주 자연의 일부인 '소우주'이기 때문에 그들에게도 우주적 생명력이 내재되어 있으며, 따라서 모든 생명체는 그 자체가 신이고 하느님이라는 범재신론을 취한다.

신영성운동에서는 조화와 이해를 강조한다. 신영성 운동가들은 자연이나 우주에는 '좋은 진동(파장)'이 있으며 그러한 진동에 맞출 때 인간은 영적으로나 육적으로 건강한 삶을 살 수 있다고 주장한다. 따라서 우

21) 일본 학자들 중에는 기존의 신종교들을 '구신종교(舊新宗教)'로, 그리고 신영성운동을 '신신종교(新新宗教)'로 구분하여 부르기도 한다 : 西山茂, 〈新宗教の現況－〈脱近代化〉にせけた意識變容の視座から〉, 《歷史公論》, 5-7, 1979 ; 井上順孝, 〈'新新宗教概念の學術的有效性について'へのリプライ〉, 《宗教と社會》, 3, 〈宗教と社會〉學會, 1997 참조.

주에서 흘러나오는 진동과 자신에게서 나가는 진동을 맞추는 것이 중요하다. 이것은 기공, 단전, 초월명상, 선, 요가, 염력, 초감각적 지각 등 특수한 비술이나 영술을 통해 가능하며, 그렇게 되었을 때 초능력을 발휘하게 되고 영적 각성(깨달음)에 도달하게 되어 육체적·정신적으로 건강과 평화를 갖게 된다고 설명한다.

대부분의 신영성운동에서는 선과 악의 구별이 없다. 인간의 행위는 지혜의 결과이기도 하고, 무지의 결과이기도 하다. 따라서 누구도 비난할 수 없으며, 누구도 용서받을 필요가 없다. 악의 존재를 믿는 것은 단지 부정성(否定性)과 두려움만 낳을 뿐이다. 부정성에 대한 해답은 사랑이다.

그러나 이것은 행동으로 옮겨야 하는 종류의 사랑이 아니라, 마음의 태도와 관련된 것이다. 사랑은 에너지이고, 고주파의 진동이며, 행복과 건강의 비결이다. 성공이란 존재의 거대한 사슬에서 자기 자리를 찾아 파장을 맞출 수 있는 능력이다. 신영성운동의 스승이나 치료법들은 공통적으로 삶의 음조를 조절하고 인간 상호 간에, 그리고 주변의 모든 것과 완벽한 조화를 이룰 수 있도록 우주의 모든 요소들 사이에 조화를 찾는 열쇠를 제공한다고 주장한다.

신영성운동은 건강이나 활기찬 삶을 약속한다. 신영성 운동가들은 오늘날의 정통의학(대중요법)은 특수한 병들을 치료하는 데에 국한되는 경향이 있으며, 개인의 건강을 보다 넓은 시각으로 보지 못한다고 비판한다. 이들은 '치료'라는 말보다는 '치유'라는 말을 즐겨 사용하는데, 그것은 건강을 위해서는 육체적, 정신적, 영적 측면을 함께 고려하는 전인적 건강(holistic health)에 초점을 맞추어야 한다고 설명한다. 신영성의 관점에서는 질병과 고통은 자연을 거스르는 활동에 기인한다. 인간이 자연과 조화를 이루면 훨씬 더 건강한 삶을 살 수 있으며, 물질적 번영도 누릴 수 있다. 일부 신영성 치유자들은 죽음도 실제로는 피할 수 없는 것은 아니라고 주장하기까지 한다. 이들은 잠재력을 발전시킨다면 인간 내면의 신성은 물론 사회생활이나 기성 종교의 잘못된 가르침으로 인해 소외되거나 억압된 자신의 일부를 발견할 수 있다고 설명한다. 따라서 일상의 의식 상태로부터 벗어나 '변화된 의식 상태'로 들어가는 '영적 각성'이 필요하다고 주장한다. 그러면서 '영적 각성'을 가능케 하는 여러 가지의 비술이나 영술을 제시한다.

따라서 신영성운동의 일차적 관심은 영적 각성을 통한 '인간 완성'이다. 이들 운동이 추구하는 육체적 건강이나 정신적 평화, 그리고 낡은 질서의 청산과 새로운 사회의 도래는 모두 특정한 수련과 방법을 통한 '영적 깨달음'으로서만 가능하다.[22] 그리고 이러한 영적 깨달음에 이르는 방법은 다양하다. 거기에는 기공·단전·요가·선(禪)·초월명상·정신분석·마인드 컨트롤(mind control)·초감각적 지각(ESP)·강신술(降神術)·점성술·공중부양·유체이탈 경험(OBE) 등 동양의 종교철학적인 요소와 함께, 서양의 정신분석·심리학적 지식·현대의 과학 기술·생태학적 패러다임·유대교와 그리스도교의 계시 사상·천년왕국 신

22) 예를 들면, 기 수련 운동단체 중 가장 많은 조직을 가지면서 다양한 활동을 전개하고 있는 '단월드'에서는 단학의 목적을 다음과 같이 제시하고 있다. 첫째, 기를 통하여 자연 치유력을 극대화함으로써 '건강한 사람'이 된다. 둘째, 심신 수련을 통하여 몸과 마음을 두루 건강하게 하여 사회에 이로운 '양심적인 사람'이 된다. 셋째, 자신의 잠재능력을 개발하고 창조력을 고양시킴으로써 '능력 있는 사람'이 된다. 넷째, 깊은 명상을 통하여 자아를 통찰하고 안정된 심성을 가짐으로써 '정서적으로 풍요로운 사람'이 된다. 다섯째, 얼을 깨침으로써 궁극적으로 나와 민족과 인류를 살리고, 더불어 함께 사는 '이상인간 한세계'를 일구는 '신령스러운 사람'이 된다.

앙·영지주의 등 모든 것이 포함될 수 있다. 그렇기 때문에 신영성운동은 강한 혼합주의(syncretism)를 나타낸다.

신영성운동에서는 인간의 잠재 능력을 강조한다. 이 운동에서는 인간 밖에서 존재하며 인간에게 영향을 끼치는 외적이며 초월적인 존재로서의 신 관념을 배제한다. 따라서 신영성운동에서는 내적 체험을 강조하며, 신이나 하느님과 같은 더 높은 영적 권위를 인정하지 않는다. 신영성운동에서 강조하는 초인격적 의식 훈련에 참여하는 사람들은 전통적인 신 개념이 무의미하다고 생각하고, 신을 흔히 생명력과 같은 우주적 에너지로 간주한다. 따라서 신은 절대화된 존재라기보다는 하나의 '과정(process)'으로 여겨지고, 이러한 맥락에서 전통적인 '종교적'이라는 표현보다는 '영적(spiritual)'이라는 용어가 더욱 선호되기도 한다.[23)]

한편, 신영성운동의 또 다른 중요한 관심사의 하나는 '정체성'의 추구다. 이 운동에서는 서구인들의 사유형식, 신앙, 학문, 이데올로기, 사상 등에 바탕을 이루어 온 모든 형태의 이원론을 타파해야 한다고 주장한다. 신영성 운동가들은 신과 인간, 인간과 자연, 물질과 정신, 삶과 죽음, 현세와 내세, 과학과 주술, 이성과 감성, 마음과 몸, 선과 악, 천사와 악마, 과거와 미래 등을 대립적 관계로 파악하지 않는다. 이들은 이러한 것들을 분리된 실체가 아니라 하나의 전체로 파악하려 한다. 그렇기 때문에 이들에게는 선이나 악이라는 관념 또한 이원론의 산물로 간주된다. 이러한 점에서 신영성운동의 분석틀은 '전체론(the holistic)' 또는 '단일론'이라 할 수 있다.

결국, 신영성운동의 사상적 특징으로는 1) 의식의 변용을 궁극적 실

23) 김종서, 〈서양 신종교의 이해〉, 김종서 외, 《현대 신종교의 이해》, 한국정신문화연구원, 1994, p. 95.

재에 이르는 매우 중요한 지표로 보고, 2) 초월적인 하느님이나 신보다는 자연과 인간 안에 내재하는 신성이나 영성에 주목하며, 3) '현대'는 인류의 영적 진화에 중요한 대전환점이며 개개인의 영적 각성은 이러한 영적 진화 과정의 일부인 것으로 간주하고, 4) 인간 밖에 존재하는 하느님이나 초자연적 힘에 의지하는 '종교'보다는 자율적 개인의 각성에 의한 '영성 계발'을 강조하며, 5) 과학과 종교를 서로 대립하는 것이 아니라 합치되어야 할 것으로 간주한다는 점을 들 수 있다.[24]

## 3. 신영성운동의 함의

서구 사회에서 발생한 뉴에이지운동은 기존 문화에 대한 반발의식을 바탕으로 확산되었다는 점에서 분명 반문화운동으로서의 성격을 지닌다. 따라서 이들 운동 안에는 동양종교나 동양사상이 다분히 수용되고 있다. 그러나 일본의 정신세계운동과 한국의 기 수련 운동은 반문화운동의 성격을 지닌 것으로 보기 어렵다. 오히려 이들 운동들은 서구문화의 충격으로 훼손되어 온 전통문화의 가치를 재발견하고 그것을 계승하려는 의지를 담고 있다는 점에서 문화적 정체성 회복 운동으로서의 성격을 지니는 것으로 볼 수 있다.

대부분의 신영성 운동가들은 자신들이 추구하는 것은 종교운동이나 신앙운동이 아니라고 주장한다. 이들은 신영성운동이 단지 영성의 중요성을 인식한 과학의 새로운 형태라고 주장하기도 한다. 국내외로 조직을 확장하면서 다양한 사업들을 전개하고 있는 '단월드(구 단학선원)'에서는 "단학은 종교가 아니다"라고 주장한다.[25] 그러나 종교학자들은 '단

24) 노길명, 〈신영성운동의 세계관〉, 《월간 레지오 마리애》, 192, 2004, pp. 44-46.

월드'의 종교성을 계속 발표하고 있다.[26]

사실, 신영성운동에서 지칭하는 '영성'이란 개인적인 것이고 자율적인 것이며 과학과 합치되는 것이라는 점에서 초월자에 대한 인간의 절대적인 의존을 의미하는 전통적인 종교의 시각에서는 종교라고 보기 어렵다. 종교는 근본적으로 인간이 자신들의 미약한 힘, 죽음과 자연의 위력 앞에서 어쩔 수 없는 인간의 한계를 자각했을 때 갖게 되는 것이라는 점에서, 인간에게는 자연이 지닌 무한한 능력이나 에너지가 잠재되어 있으며 이러한 능력이나 에너지가 특수한 수련방법을 통해 발휘될 때, 인간은 정신적 · 육체적으로 건강과 평화를 누릴 수 있다고 보는 신영성운동의 핵심 사상은 전통종교와 많은 거리를 보여준다.[27]

그러나 전통적인 종교의 시점이 아닌, 종교를 인간의 삶 전체에 대해 궁극적인 의미와 해석을 제공해 주는 설명 체계로 보았을 때, 그 새로운 의미의 종교성이 인정된다. 기능적 관점에서 볼 때 신영성운동은 바로 인간의 자아 정체감, 우주와 자연 속에서의 인간의 위상을 설명해 주고 그 자아를 실현시키려는 운동이라는 점에서 확실히 종교적 현상으로 이해할 수 있다.[28] 하지만 신영성운동이 보여주는 종교적 특성은 개인의 자기실현이라는 점에서 제도화되고 교리나 의례를 통해 성스러움을 체

---

25) 이승헌, 〈이승헌 뇌과학연구원장과의 대화 – 단학은 평화를 위한 정신운동입니다〉, 《경향신문》, 2002. 10. 9, 18면 참조.

26) 이러한 연구의 예로서는 다음과 같은 연구들을 들 수 있다 : 김무경, 〈단학선원 – 신화의 회귀와 '카리스마의 일상화'〉, 《한국 종교연구》, 2, 2000, pp. 71-121 ; 박상언, 〈과학시대의 치유의 신을 찾아서 – 단학선원을 중심으로〉, 《한국 종교연구》, 6, 2004, pp. 37-58.

27) 전명수, 〈신영성운동에 대한 종교사회학적 고찰〉, 《한국 사회》, 5, 2004, p. 73.

28) 위의 논문, p. 73.

험하는 기존 종교와 다르다.[29] 그렇기 때문에 종교학자들은 신영성운동이 교단 형태를 취하지 않는 '보이지 않는 종교'에 속하며, 오늘날 가장 강력한 종교 세력의 하나라고 간주한다.[30]

신영성운동이 급속하게 확산되는 이유는 기본적으로 두 가지가 있다.[31] 그 하나는 오늘날 많은 사람들이 영적 갈증을 느끼고 있지만 그것을 기성 종교들을 통해서는 원하는 것만큼 충족시키지 못하고 있다는 것이고, 다른 하나는 신영성 운동가들의 전략이 그만큼 치밀하고 체계적이라는 점이다.

탈현대사회에서는 사람들이 물질 중심적이고 합리주의적인 삶으로부터 해방되기를 갈망하는 경향이 강하다. 이윤 추구와 합리성이 지배하던 산업사회의 구조적 성격은 인간의 가치를 인간이 지닌 존엄성의 측면에서 보기보다는, 그가 조직이나 사회를 위해 어떠한 역할을 얼마나 수행할 수 있는가에 의해 평가함으로써 인간 존재를 역할인·기능인으로 평가하는 동시에, 물질주의·경쟁주의·업적주의·개인주의·권위주의 등과 같은 사회 풍조를 확산시켰다. 또한 과학 기술의 발달과 산업화에 따른 물질세계의 확대는 인간의 정신세계마저 물질이나 과학에 의해 이끌려 가도록 만들고 있다.

---

29) 시마조노 스스무는 신영성운동의 특성을 ① 자기변용, ② 의식과 문명의 진화, ③ 과학과 종교의 합치, ④ 개개인의 자유로운 자기실현에 의한 정신운동으로 요약하였다. 여기서 과학과 종교의 합치 항목 외에는 모두 자기실현의 종교지향 속에서 함께 논의될 수 있다.

30) 시마조노 스스무, 《현대 일본 종교문화의 이해 – 현대종교구원론》, 박규태 옮김, 청년사, 1997, p. 280 ; Rodney Stark & William S. Bainbridge, *The Future of Religion*, University of California Press, 1985, chapt. 8, note 46 참조.

31) 노길명, 〈신영성운동의 확산 이유〉, 《월간 레지오 마리애》, 195, 2004, pp. 44-46.

신영성운동은 이러한 현상에 대한 대응으로 나타났다. 따라서 이 운동에서는 인간의 존엄성과 개인의 정체성을 회복하고 삶의 질을 높이려는 의식과 함께 정신세계나 영적 세계에 대한 관심이 중심을 이루고 있다. 그러나 그것을 제도 종교를 통해서보다는 개인적인 영성 추구를 통해 충족시키려 한다는 점에서 이전의 종교적 성향과는 다르다.

이러한 탈(脫)교계제도의 성향이 나타나게 된 것은 기본적으로는 개별화·탈(脫)권위화 등과 같은 사회적 현상과 관련되는 것으로 볼 수 있다. 오늘날 나타나는 고도의 개인화와 모든 영역에서의 상대화는 개인으로 하여금 인간의 궁극적인 목적에 대한 질문을 하게 하며, 따라서 새로운 종교들의 등장과 확산은 현대인들의 이러한 실존적 물음에 부응하여 이에 대한 해답을 제공하고 있는 것으로 볼 수 있다.[32] 이러한 물음에 대한 해답을 기존의 종교와는 다른 새로운 형태의 종교를 통해 얻으려 하는 경향은 제도 종교들이 영적 세계에 대한 관심이나 영적 욕구를 충분히 충족시켜 주지 못하기 때문이라고 할 수 있다. 이러한 점은 신영성운동에 참여하는 사람들의 대다수가 기성 종교에 참여했던 경험을 지니고 있으며 기성 종교의 조직이나 제도에 대해 비판적 태도를 갖고 있다는 사실에서도 잘 드러난다.

그러나 신영성운동의 확산에는 그것을 주도하는 사람들의 체계적이고 조직적인 전략도 크게 작용하고 있다. 다시 말하면, 신영성운동이 급속히 확산되는 것은 영적 갈증을 느끼는 현대인들의 종교적 욕구 때문이기도 하지만, 다른 한편으로는 이것을 확산시킴으로써 이득을 얻고자 하는 사람들의 의도도 강하게 작용하기 때문이다. 특히 이윤 추구를

32) 우혜란, 〈서구의 '뉴에이지' 연구 동향〉, 《종교문화비평》, 5, 2004, p. 193.

위해서라면 수단과 방법을 가리지 않는 성향을 나타내는 거대 자본가들의 전략은 신영성운동의 확산에 지대한 영향을 끼치고 있다. 이들은 거대 자본을 이용하여 현대인들의 욕구에 부응하는 한편 새로운 소비 욕구를 창출하면서 전 세계를 대상으로 시장을 개척하고 있다. 이와 같은 자본가들의 관심은 정신적 · 영적 갈증을 느끼는 현대인들의 욕구나 심리 상태까지도 이윤 획득을 위한 중요한 수단으로 간주하여, 지금까지 종교의 영역에 머물러 있던 '영성'이나 '구원'을 하나의 상품으로 전환시켜 대량생산을 통해 저렴한 값으로 공급하기 시작한 것이다.[33] 이와 같은 '영성의 상품화'는 지식 · 정보화 사회의 중요한 특성 가운데 하나인 문화산업과 네트워크의 형성, 그리고 마케팅을 위한 단계적인 전략 등에서 구체화되고 있다.

종교의 존재 양식이나 기능은 사회의 구조나 변동과 밀접한 관련을 맺을 수밖에 없다. 종교가 사회의 구조나 변동에 영향을 끼치는 것은 사실이지만, 사회 변동의 속도가 급격한 경우에는 종교가 사회에 대해 끼치는 영향력보다는 사회가 종교에 끼치는 영향력이 더 크게 나타난다.

신영성운동의 발생과 확산은 탈현대사회에 접어들면서 나타난 종교 변용으로 볼 수 있다. 또한 그것은 탈현대사회를 살아가는 사람들의 의식 세계의 표현이기도 하다. 전통적인 농업사회에서의 지배적인 세계관이 '하느님 중심주의'나 '신 중심주의'였다면, 근대 산업사회에서의 세계관의 특징은 '인간 중심주의'의 확산이었다고 할 수 있다. 그런데 지식 ·

33) 예를 들면, 여러 기 수련 단체들의 학원화 경향과 수련 과정에 등급을 두어 승급심사비를 받거나 승급에 따라 수련비를 높이는 행태는 이들의 기업화 성향을 나타내는 것으로 볼 수 있다.

정보화 사회에 접어들면서 확산되는 신영성운동의 세계관에서는 '자연중심주의'가 바탕을 이루고 있다. 이런 점에서 본다면, 신영성운동의 확산은 패러다임의 전환을 보여주는 것으로도 이해될 수 있다. 최근, 서구 사회에서 동양종교나 동양사상에 대한 관심이 크게 증가하고 있는 것도 이러한 맥락에서 설명될 수 있다.

신영성운동은 분명 탈현대사회에서 나타나는 새로운 종교 흐름이라고 할 수 있다. 자연과의 합일이나 조화를 통해 새로운 영성을 추구하려는 신영성운동은 물리적 시설이나 신자 공동체 그리고 집합적 예배 의식으로 특징지어지던 제도 종교들과는 다른 모습들을 나타내면서 탈현대사회의 문화적 흐름을 바꾸려 하고 있는 것이다. 신영성운동을 새로운 종교적 차원의 운동보다는 하나의 새로운 문화현상으로 보아야 한다는 것은 이 때문이다.

물론, 종교적으로 볼 때 정보화와 세계화의 흐름이 신영성운동의 확산으로만 나타나는 것은 아니다. 전 세계적으로 확산되고 있는 종교다원주의(religious pluralism)나 근본주의(fundamentalism), 또는 원리주의의 확산도 정보화와 세계화가 나타내는 중요한 흐름들이라 할 수 있다. 그러나 신영성운동은 '보이지 않는 종교'의 형태로 확산되면서, 기존의 종교문화 자체를 크게 변용시킨다는 점에서 기성 종교에게는 하나의 도전이 되고 있는 것이다.

신영성운동의 개념이나 유형, 그리고 특성 등은 보다 많은 경험적 연구들을 통해 검토되어야 할 것이다. 현재 학자들은 최근에 일어나는 일련의 종교 변용 현상들을 기존의 제도 종교들과는 구분하기 위해 '뉴에이지운동', '정신세계운동', '기 수련 운동' 또는 '기 수련 문화', '대안적 영성운동', '유사영성운동', '신흥영성운동', '신신종교운동', '영적 내적 자각 운동', '전체론적 영성 운동', '신영성운동' 등 다양한 용어로 부르고 있다. 또한 그것이 확산되는 배경이나 그것이 지니는 성격에 관해서도 상당한 차이를 보이고 있다. 그러나 이러한 운동과 흐름이 탈현대사회가 나타내는 중요한 종교현상이라는 점에서 볼 때 이에 대한 연구는 앞으로 더욱 활발하게 전개될 것이고, 그에 따라 이에 대한 학문적 결실도 그만큼 커질 것으로 전망된다.

제 8 장

# 광복 이후 한국 종교와 정치 간의 관계

종교는 인간의 궁극적 조건과 관련된 가치나 신념을 바탕으로 형성된다. 또한 동일한 종교적 신념과 가치를 공유한 사람들은 신앙공동체라는 하나의 종교조직체를 형성하게 된다. 이 신앙공동체는 자신의 종교적 이상과 목표를 구현코자 노력한다. 이러한 노력은 흔히 사회적 영향력의 강화로 나타난다.

한편, 정치권력은 자신이 지니고 있는 권력의 정당성과 지배질서를 확립하기 위해 노력한다. 이러한 노력은 지배이데올로기의 창출과 여러 사회 세력과 집단들에 대한 포섭이나 통제로 나타난다.

종교와 정치 간의 관계는 이와 같은 양자 간의 이해와 전략이 어떻게 맞물려 작용하느냐에 따라 그 양상을 달리하게 된다. 종교와 정치 간의 관계는 일반적으로는 종교집단과 정치집단의 일치, 정치권력에 의한 종교의 이용, 정치권력에 대한 종교의 도전 등 세 가지 유형으로 나타난다. 여기에서 종교집단과 정치집단의 일치는 정치와 종교가 분화되지 않은 사회에서 흔히 발견되는 유형이며, 양자 간의 이용이나 도전은 정치와 종교가 분화되어 있는 사회에서 나타나는 유형이다.[1)]

8·15 광복 이후, 한국 사회는 급속히 변화했다. 정치적으로는 남북 분단과 미군정(美軍政)의 실시, 한국전쟁의 발발, 두 차례에 걸친 군사쿠데타의 발생 등 정치적 격변을 겪었으며, 이 과정에서 권위주의적 통치 방식을 나타내는 정치권력과 민주화를 갈망하는 세력들 간에는 끊임없는 대립과 갈등이 있었다. 한편, 종교적으로는 종교 활동의 자유와 수많은 신종교의 출현으로 다종교 상황을 나타내면서, 종교적 가치 구현과 종교 시장에서의 주도권 확보를 위한 종교들 간의 무한 경쟁이 나타났다. 이와 같은 정치적 종교적 상황은 한국 사회에서 정치권력과 종교 간의 관계를 결정짓는 중요한 배경으로 작용하였다.

여기에서는 8·15 광복 이후 유신시기 말까지의 종교와 정치 간의 관계를 시기별로 구분하여, 정치권력이 내세웠던 지배이데올로기와 그것의 관철을 위해 취했던 종교에 대한 전략은 무엇이었으며, 각 종교들은 이러한 전략에 대해 어떠한 입장과 태도를 나타냈는가를 살펴보기로 한다. 여기에서 정치적 지배이데올로기에 주목하는 것은 지배이데올로기는 사회가 지향해야 할 발전 방향과 사회 성원들이 헌신해야 할 가치를 제공함으로써 사회의 발전과 통합에 기여하면서도, 다른 한편으로는 정치권력이 자신의 계급적 위치와 지배질서를 정당화하고 현실의 모순을 은폐하기 위한 도구로도 활용하기 때문이다. 따라서 종교집단과 정치세력 간의 관계는 기본적으로는 지배이데올로기의 관철을 위해 정치세력이 채택한 종교 정책과, 정치적 지배이데올로기에 대한 종교집단의 적

---

1) J. Milton Yinger, *The Scientific Study of Religion*, Macmillan, 1970, pp. 409-424.

응방식에 따라 결정된다고 할 수 있다.[2)]

그러나 하나의 종교가 나타내는 정치적 입장과 활동은 그 자체가 전체 신도들의 정치적 견해를 나타내는 것은 아니다. 그것은 종교집단에서 헤게모니를 장악하고 있는 종교지도자들의 입장과 태도의 반영일 뿐이다. 예를 들면, 불교의 경우에는 대부분의 승려들이 산중에서 수도하는 수도승(理判僧)이고 종단의 업무를 관장하는 승려들은 소수인 행정승(行政僧)이기 때문에 소수의 행정승들이 나타내는 정치적 입장과 활동이 전체 승려, 나아가서는 한국불교 전체의 입장이라고 단정하기는 어렵다. 또한 한 종교 내에서도 교파나 종파에 따라 정치적 견해나 입장은 다를 수 있으며 종교적 지배이데올로기에 대응하는 대항 이데올로기가 작용할 수도 있다. 그러나 종교와 정치 간의 주된 관계는 종교지도자들의 입장과 태도에 의해 형성되기 때문에 여기에서는 이를 중심으로 종교와 정치 간의 관계를 살펴보기로 한다.

## 1. 해방공간에서의 종교와 정치 간의 관계

해방공간은 한국 사회가 정치적으로나 종교적으로 새로운 체제를 갖추기 시작하던 시기였다. 정치적으로는 제2차 세계대전 이후 새롭게 전개되는 세계질서에 본격적으로 편입되는 한편 근대적인 국민국가의 형성을 준비하던 시기였으며, 종교적으로는 종교의 자유와 종교 활동의 보장에 따라[3)] 각 종교들이 종교 시장에서 우위를 확보하기 위해 조직을

2) 노길명, 〈광복 이후 한국 사회의 지배이데올로기와 교회〉, 《한국 천주교회사의 성찰과 전망 2－해방 공간과 한국전쟁을 중심으로》, 한국천주교중앙협의회, 2001, pp. 340-341.

강화하면서 경쟁적 활동을 나타내기 시작하던 시기였다. 그렇기 때문에 해방공간에서의 종교와 정치 간의 관계는 이와 같은 세계체제와 다종교사회로의 편입이라는 사회적 상황으로부터 큰 영향을 받을 수밖에 없었다.

제2차 세계대전의 종식과 더불어 시작된 동서 냉전체제는 한반도를 남북으로 분단시켰을 뿐 아니라 동서 냉전체제의 최전방으로 만들었다. 이러한 상황에서 38선 이남에 진주하여 군정을 실시하기 시작한 미국의 우선적인 통치 전략은 무엇보다도 미국을 중심으로 하는 세계질서, 즉 팍스 아메리카나(Pax Americana)에 순응하는 정부를 38선 이남에 수립하는 것이었다. 이러한 미국의 한반도 통치 전략은 분단 상황을 기정사실화하고 친미·반공 이데올로기를 관철시키는 것으로 구체화되었다.

이러한 미군정의 통치 전략은 종교 정책에서도 마찬가지로 나타났다. 즉, 친미·반공 이데올로기의 관철과 남한 단독정부 수립을 지지하거나 그것에 도움이 될 수 있는 종교들은 지원하고 그에 반대하거나 저해가 된다고 판단되는 종교들은 억제하는 것이 미군정 당국의 기본적인 종교 정책이었다.

해방공간에서 종교계의 가장 큰 과제는 무엇보다도 일제 잔재의 청산 작업을 통해 민족독립국가 형성에 참여하는 일이었다. 그러나 어느 종교도 이러한 역량은 물론 이에 대한 자각을 갖지 못하고 있었다.[4] 이들은 단지 종교 활동의 보장과 다종교사회의 도래라는 새로운 변화에 대

3) 한국 사회에서 종교의 자유가 보장되기 시작한 것은 해방 직후 미군이 진주하면서 미 태평양육군총사령관의 이름으로 "조선 점령의 목적이 일본의 항복문서 조항의 이행과 조선인의 인권 및 종교상의 권리를 보장함에 있음"('조선 주민에게 포고함', 〈포고령 제1호〉, 1945. 9. 7)을 선언하면서부터였다.

4) 윤승용, 《현대 한국 종교문화의 이해》, 한울아카데미, 1997, p. 104.

응하여 종교 시장에서 우위를 차지하는 것에 대해 우선적인 관심을 두고 있었을 뿐이다. 이의 가장 효율적인 방법은 친미·반공 이데올로기의 관철과 남한 단독정부 수립을 지지함으로써 미군정 당국으로부터 지지와 협조를 받는 것이었다.

이러한 상황에서 가장 유리한 입장을 갖고 있었던 것은 개신교였다. 한국의 개신교 교파들은 대부분 미국 선교사들에 의해 전달되고 성장해 왔을 뿐만 아니라 이미 공산주의와의 관계에서도 유신론과 무신론 간의 대결 구도에 따라 반공 입장을 보이고 있었다.

여기에 덧붙여, 당시 미군정의 고위 장교들과 선교사들 간에는 강한 친화성과 연대의식이 있었다. 당시, 미 군부 엘리트들은 미국의 시민종교(civil religion)가 지닌 미국적 선민의식과 종말의식[5]에 따라 자신들은 공산주의와 같은 전체주의로부터 민주주의를 지켜야 하는 역사적 소명을 부여받았다는 의식에 충만해 있었으며, 이러한 의식은 하느님을 부정하는 '악(惡)의 세력들'과의 대결을 통해 이 세상 끝까지 하느님의 말씀을 전파하겠다는 선교사들의 소명의식과 쉽게 일치하고 있었다. 그렇기 때문에 군정이 실시되는 곳에서 선교사들의 위세는 강하게 나타날 수밖에 없었으며, 이들의 선교사적 소명의식은 해방공간에서 국내 개신교 지도자에게 권력으로 접근하는 데 절대적으로 유리한 환경을 제공하였다.[6] 이와 같은 여러 정황에 따라 당시 개신교는 친미·반공 이데올

---

5) Robert N. Bellah, "Religious Evolution", in *American Sociological Review*, 29, 1964, pp. 358-374 ; Robert N. Bellah, "Religion and the Legitimation of the American Republic", Robert N. Bellah & Phillip E. Hammond, *Varieties of Civil Religion*, Harper & Row, 1980, pp. 3-23.

6) 박승길, 〈해방 이후 한국인의 종교생활과 종교사회학〉, 안계춘 편, 《한국 사회와 사회학》, 나남, 1998, p. 172.

로기의 생산과 보급의 통로로 기능하기에 가장 유리한 위치에 있었다.

이와 같은 양자 간의 친화성은 미군정의 종교 정책에 그대로 반영되었다. 미군정청은 군정법령의 종교 관련 법령 제정과 크리스마스의 공휴일 제정을 비롯한 종교 정책을 통해 그리스도교 공인교적(公認教的) 정책을 취했으며,[7] 적산(敵産)의 처리 등과 같은 방법을 통해 개신교에 대한 우대 정책을 시행하였다. 미군정의 그리스도교 공인교적 정책은 다른 종교를 공인하지 않는, 다시 말해서 그리스도교 이외의 종교들에게는 제한적으로 '종교의 자유'를 인정하는 태도로 나타났다.[8] 이와 같은 미군정의 종교 정책에 따라 개신교는 다종교 상황에서 절대적으로 유리한 물적 토대를 닦게 되었다.

미군정과 종교집단 간의 친화관계는 천주교의 경우에도 비슷하게 형성되었다. 천주교는 19세기 유럽에서의 경험을 통해 철저한 반공신학을 정립해 왔으며, 이는 일제강점기에 이미 한국 교회에서도 상당히 진척되어 있었다. 이러한 역사적 전통은 종전 후 교황청의 반공주의 입장과 동유럽에서의 공산정권에 의한 교회 탄압, 그리고 무엇보다도 북한에서의 공산정권에 의한 교회 재산의 몰수와 성직자·수도자·평신도들의 순교 등으로 인해 더 한층 강화되었다. 그렇기 때문에 해방 당시 한국 천주교의 반공 입장은 그 자체가 '선택'의 대상이 아니라 '숙명'이자 '의무'였다.[9]

이와 같은 천주교의 반공 입장으로 군정 당국의 접근[10]을 계기로 양

---

7) 강돈구, 〈미군정의 종교정책〉, 《종교학연구》, 12, 1993, pp. 26-42.

8) 위의 논문, p. 39.

9) 강인철, 〈해방 정국과 한국 천주교회〉, 《한국 천주교회사의 성찰과 전망 2 - 해방 공간과 한국전쟁을 중심으로》, 한국천주교중앙협의회, 2001, p. 23.

자 간의 관계는 친화관계로 나타나기 시작하였다. 또한 이와 같은 친화관계를 바탕으로 천주교는 조선공산당으로부터 압수한 '조선정판사'를 쉽게 불하받아 《경향신문》을 복간하는 등 종교 시장에서의 입지를 강화해 나가기 시작하였다.

그러나 유교나 불교와 같은 전통종교들이나 자생 민족종교들의 경우는 달랐다. 애당초 이들은 친미 성향이나 반공 태도와는 상당한 거리를 지니고 있었으며, 미군정의 통치 목표인 남한 단독정부 수립에도 찬성하지 않고 있었다. 광복 직후 전개되기 시작한 불교정화운동의 주도 세력들 중에는 상당수의 좌익 인사들이 포함되어 있었으며, 국외에서 독립운동을 전개해 온 대종교나 국내에서 민족운동을 전개해 온 천도교는 강한 민족주의 성향과 함께 남한 단독정부 수립에 반대하는 입장을 나타내고 있었다.

뿐만 아니라, 당시 대부분의 전통종교들이나 민족종교들은 종단의 역량을 자체 종단의 내부 문제 해결에 투입하고 있었기 때문에 이들은 상당한 민중적 기반을 지니고 있으면서도 정치적 영향력을 나타내지 못하고 있었다. 유교는 '연성(軟性) 집단' 또는 '확산종교'[11]의 성격이 강하

10) 하지 미군정 사령관의 정치고문인 나이스터 준장은 미군이 서울에 입성 직후인 1945년 9월 12일 명동성당을 방문하여 서울교구장인 노기남 주교에게 미국이 한국으로 정권을 이양할 때 인수받기에 적합한 양심적인 정치지도자를 추천해줄 것을 부탁하였고 이에 따라 노 주교는 60명의 명단을 작성하여 전달하였다. 이후 미군 고위 장교들과 노 주교 간의 관계는 급속히 가까워지기 시작하였다. 노기남, 《나의 회상록》, 가톨릭출판사, 1969, pp. 312-318.

11) 자연집단과 엄밀히 구분되지 않는 종교조직체를 윤이흠은 '연성집단'으로(윤이흠, 《한국 종교연구》, 2, 집문당, 1988, p. 312), 오경환은 C. K. Yang에 따라(C. K. Yang, *Religion in Chinese Society*, University of California Press, 1961, pp. 20-21) '확산종교(diffused religion)'로 부르고 있다(오경환, 《종교사회학》, 서광사, 1990, p. 56).

고 전문적인 성직자를 갖고 있지 못할 뿐 아니라, 조선왕조의 멸망과 함께 지배종교로서의 위치를 상실하였고, 해방 후에는 종교조직체로서의 정체성 확립에도 실패하고 있었으며,[12] 불교는 친일 세력의 척결을 비롯한 자체 내의 정화운동으로 인해 사회활동보다는 종단 분규에 역량을 집중하고 있었다.[13] 또한 주로 만주 지역에서 활동하던 대종교는 총본사를 국내로 옮기는 과정에 있었으며, 천도교는 친일 인사에 대한 숙청 문제와 남북 분단에 따른 종단 운영 문제 등으로 인해 심한 어려움을 맞고 있었다.[14]

---

12) 노치준·강인철, 〈해방 후 한국 사회변동과 종교〉, 《해방 후 한국 사회의 구조적 변동과 사회발전》, 한국 사회학회·한국 사회사학회, 광복 50주년기념 학술대회 발표논문집, 1995. 5. 26, p. 145. 1946년 독립운동가 김창숙을 대표로 하여 중앙 조직으로 성균관과 유도회가 설립되고, 향교를 중심으로 지방 조직이 재조직되었지만, 이들 조직들은 주로 공자와 선현을 모신 문묘(文廟)의 제사 기능만을 잇고 있었다. 그리고 1946년에는 성균관 대학교를 설립하면서 유교적 정신의 구현을 시도하기도 하였지만, 남한만의 단독정부를 수립하려는 미군정의 통치 목표에 대해 또한 친미·반공 이데올로기에 대해 분명한 입장을 나타낼 정도의 조직력과 영향력을 지니지 못하고 있었다.

13) 이 운동은 비구승이 중심이 된 선학원을 비롯하여 1945년부터 이듬해에 걸쳐 조직된 조선불교혁신회, 조선불교청년단, 혁명불교도연맹, 조선불교학생동맹, 불교여성총동맹, 재남이북승려회 등 군소 세력들이 친일적인 교권 세력에 도전하는 연합전선을 형성하면서 시작되었는데, 1946년에 접어들면서부터는 중앙총무원과 재야 간의 대립양상으로 격화되었다. 재야 세력들은 그해 11월에 조선불교혁신총연맹으로 결집하였으며 1947년에는 조선불교총본원을 설치하였다. 이와 같은 중앙총무원측과 불교총본원 간의 대립은 날이 갈수록 심화되었다. 위의 논문, pp. 150-151.

14) 1945년 10월 25일에 개최된 천도교임시대회에서는 3. 1운동 당시 민족대표 33인 중 한 명이었던 장로 최린을 격론 끝에 출교하였으며, 이후 구파와 신파 간에 심한 갈등 양상을 나타내고 있었다 : 천도교정통연원회 편, 《천도교정통약사》, 정통출판사, 1992, pp. 230-240. 이 갈등은 1948년에 신구파가 통합됨으로써 해결되었다. 또한 북한 지역에서는 천도교 교역자들이 중심이 되어 영우회(靈友會)라는 비밀결사를 조직하려다 발각되어 주모자급 165명을 비롯하여 많은

이와 같은 전통종교들과 민족종교들이 지니고 있었던 강한 민족주의 성향과 내부 갈등은 군정 당국이 이들의 정치적 영향력을 통제하고 정치권력에 종속되도록 만드는 데 활용되었다. 군정 당국은 불교혁신운동의 주축을 이루던 조선불교혁신회를 좌익으로 지목하여 1946년 말에 해산시켰으며, 그 후에도 대부분의 불교 혁신계를 총무원 측의 고발에 따라 탄압하였다. 그 결과, 상당수의 불교 혁신계 인사들은 월북하거나 우익으로 전향하였으며, 1948년 상반기에 이르러서는 불교계의 혁신집단들이 거의 해체되었다. 그러나 내부 갈등을 정치권력의 도움을 빌어 청산하려 했던 총무원의 태도는 한국불교를 국가권력에 대한 종속화의 길로 들어서게 만드는 계기가 되었다. 또한 군정 당국은 남한 단독정부 수립에 반대하는 대종교나 천도교와는 일정한 거리를 유지하면서 그들의 정치적 영향력을 배제하고 있었다.[15)]

해방공간에서 형성된 종교와 정치 간의 관계 유형은 한국 사회의 종교 상황에 지대한 영향을 끼쳤다. 미군정과 친화관계를 형성하면서 종교 활동에 필요한 물적 토대를 강화하던 개신교와 천주교는 급속한 양적 성장을 나타낸 반면, 불교나 유교와 같은 전통종교들과 일제 강점 아래서 활발한 활동을 나타냈던 자생 민족종교들은 급속히 위축되기 시작하였다. 한편, 일제강점기에 '유사종교해산령'으로 인해 조직을 해산당했던 신종

---

신도들이 처형되었다. 당시 북한 지역에는 천도교 신자가 2,866,300여 명에 이르고 있었는데, 영우회에 가입했던 신자는 203,607명이었다 : 홍장화, 《천도교운동사》, 천도교중앙총부, 1990, pp. 221-225.

15) 대종교는 일제강점기부터 임시정부 요인들과 긴밀한 관계를 맺어 왔기 때문에 임시정부를 인정하지 않는 미군정 당국의 견제 대상이 되고 있었고, 천도교는 38선 이북의 신도들과 긴밀한 연락을 맺으면서 남한만의 단정(單政) 수립에 반대하고 외국군의 철수를 요구하는 '3·1재현운동'(1948)을 전개하기도 하였다 : 위의 책, pp. 212-216 참조.

교들은 해방정국의 상황에서 조직의 재건에 주력할 뿐 국가나 정치 세력과의 관계 정립에는 별로 적극적인 활동을 나타내지 못하고 있었다.

## 2. 이승만 정권 하에서의 종교와 정치 간의 관계

이승만은 미군정과 구 지배 세력들의 지지로 대한민국 초대 대통령으로 선출되었지만, 오랫동안의 해외 생활로 인해 국내의 정치적 기반은 대단히 취약하였다. 그는 자신의 취약한 권력 기반을 친미·반공 이데올로기와 권위주의적 통치 방식을 통해 극복코자 하였다. 그러나 이 두 가지는 서로 분리되어 있던 것이 아니었다. 이 정권 하에서의 반공의 주요 특성은 반공법과 국가보안법의 제정을 통한 반공의 제도화와 합법화에 있었다. 이 정권은 반공의 제도화를 통하여 이념적 체계를 독점하였고, 경찰과 관료를 통하여 제도화된 반공 정책을 관철시켰다.[16] 그렇기 때문에 반공은 권위주의 체제를 위한 도구였고 동시에 권위주의 체제의 산물이기도 하였다. 그의 이와 같은 통치 방식은 한국전쟁을 거치면서 보다 두드러지게 나타났다. 특히 한국전쟁의 체험은 반공 이데올로기의 내면화와 국방력의 강화를 통해 권위주의적 통치체제를 강화시키는 중요한 요인으로 작용하였다.

이승만 정권의 정치적 취약성과 권위주의적 통치 방식은 그의 종교 정책에도 그대로 반영되었다. 감리교 신자였던 이승만은 집권 초기부터

---

16) 실제로, 경찰과 관료는 이 정권의 통치를 떠받쳐 주는 양대 지주였다. 이승만의 권력의 제도적 기반을 위해 구축된 자유당의 조직도 이들의 도움이 없으면 제 기능을 행사할 수 없을 정도였다. 정태환, 〈한국의 정치사회적 변동과 이념적 갈등〉, 《인문대논집》, 12, 1994, p. 168.

친미 · 반공 이데올로기를 채택하는 개신교나 천주교와의 친화관계를 강화하며, 미군정의 그리스도교 공인교적 정책을 그대로 계승해 나갔다. 그의 이러한 정책은 대통령 취임식 선서를 기도로 시작하고, 국기에 대한 경례를 개신교의 반대에 따라 국기에 대한 주목으로 대체하며, 군종제도에 장로교, 감리교, 성결교 등의 개신교와 천주교만이 참여토록 배려하고, 국가 의식을 그리스도교식으로 한 것에서 잘 드러나고 있다.[17] 반면, 그는 유교와 불교와 같이 친미 · 반공 이데올로기와는 애당초부터 거리를 가질 수밖에 없는 전통종교들에 대해서는 종단 분규를 조장하고 그를 이용함으로써 정치적 대항력을 약화시키고 국가권력에 종속되도록 만드는 소위 분할-통제(divide and control) 정책을 시행하였다. 이러한 이승만의 종교 정책은 그의 정치적 도덕성이 손상되고 그에 따른 지지 기반이 약화될수록 더욱 강화되었다.

우선, 이승만은 개신교에 특혜를 집중시키고 개신교 지도자들을 권력구조에 충원시킴으로써 개신교를 '사실상의 국가종교'로 만들어 갔다. 그는 이러한 친개신교 정책을 통해 미국과의 우호관계를 강화하는 한편 개신교를 자신의 지지 기반으로 삼고자 하였으며, 이에 따라 개신교는 지배구조 안으로 순조롭게 편입되어 갔다.[18] 예를 들면, 개신교계는 제2대 정 · 부통령 선거에서 한국기독교연합회의 이름으로 이승만을 대통령으로 선출할 것을 촉구하기도 하였다. 이와 같은 이승만 정권과 개신교의 유착관계는 한국전쟁을 통한 반공 이데올로기의 내면화와 북한 교회의 월남으로 더욱 강화되었다.

17) 강돈구, 앞의 논문, pp. 38-39.

18) 강인철, 《한국 기독교회와 국가 · 시민사회 — 1945-1960》, 한국기독교역사연구소, 1996, pp. 162-163.

이승만 정권과 종교 간의 친화관계는 천주교와의 관계에서도 초기에는 마찬가지로 나타났다. 이승만은 정권의 초기부터 서울교구장인 노기남(盧基南) 주교와의 관계를 강화함으로써 국내적으로는 물론 가톨릭 국가들로부터 지지를 얻고자 하였다.[19] 그러나 이 정권과 천주교의 친화관계는 한국전쟁 이후 발생한 보도연맹 사건(1950년)과 국민방위군 사건(1951년), 거창 양민학살 사건(1952년) 등을 거치면서 변화되기 시작하였다. 이때부터 천주교에서 운영하던 《경향신문》은 이 정권의 도덕성에 대해 비판적 입장을 나타내기 시작하였으며, 이에 따라 이 정권과 천주교와의 관계는 친화관계로부터 대립·갈등의 관계로 변화하기 시작하였다. 이 정권은 경향신문사에 대해 테러를 자행하고 정간 처분과 폐간 처분을 내렸으며, 천주교 신자 공무원들을 먼 곳으로 좌천시키거나 파면하였고, 노 주교를 '야당주교'라 하여 법무부 장관을 교황청에 보내 교회가 정치에 관여하지 말 것과 노 주교를 서울교구장에서 해임해 줄 것을 요청하기까지 하였다.[20] 당시, 이 정권과 천주교 간의 대립은 4·19 혁명 직후인 4월 21일 매카나기 주한 미국대사가 경무대를 방문했을 때 이승만이 "이 모든 사태는 장 부통령과 노 주교가 정치적 목적을 달성하려고 천주교 세력을 선동해 일어난 것"이라고 주장했던 것에서도 잘 나타나고 있다.[21]

---

19) 이러한 그의 친화적 태도는 노 주교에게 정치 조언을 구하고 노 주교가 추천한 장면을 제2차 유엔총회파견 대한민국 대표단 수석대표(1948), 주미 특명전권대사(1948), 국무총리(1950)로 임명할 때마다 상의한 것에서도 잘 나타났다: 노기남, 《당신의 뜻대로》, 휘문출판사, 1978, pp. 211-213 참조.

20) 노길명, 〈1950년대 한국 사회변동과 명동성당〉, 《민족사와 명동성당》, 명동성당 축성 100주년 기념논문집, 천주교서울대교구 주교좌 명동교회, 2001, pp. 175-185.

21) 이용원, 《제2공화국과 장면》, 범우사, 1999, pp. 115-116.

반공 이데올로기에 대한 천주교의 입장도 이 시기에 이르러서는 점차 변화되기 시작하였다. 해방공간을 통해 한국 천주교의 사회 교리로 정착된 반공 이데올로기는 전쟁의 발발과 함께 교회 출판물들을 통해 더욱 고조되고 있었다.[22] 그러나 시간이 지남에 따라 반공을 강조하는 표현들은 사라지고 대신에 신앙적 차원에서 전쟁의 의미를 묻는 내용들이 증가하기 시작하였다. 이와 같은 '고통의 신정론(苦痛의 神正論, theodicy of suffering)'은 휴전이 가까워지면서부터는 더욱 뚜렷하게 나타났다.[23]

한편, 유교나 불교에 대한 이승만의 정책은 개신교나 천주교의 경우와는 달랐다. 이승만은 오랫동안 미국에서 활동한 개신교 신자였기 때문에 한국 사회에서 오랜 전통을 지니고 있는 전통종교들로부터 정치적 지지를 얻어내는 것이 그리 쉽지 않았다. 따라서 그는 이들 종교의 지지를 얻으려 하기보다는 이들 종교에 내재되어 있는 분절과 갈등을 심화시킴으로써 정권에 대한 저항력을 약화시키고 종단을 정치에 종속시키

22) 예를 들면, 서울교구장 노기남 주교와 대구교구장 최덕홍 주교의 담화나 당시 교회의 기관지였던 《회보》에서는 "신자여 멸공에 총 궐기하라"(노기남 주교), "순교의 정신으로써 이 전쟁에 용약 출전하라"(최덕홍 주교), "무찔르려마 무찔르려마 사탄의 대열을 무찔르려마"(1951. 1. 14, 4면), "가톨릭 정신을 기조로 멸공구국의 십자군 되자"(1951. 3. 20, 3면), "싸워야지, 싸우다 죽는 한이 있더라도 싸워야 한다. 공산당이 살고는 우리는 살 수 없는 것이 아니냐?"(1951. 4. 15, 3면), "철저한 말살의 신념을 갖고 남보다 맹렬히 적을 공격하라"(1951. 11. 10, 사설) 등과 같은 격렬한 구호들이 등장하고 있었다. 강인철, 〈한국전쟁기 반공이데올로기 강화, 발전에 대한 종교인의 기여 – 천주교를 중심으로〉, 한국사회학회 편, 《한국전쟁과 한국 사회변동》, 풀빛, 1992, pp. 208-211 참조.

23) 노길명, 〈1950년대 한국 사회변동과 명동성당〉, 《민족사와 명동성당》, 명동성당 축성 100주년 기념논문집, 천주교서울대교구 주교좌 명동교회, 2001, pp. 168-171.

는 전략을 채택하였다.

당시, 유교는 독립운동가인 김창숙을 중심으로 하는 계열과 이우세, 이성주 등을 중심으로 하는 계열로 양분되어 있었다. 이러한 균열은 1956년에 실시된 정·부통령 선거에서 반김창숙 계열이 이승만의 자유당을 지지함으로써 심화되기 시작하였다. 이러한 유교의 분열은 결국 법정으로까지 비화되는 등 3차에 걸친 대규모 분규로 이어졌는데, 이승만의 지지를 받던 반김창숙 계열은 개신교 신자인 이승만을 유도회 총재로 추대하기까지 하였다.[24] 이러한 유교의 분열과 대립은 이 정권의 개입과 조종으로 더욱 심화되었으며, 그 결과 유교는 자체의 역량을 사회 활동보다는 종단 분규에 거의 소진하고 있었다.

이러한 현상은 불교의 경우에도 거의 마찬가지로 나타났다. 군정 당국의 철저한 불교 좌파 세력 제거에 따라 잠재되었던 불교 종단 내부의 갈등은 한국전쟁 이후 불교재산관리권의 소재와 교선(敎禪) 양종 간의 교리적 정통성의 소재가 새로운 쟁점이 부각되면서 비구-대처 간의 대립으로 표면화되기 시작하였다. 이 과정에서 이승만은 소수파였던 비구측을 강력히 후원하였다.[25] 불교 종단 문제에 대한 이 정권의 개입은 종교에 대한 정부의 간섭이 위헌이라는 국회의 결의나 대처 측의 법적 정당성을 인정하는 법원의 결정에도 개의하지 않고 진행된 '초법적인 것'

---

24) 금장태, 〈한국 유교의 변동과 현황에 관한 조사연구〉, 한국정신문화연구원 편, 《사회변동과 한국의 종교》, 한국정신문화연구원, 1987, pp. 20-23.

25) 해방 당시 200-600명이었던 비구승 수는 정부의 강력한 지지 아래 급성장하여 1955년 중반에는 이미 1천 명을 상회하고, 1959년에 이르러서는 2천7백 명으로 늘어났다: 배재민, 〈불교정화운동의 현재적 조명〉, 《불교와 한국 사회》, 3, 1989, pp. 80-81. 반면, 해방 당시 7천 명에 달하였던 대처승은 1천6백 명이 집단으로 이혼소송을 내는 등 수가 크게 감소하였다: 김성환, 〈한국불교의 회고와 반성〉, 《정세연구》, 1994. 6, p. 37.

이었다. 비구 측은 힘이 부칠 때마다 경무대를 방문하여 보다 강력한 지원을 요청하였고, 이승만은 8차례나 '정화유시'를 발표하여 비구 측을 지원하였다. 또한 불교 신자들은 경무대 앞에서 북진통일 지지시위를 벌였으며, 1956년에는 비구 측 대표들이 경무대를 방문하여 이승만의 대통령 재출마를 호소하였고, 3·15 부정선거에는 조계종단이 체계적으로 동원되기까지 하였다. 이리하여 비구 측과 이 정권 간에는 공고한 유대관계와 후원관계가 형성되었으며, 그 결과 불교는 국가권력에 대한 종속이 심화되어 가고 있었다.[26)]

한편, 민족종교들이나 신종교들은 이승만 정권과 뚜렷한 관계를 나타내지 못하고 있었다. 철저한 친미·반공 이데올로기를 내세우는 이 승만의 정치적 입장과 강한 민족주의 성향을 나타내는 천도교나 대종교는 애당초 공고한 유대나 후원관계를 맺기 어려웠다. 또한 미군정 아래서 급격히 약화된 민족종교들은 강력한 권위주의 체제와 억압적 통치 형태를 나타내는 이 정권에 저항할 수 있는 영향력을 갖지 못하고 있었다. 그리고 한국전쟁 직후 발생한 신종교들 역시 정치와 본격적인 관계를 맺을 정도로 제도화(institutionalization) 되지 못한 상태에 있었다. 한국의 신종교들은 사회의 구조적 모순과 부조리를 고발하고 그에 능동적으로 대응하지 못하는 기성 종교를 비판하면서 발생한다는 공통점을 지니고 있다.[27)] 그러나 제도화의 측면에서 본다면, 대부분의 신종교들은 기존 정치질서나 정치권력에 도전할 수 있는 역량을 갖고 있지 못하다. 그렇기 때문에 정치권력에 저항하기보다는 오히려 정치권력에 부합함으로써 종단의 사

26) 노치준·강인철, 앞의 논문, pp. 158-159.

27) 노길명, 〈광복 이후 한국 신종교운동의 전개와 연구 동향〉, 《종교와 문화》, 3, 1997, p. 54.

회적 인정과 성장에 필요한 지원을 받으려는 태도를 나타내기 쉽다. 이러한 태도는 반공 이데올로기에 대한 적극적인 지지나[28] 여당 정치인에 대한 전폭적인 지지와 지원으로 표현되곤 하였다.[29]

## 3. 박정희 정권 하에서의 종교와 정치 간의 관계

이승만 정권의 붕괴는 오랜 기간에 걸쳐 형성된 각 종교와 정치권력 간의 관계를 새롭게 만드는 계기가 되었다. 그러나 4·19 혁명을 통해 집권한 장면 정권은 그 기간이 9개월 정도에 불과하였고, 종교집단과 정치집단 간의 상호관계가 정형화되기도 전에 5·16 군사쿠데타를 맞이하였다. 단지 오랫동안 이승만 정권과 대립관계를 나타냈던 천주교는 4·19 혁명을 계기로 교회와 국가, 종교와 정치 간의 상호관계, 그리고 신자들의 '공민적 의무'에 대한 성찰을 시도하면서, 교회나 성직자의 사회 참여는 세계적인 요구이며 정당한 것이라는 태도를 표명하고 있었다.[30] 또한 이러한 관점에서 일부 성직자들은 장면 정권의 정책 수립에

28) 김홍수, 〈한국전쟁의 충격과 기독교회의 기복신앙 확산에 관한 연구〉, 서울대학교 대학원 종교학과 박사학위논문, 1998, p. 103. 이러한 경향은 특히 기독교계 신종교들에서 두드러지게 나타났는데, 예를 들면, 나운몽의 용문산기도원, 문선명의 세계기독교통일신령협회(통일교, 현 세계평화통일가정협회), 양도천의 한국기독교전도협회(현 세계일주평화국), 이유성의 여호와의 새일교단 등이 이에 속한다.

29) 이의 사례로는 4·19 혁명 이후 태극도 간부들이 새로 취임한 도전(道典)을 자유당 후보와 결탁하여 3·15 부정선거에 관련하였다고 계엄사령부에 고발하였던 것을 들 수 있다. 신종교와 정치인 간의 관계는 신종교가 물의를 빚은 사건마다 거의 빠짐없이 언급되곤 하는데, 많은 경우 신종교에서는 여당 정치인들을 지지함으로써 자신들이 불법으로 점유하고 있는 신앙촌의 승인과 개발 지원을 얻고자 하였고, 지역 정치인은 이들과의 연대를 고정 지지표의 확보와 정치자금의 통로로 이용코자 하였다.

영향을 끼치기도 하였다.[31]

민중의 동의 없이 쿠데타를 통해 권력을 장악한 군사정권은 친미·반공 이데올로기와[32] 성장 이데올로기, 그리고 권위주의적 체제의 강화를 통해 권력의 취약성을 극복코자 하였다. 이러한 정책은 장면 정권에서 수립된 경제개발 5개년계획의 조기 집행과 정권에 위협이 될 수 있는 사회단체들에 대한 철저한 통제를 통해 관철되었다.

군사정권은 반공을 국시(國是)로 삼았지만, 이전의 정치권력들과는 달리 친(親) 전통종교적 성향을 나타냄으로써, 과거 기독교의 사회 헤게모니 구조를 와해시켰다. 이러한 군부의 전통종교적 성향은 전통종교에 대한 국가권력의 간섭이 심화될 가능성과 함께, 그리스도교의 정치적 저항을 야기할 수 있는 가능성을 동시에 내포하는 것이기도 하였다.[33]

군사정권의 종교정책은 5·16 직후, 국가재건최고회의가 공포한 종교단체등록법에서 잘 나타난다. 이 법은 종교단체에 대한 승인을 국가권력이 장악하는 동시에 각 종교가 지니고 있는 인적·물적 역량과 문

---

30) 조광, 〈1960년대 명동성당의 존재 이유〉, 《민족사와 명동성당》, 명동성당 축성 100주년 기념논문집, 천주교서울대교구 주교좌 명동교회, 2001, pp. 208-209.

31) 예를 들면, 노기남 주교를 보좌하던 김철규 신부는 제2공화국 시절 내내 장면의 강력한 후견인으로 활동하였다. 정대철, 《장면은 왜 수녀원에 숨어 있었나》, 동아일보사, 1997, pp. 313-318 ; 김녕, 〈장면과 가톨릭교회, 그리고 시민사회－이상과 현실〉, 운석 장면연구회·경기사학회, 《운석 장면과 제2공화국이 우리에게 남긴 것은?》, 운석 장면과 제2공화국 관련 학술회의 발표논문집, 2001. 10. 20, p. 97.

32) 이러한 점은 당시 '혁명공약'의 "반공을 국시의 제일의로 삼고 지금까지 형식적이고 구호에만 그친 반공태세를 재정비한다"(제1조)와 "미국을 위시한 자유우방과의 유대를 더욱 공고히 한다"(제2조)는 선언에서 극명하게 나타난다.

33) 윤승용, 앞의 책, p. 107.

제점을 파악함으로써 정치권력이 종교에 대한 통제력을 강화하는 계기가 되었다. 군사정권은 이 법의 시행을 통해 각 종교에 대한 통제를 강화하여 나갔다.

우선, 유교에 대한 통제 방식은 종단 내분에 대한 개입을 통해 사회적 영향력을 약화시키는 방향으로 추진되었다. 1963년, 문교부는 분규 당사자인 성균관과 유도회의 대표들을 배제하고 가이사(假理事)를 임명한 다음, 그들의 의결로 학교법인 성균관대학교와 재단법인 성균관을 분리함으로써 성균관대학교 운영에 대한 유림의 자격을 박탈하였다. 이미 오랫동안의 내분을 통해 국가권력에 대한 종속 경향을 보여 왔던 유교는 이를 계기로 조직력이나 사회적 영향력이 더욱 약화되었으며, 이러한 내적 한계성은 국가와의 관계에서도 그대로 표출되었다. 유교는 가족법의 개정 문제를 제외한 거의 모든 문제들에 대해 친정부적인 입장을 취했고, 박 정권이 장기 집권을 위해 '10월 유신'을 선포했을 때에는 성균관과 전국 향교에서 유신에 선도적인 역할을 하겠다는 결의문을 발표하고 지지운동을 벌이기까지 하였다.

집단 내분이나 분규를 이용해 종교의 정치적 영향력을 약화시키고 국가에 종속시키려는 박 정권의 종교정책은 불교계에 대해서도 마찬가지로 적용되었다. 그것은 불교계의 오랜 문제인 비구 - 대처 간의 분규에 대한 국가권력의 개입과 방대한 불교 재산에 대한 정부의 영향력 강화를 통해 진행되었다. 박 정권은 5 · 16 직후부터 비구 측을 일방적으로 후원하여 1962년 4월에는 대한불교조계종으로 종단 등록을 허가하였으며, 1968년에 군종승제도(軍宗僧制度)가 시행되었을 때에도 조계종에 대해서만 참여할 수 있는 자격을 부여하였다.

한편, 군사정권은 1962년 5월에 사찰령을 폐지하고 불교재산관리법을 제정하여 불교 재산은 문공부의 허가를 통해서만 매각할 수 있으며 문공부의 판단 여하에 따라서는 주지와 별도로 재산관리인을 둘 수 있도록 조처하였다. 불교재산관리법은 비구 측에게 일방적으로 유리하게 작용하여 대처 측을 결정적으로 약화시키는 동시에 불교 분쟁을 심화시키는 결과를 가져왔다. 1962년 이후 불교계의 분쟁이 대부분 관광 사찰의 소유 및 관리권을 둘러싼 것이었다는 점을 감안한다면, 이 법은 사찰령과 마찬가지로 불교 전체를 국가권력에 종속시키는 전능의 법적 장치였다고 할 수 있다.[34]

종단 내분을 이용한 불교의 국가 종속화 정책은 이 밖에도 여러 형태로 관철되었다. 5 · 16 군사정권은 1962년 불교의 분규를 수습한다는 명분으로 불교재건위원회를 조직하는 데 깊게 개입하였으며, 통합종단의 종헌을 제정하는 의원 구성에서 비구 측과 대처 측이 각각 15명씩으로 구성되어 대부분의 결정이 동수로 나오게 되자, 문교부가 개입하여 위원 구성을 비구, 대처, 사회 인사 각 5명씩으로 재구성토록 하였으며,[35] 1962년 2월에 개최된 재건비상종회에서 과거 대처 측의 승려 자격에 대한 시비가 제기되었을 때에는 그 해석을 문교부가 맡도록 하기도 하였다.[36] 또한 1973년부터는 정부의 유관 부처와 불교계가 유명 사찰을 공동관리하기 시작하였는데, 이 역시 불교계를 정부의 공고한 통제 아래 묶어두는 기능을 했던 것으로 평가된다.[37]

---

34) 노치준 · 강인철, 앞의 논문, p. 159.

35) 김광식, 〈대한불교 조계종의 성립과 역사적 의의〉, 대한불교 조계종 · 교육원 · 중앙종회 · 불교신문사 공동주최, 《통합종단 출범 40주년기념 학술세미나 자료집》, 2002. 4. 8, p. 38.

36) 위의 논문, p. 27.

37) 노치준 · 강인철, 앞의 논문, p. 159.

조계종에 대한 정부의 일방적인 지원 태도는 1970년대에 들어서면서 중립적인 자세로 바뀌기 시작하였다. 정부는 1970년, 대처 측의 태고종 등록을 허가하는 한편 군소 종단의 등록도 허가함으로써 불교 종단들의 경쟁적인 충성과 불교계 전반으로부터의 폭넓은 지지를 확보해 나가기 시작하였다.

불교 내분에 대한 조종과 불교계 재산에 대한 국가 영향력의 강화는 국가권력에 대한 불교계의 종속을 심화시키는 결과를 가져왔다. 이 과정에서 불교계는 국가권력에 대한 비판 세력보다는 철저한 지지 세력으로 고착화되어 나갔다. 대통령 선거 때마다 불교계는 박정희 후보를 공개적으로 지지하였으며, 박 정권이 위기에 봉착할 때마다 '북괴만행 규탄대회'나 '국태민안 구국기도법회', '불교도 호국법회' 등을 통해 박 정권에 대한 지지를 확인해 나갔다.

정치권력과 종교 간의 친화관계는 개신교의 경우에도 거의 마찬가지였다. 개신교는 친전통종교적 성향을 띠는 군사정권에 대항하기보다는 이승만 정권에서와 마찬가지로 정치권력과 친화관계를 유지하려는 태도를 나타냈다. 개신교의 이러한 태도는 군사정권이 친미·반공주의를 쿠데타의 명분으로 내세웠기 때문만은 아니었다. 그것은 훨씬 오래 전부터 형성되어 온 한국 개신교의 근본주의(fundamentalism) 신앙과 탈역사적·탈정치적 전통과도 밀접한 관련을 맺고 있는 것으로 볼 수 있다. 초기에 입국하여 활동하였던 선교사들은 개인주의적이고 내세주의적이며 경건주의적인 성속이원론의 신앙을 지니고 있었을 뿐 아니라, 가능한 한 정치적·사회적 문제에 대해서는 초연하려는 입장을 지니고 있었다. 이러한 태도는 을사늑약 체결 직후 전개된 '대부흥운동'을 계기로 한국 교회의 성격으로 고착화되었다.[38] 이러한 한국 개신교의 신앙적 흐름은 보수적 성향을 수반함으로써 교회의 정치적 역할을 모호하게 하고 사회정치적 의미를 약화시켜 왔기 때문에[39] 교회의 탈역사화·탈정치화를 촉진하였다. 여기에서의 탈역사성과 탈정치성이란 정치 무관의 초월성을 지향하는 것이 아니라, 정치권력에 대한 비판이나 저항을 삼가는 것을 의미하기 때문에 기존 정치질서나 지배권력에 대한 지지는 용납하는 특성을 지니고 있다.

이러한 까닭에 한국 개신교는 어떠한 정권이 들어서든 그에 대한 비판이나 저항보다는 정권과의 친화관계를 형성하려는 태도를 취해 왔다. 이러한 태도는 지배이데올로기에 대한 지지나 수용에서도 잘 나타난다. 사실, 개신교는 박정희 정권이 지배이데올로기로 내세운 성장 이데올로기의 혜택을 가장 많이 누리고 있었다고 할 수 있다. 한국 개신교가 폭발적인 양적 성장을 나타내기 시작한 것도 박 정권 시기였다.[40] 박 정권 아래에서 급속히 전개된 산업화와 도시화는 개신교의 양적 성장에 크게 기여한 것으로 평가된다.[41] 또한 개신교는 물질적인 부요함을 하나님

---

38) 조선 말 급변하는 국내외적 정치 상황에서 활동했던 선교사들은 가능한 한 정치적 사회적 문제에 대해서는 초연하려는 입장을 지니고 있었으며, 이러한 태도는 을사늑약 체결 직후 전개된 '대부흥운동'을 계기로 한국 교회의 성격으로 고착되었다. 민경배, 《한국민족교회형성사론》, 연세대학교 출판부, 1974 중 제1장, 〈구한말 한미관계와 선교사들의 한국 교회 비민족화〉, pp. 11-54 ; 서광선, 〈한국 기독교와 반지성〉, 김용복 외, 《한국 기독교와 제3세계》, 풀빛, 1981, pp. 161-179 참조.

39) 김성건, 《종교와 이데올로기》, 민영사, 1991 중 제10장 〈한국 개신교와 근본주의 문제〉, pp. 239-272.

40) 노길명, 〈'70년대 한국 종교의 성장과 앞으로의 전망〉, 한국사회학회 편, 《한국 사회 어디로 가고 있나》, 현대사회연구소, 1983, pp. 85-106 ; 이원규, 《한국 교회 무엇이 문제인가?》, 감리교신학대학교 출판부, 1998 중 제6장 〈한국 교회의 성장 둔화 문제〉, pp. 165-208.

41) 노길명, 〈광복 이후 한국 신종교운동의 전개와 연구 동향〉, 《종교와 문화》,

의 축복으로 해석함으로써 이 시기에 본격화된 자본주의 경제체제의 전개에 기여하였으며, 성장 이데올로기를 체내화함으로써 물량주의·성장주의의 경향을 나타내기 시작하였다.[42] 특히 치유와 방언을 앞세운 대규모 부흥집회와 같은 대중적 영성주의 전략은 자본주의 논리와 영합하여 현세적·기복적 신앙을 강화함으로써 한국 개신교의 탈정치화에 크게 기여한 것으로 평가된다.[43] 이와 같은 선교 전략은 1960년대 한국 개신교의 신자 증가율을 412.4%로 이끌었다.[44]

그러나 한국 개신교 전체가 탈정치적·탈역사적 태도를 나타냈던 것은 아니다. 한국기독교교회협의회를 비롯한 진보적 그룹은 경제성장 제일주의와 권위주의적 통치체제가 수반하는 인권, 사회정의, 민주화 등과 관련된 문제들을 중심으로 정치권력과 심각한 대립관계를 나타내고 있었다.[45] 박 정권 아래에서 전개된 한국 개신교의 인권운동과 민주화운동은 권위주의적 정치체제의 척결은 물론 한국 개신교에 고착화된 탈역사적·탈정치적 성격을 변화시키고 천주교와의 교회일치운동을 확장하는 데 상당한 기여를 한 것으로 평가될 수 있다. 그러나 한국 개신교

---

3, 1997, p. 53 ; 노길명, 〈한국 종교문화의 성격과 과제〉, 《미래사회와 종교》, 정산종사탄생 100주년 기념 국제학술회의 발표논문집, 원광대학교, 2000, p. 252.

42) 노치준·강인철, 앞의 논문, p. 166.

43) 최만자, 〈논평－평화 생명 여성 주제를 통한 대화와 협력의 시대를 여는 계기가 되기를〉, 《이웃종교에서 보는 한국 기독교》, 새길교회 창립 15주년기념 세미나 발표집, 새길기독사회문화원, 2002. 3. 3, p. 21.

44) 이원규, 앞의 책, p. 169.

45) 이에 관해서는 다음을 참조할 것, 김용복, 〈해방 후 교회와 국가〉, 한국기독교사회문제연구소 편, 《국가권력과 기독교》, 민중사, 1982, pp. 204-243 ; 이영숙, 〈진보적 개신교 지도자들의 사회변동 방안 연구〉, 한국사회사연구회, 《현대 한국의 종교와 사회》, 문학과지성사, 1992, pp. 142-170.

전체적으로 보면, 정치권력과 대립이나 갈등을 나타내는 교단은 소수에 불과하였으며, 대부분의 교단들은 대중적 영성운동을 바탕으로 탈정치화를 지향하거나 지배이데올로기의 수용과 내면화를 통한 정치권력과의 친화관계를 지향하고 있었다. 박 정권이 위기에 직면할 때마다 보수 교단의 지도자들이 조찬기도회를 개최하여 박 정권을 지지하였던 것은 이를 잘 보여준다.

한편, 장면 정권과 깊은 친화관계를 유지하던 천주교는 역설적으로 5·16 직후 군사쿠데타를 승인하는 태도를 나타냈었다. 여기에는 5·16에 대해 교황청이 취했던 입장이 크게 작용한 것으로 여겨진다. 당시, 쿠데타 주체 세력들은 천주교 신자들이 많은 서구 국가들로부터 자신들의 행위에 대한 승인을 얻기 위해 주한 교황사절에게 적극 접근하였고, 주한 교황사절은 쿠데타의 명분을 반공주의의 강화로 설명하는 주체 세력들의 주장에 동감하여 이들에 대한 지지성명을 국제사회에서 가장 먼저 발표하였던 것이다. 당시 한국 천주교는 아직 교계제도를 갖추지 못한 교황청의 선교 지역으로 되어 있었다. 따라서 교황사절의 이와 같은 태도에 저항할 수 있는 입장이 되지 못하였다. 그러나 여기에는 그동안 맺어왔던 장면 정권과의 친화관계가 교회에 대한 탄압을 수반할 수 있을 것이라는 우려도 작용하였던 것으로 볼 수 있다.

5·16에 대한 지지 표명을 나타냈음에도 1960년대 후반까지 박 정권과 천주교는 서로 일정한 거리를 유지하고 있었다. 박 정권으로서는 정권 유지에 위협이 되지 않는 한 세계적 조직망을 갖추고 있는 천주교와의 갈등을 유발할 필요가 없었으며, 당시 세계교회는 복음과 사회, 복음과 문화, 그리고 교회와 국가 간의 관계를 재정립하기 위한 신학적 토대를 마련하는 데 진력하고 있었다. 1962년부터 1965년까지 전 세계 주

교들이 모여 논의하였던 제2차 바티칸공의회는 '교회의 쇄신과 일치, 그리고 현대화를 위한 대지진'이었던 것으로 평가되고 있다.[46] "교회의 존재 목적은 교회 자체를 위해서가 아니라 세상에 봉사하기 위해서이며, 인간의 기본권과 영혼들의 구원이 요구될 경우에는 정치질서에 관해서도 윤리적 판단을 내리는 것이 당연하다"고 선언하였다. 이 공의회를 계기로 천주교는 복음화(evangelization)를 비신자들을 상대로 한 선교뿐 아니라 "하느님의 말씀과 구원 계획에 위반되는 인간의 판단기준·가치관·관심의 초점·사상의 동향·사상의 원천·생활양식 등에 영향을 미쳐 그것을 역전시키고 복음적 생활로 인도하는 일체의 활동"[47]이라고 정의하고 적극적인 사회 참여를 하기 시작하였다. 공의회가 폐막되기까지는 세계의 모든 지역교회들은 적극적인 정치 참여를 가능한 한 유보하고 있었다.

1960년대 후반에 접어들면서 한국 천주교가 정치권력과 갈등을 나타내기 시작한 것은 이와 같은 세계교회의 흐름 때문만은 아니었다. 그것은 교회에 가해진 정치권력의 위해(危害)로부터 자기를 방어하고자 하는 노력 때문이었다.[48] 노동자들의 생존권 문제에 관심을 보이는 교회의 태도를 공산주의 운동으로 매도함으로써 발생한 심도직물 사건(1967년)에 대한 한국 주교단의 공동성명(1968년)을 계기로 교회는 정치를 비롯한 사회 전반의 모순과 부조리에 대한 적극적인 태도를 나타내기 시

46) 한용희, 〈한국 사회와 가톨릭 정치윤리〉, 《가톨릭사회과학연구》, 1, 1983, p. 56.

47) 《현대의 복음선교》, 19항.

48) 함세웅, 〈1970년대 가톨릭 사회정의 구현활동과 평가〉, 《가톨릭사회과학연구》, 3, 1984, pp. 35-36 ; 노길명, 〈광복 이후 한국 가톨릭교회와 국가 간의 관계〉, 《교회와 역사》, 147, 1987, p. 10.

작하였으며, 정치권력은 이와 같은 교회의 사회 참여를 원주교구장 지학순 주교에 대한 구속(1974년)과 같은 탄압으로 대응하기 시작하였다. 이와 같은 교회와 국가권력 간의 대립관계는 노동자, 농민, 도시빈민의 실존 상황 악화와 박 정권의 독재체제 강화에 따라 더욱 심화되어 나갔다. 특히 지학순 주교의 구속과 명동성당 3·1절 기도회 사건(1976년), 동일방직 사건(1978년), 오원춘 사건(1979년) 등[49]은 정치와의 관계를 정립하기 위한 교회의 노력을 가속화시켰다. 교회는 종교와 정치, 교회와 국가 간의 관계에 대한 세계 각국의 사례들을 검토하는 한편, 해방신학을 비롯한 정치 참여에 필요한 신학적 기반을 강화하고, 교회의 역량을 정의구현전국사제단을 비롯한 운동 세력으로 결집시키기 시작하였다. 물론, 교회 일각에서는 '구국사제단'과 같이 정치권력에 대한 교회의 저항운동을 무력화시키려는 시도도 있었지만, 이러한 보수 진영의 활동은 교회 내외로부터 호응을 얻지 못해 별다른 활동을 전개하지 못하였다.

한편, 박 정권 아래에서의 신종교와 국가 간의 관계는 신종교들에 대한 정치권력의 종속화 정책과 박 정권에 대한 신종교들의 지지로 요약될 수 있다. 군사정권은 5·16 직후인 1961년 9월, 종교 시장에서 상대적으로 약세를 나타내던 단군계와 동학계, 증산계의 13개 종단을 연원이나 교리상의 차이에도 불구하고 동도교(東道教)라는 명칭으로 통합시킴으로써 이들에 대한 국가권력의 통제를 강화하기 시작하였다. 이를 계기로 대부분의 신종교들은 국가권력의 통제 아래 놓이게 되었으며, 이러한 경

49) 이 사건들에 관해서는 다음을 참조할 것. 《명동천주교회 2백년사 제1집》: 《한국가톨릭인권운동사》, 명동천주교회, 1984; 김녕, 《한국정치와 교회 – 국가 갈등》, 소나무, 1996, pp. 257-298.

향은 종단의 규모가 영세하거나 사회적 공인이 절대적으로 필요한 종단, 그리고 활발한 사회 활동을 전개하기 위해 국가권력의 지원을 필요로 하는 종단일수록 더욱 두드러지게 나타났다. 이 시기, 대부분의 신종교들은 정치권력이 제시하는 반공 이데올로기에 대한 적극적인 지지와 정치적 위기 상황에서의 박 정권에 대한 지지성명 발표를 통해 국가권력으로부터의 승인과 사회적 공인을 얻으려는 경향을 나타내고 있었다. 이러한 경향은 특히 그리스도계 신종교에서 두드러지게 나타났다. 예를 들면, 통일교에서는 '국제승공연합'을, 새일수도원에서는 '멸공단'을 조직하여 활발한 승공(勝共) 운동과 멸공(滅共) 운동을 전개하였다. 통일교의 국제승공연합은 승공사상 세미나, 승공 강연·교육 등의 활동을 하였는데, 그 대상은 공무원·기업인·군인·경찰·향토예비군·교사·학생·새마을지도자·근로자 등 각계각층을 망라하였다. 1979년 말 현재, 이 단체는 전국 175개 시·군과 세계 127개국에 지부를 설치하고 있었으며, 승공 교육 이수자는 총 1천9백만 명에 이르렀다.[50] 그러나 갱정유도(更定儒道)와 같이 민족주의 성향이 강한 일부 종단에서는 반공 이데올로기에 대해 강한 거부감을 나타내기도 하였다.[51]

---

50) 1980년 5월 17일 계엄령을 전국적으로 확대시킨 신군부 쿠데타 세력들은 이 단체의 정치적 역량을 우려하여 전국 조직을 제외한 시·군 단위 조직들을 모두 해체시켰다. 노길명·이재민, 《통일교, 그 실상과 오해》, 사목연구소, 1991, pp. 80-81.

51) 반공정책이 철저하게 관철되던 1965년에 갱정유도 도인 5백여 명은 서울에 집결하여 "원(遠) 미소용(美蘇遻) 하고 화(和) 남북민(南北民) 하자"(미국과 소련의 꼬임을 멀리하고 남북한 인민은 화합하자는 내용) 등의 구호가 적힌 유인물 30만 장을 배포하면서 남대문에서부터 광화문에 이르기까지 데모하다, 전원이 경찰에 수감되기도 하였다. 노길명, 〈근대 민족사에 대한 갱정유도의 대응〉, 한국민족종교협의회 편, 《새천년 민족종교의 진로》, 늘하늘, 2000, pp. 90-93 참조.

광복 이후 유신 시기까지의 한국 종교와 정치 간의 관계는 양자의 존재 양식과 이해에 의해 이루어져 왔다. 각 종교들은 종교 활동의 자유와 다종교 상황에 따른 종교 간의 경쟁에서 우위를 얻기 위해 정치권력의 지원을 필요로 하였으며, 정치적으로 도덕성이 취약하였던 정치권력들은 종교적 지지를 통해 취약한 권력 기반을 강화하고자 하였다. 종교집단과 정치권력의 관계는 기본적으로는 이와 같은 각자의 입지와 이해에 따라 형성되고 있었다.

그러나 이와 같은 상호 간의 이해가 종교집단과 정치권력 간의 친화 내지는 협조관계로만 나타난 것은 아니었다. 그 관계는 정치권력이 권력의 정당성을 위해 내세웠던 지배이데올로기에 대한 각 종교들의 적응 방식과 함께 각 종교에 대한 정치권력의 정책 내용에 따라 결정되고 있었다. 따라서 광복 이후 종교와 정치 간의 관계는 정치적 지배이데올로기로 채택되어 온 친미·반공 이데올로기와 성장 이데올로기에 대한 각 종교의 입장과 태도, 그리고 정치권력의 개입을 초래할 수 있는 종교계의 구조적 특성이나 내분 정도에 따라 그 형태가 달리 나타날 수밖에 없었다.

이와 같은 요인들이 작용하는 상황에서 유교와 불교가 나타낸 정치권력과의 관계는 대립보다는 친화로 나타났다. 이들 종교들은 오랜 역사를 통해 강한 민족주의적 성격을 형성해 왔기 때문에 친미·반공 이데올로기와는 상당한 거리를 갖고 있었고 끊임없는 종단 분규를 나타내고 있었다. 그렇기 때문에 이들은 정치권력과 대립관계나 갈등관계를 형성하기에는 불리한 조건에 있었다. 뿐만 아니라, 이들 종교들은 심화되는 종단의 분규 과정에서 자신의 이해를 관철시키기 위해 정치권력의 지원을 필요로 하게 되었고, 이에 따라 이들 종교에 대한 정치권력의 통제는 더욱 강화되었다. 이 과정에서 정치권력에 대한 유교와 불교의 관계는 친화의 형태로 나타났지만, 그것은 국가권력에 대한 종교의 종속을 수반할 수 있는 것이기도 하였다.

정치권력에 대한 개신교의 관계는 1970년대 이후 일부 진보적인 그룹을 중심으로 대립과 투쟁의 형태를 나타내기도 하였지만, 전체적으로는 친화관계로 특징되었다. 한국 개신교의 성격이기도 한 탈역사성과 탈정치성은 정치권력에 대한 저항보다는 친화를 특징으로 하고 있었으며, 이러한 경향은 역대 권력들이 정권의 정당성을 위해 내세운 친미·반공 이데올로기로 인해 정치권력과의 관계를 친화관계로 고착화시켰다. 이와 함께, 박 정권 아래에서 정치권력이 제시하는 성장 이데올로기의 가장 큰 수혜자가 되면서 정치적 역량 강화보다는 자체의 양적 성장에 치중하는 경향을 나타내고 있었다.

천주교는 광복 직후에는 개신교와 마찬가지로 친미·반공 이데올로기에 대한 적응능력을 바탕으로 정치권력과 친화관계를 형성하고 있었지만, 독재와 장기 집권, 그리고 부정부패 등 정치권력이 도덕성을 상실하자 곧 대립관계로 바뀌었다. 이러한 관계는 유신 말기까지 지속되었다. 이 과정에서 천주교는 정치 참여의 정당성과 참여 방법의 신학화와 함께 자체의 정치적 역량을 강화시켰다. 다른 종교들과는 달리, 천주교는 세계적으로 강한 연대성을 갖는 독특한 교계제도를 특징으로 하기 때문에 천주교의 정치적 항쟁은 다른 종교들에서보다 강하였으며, 이에 대한 정치권력의 통제 또한 쉽지 않았다.

한편, 민족종교들이나 대부분의 신종교들은 강한 민족주의적 성향으로 광복 이후 정치적 지배이데올로기로 관철되어온 친미·반공 이데올로기나 성장 이데올로기와는 상당한 거리감을 지니고 있었다. 또한 이들 종교들은 대부분 정치권력과 대결할 내적 기반을 갖추지도 못하고 있었다. 따라서 정치권력에 대한 대결이나 갈등보다는 친화적 태도를 견지해 왔다. 그러나 일부 종교들은 정치적 지배이데올로기가 내포한 문제점을 지적하면서 비판적 태도를 나타내기도 하였다.

종교와 정치 간의 관계는 고정적인 것이 아니다. 그것은 종교집단과 정치집단의 이해관계에 따라 달라질 수밖에 없다. 종교의 사명은 인류의 보편적 가치와 윤리 규범을 제시하는 데 있다. 또한 종교집단에 대한 정치권력의 개입이나 조종은 정당성이 약하거나 부패한 권력에서 나타난다. 그렇기 때문에 정치권력에 대한 종교의 입장이나 태도는 기본적으로는 정치권력의 도덕성이 어떠한가에 따라 결정되기 마련일 것이다.

제 9 장

# 한국 종교문화의 성격과 과제

한국 사회는 세계적으로도 찾아보기 어려울 정도의 다종교 상황을 나타내고 있다. 한국 사회에는 수많은 종교들이 공존하면서 저마다 자체의 성장과 사회적 영향력 강화를 위해 노력하고 있다. 따라서 한국 사회의 종교적 열기는 그 어느 사회에서보다도 높다.

한국 사회의 종교적 열기는 종교 인구의 증가로 이어지고 있다. 전국적으로 시행되는 인구 및 주택 센서스에서는 매 10년마다 종교 인구를 산출하고 있는데, 1995년도에 시행된 인구 및 주택 센서스 결과[1]에서는 전 국민의 50.7%가 종교를 갖고 있는 것으로 집계되었다. 이 조사 결과를 1985년도의 것과 비교해 보면, 종교 인구는 10년 동안 31.36%나 증가된 것으로 분석된다. 또한 이를 종교별로 비교해 보면, 천주교 신자

1) 인구 및 주택 센서스는 매 5년마다 실시되지만, 거기에 포함되는 종교 인구 통계조사는 매 10년마다 실시되고 있다.

는 58.18%, 개신교 신자는 35.00%, 불교 신자는 28.05%가 증가한 것으로 나타난다.2)

그러나 종교 인구의 증가가 곧 바람직한 종교문화의 형성을 의미하는 것은 아니다. 한국 종교계는 놀라운 양적 성장을 보이면서도 다른 한편으로는 시한부 종말론의 등장과 확산, 감각적이며 기복적인 것이 신앙의 중심을 이루는 반지성적 성향, 교권과 재산을 둘러싼 내분과 종파 분열, 각종의 비리와 부정을 성스러움으로 포장하면서 사회적 공론으로부터 벗어나려는 종교단체들의 성역화(聖域化) 경향, 종교 간의 무한 경쟁에 따른 배타성과 갈등 등 많은 문제점들도 나타내고 있다. 그렇기 때문에 한국 종교문화의 특성은 단적으로는 "양적 성장과 질적 저하"라는 말로 집약될 수도 있다. 한국 종교문화의 이러한 특성은 종교적 이념과 가치의 구현을 저지하는 것은 물론 사회의 통합과 발전을 저해하게 된다.

종교의 발생과 기능 그리고 변동은 사회의 구조나 변동과 밀접한 관련을 맺게 마련이다. 즉, 종교는 사회의 구조나 변동에 영향을 끼치는 한편, 사회의 구조나 변동으로부터도 많은 영향을 받게 된다. 특히 그 어느 때보다도 사회변동의 흐름이 급속한 오늘날에는 변화하는 사회적·문화적 흐름에 능동적으로 대처하지 않고서는 자신의 정체성을 확립하기 어렵다.

여기에서는 광복 이후 한국 종교계가 거쳐 온 과정을 살펴본 다음, 한국 종교계에서 나타나는 문제들과 그에 따른 종교문화의 성격을 검토하고, 건전한 종교문화를 형성하기 위한 과제를 논의해 보기로 한다.

---

2) 문화관광부 종무실에서 발간한 통계 자료를 보면, 1999년 말 현재, 각 종교에서 주장하는 종교 인구는 총 76,542,839명으로서 전 국민의 3.35배에 이르고 있다. 《한국의 종교현황》, 문화관광부, 2000, p.7.

## 1. 광복 이후 한국 종교계의 변화 과정

어느 사회를 막론하고 대부분의 사회에서는 사회 성원의 다수가 신봉하는 주도 종교(主導宗敎)가 존재한다. 주도 종교는 오랜 역사를 통해 정치・경제・신분・직업・교육・가족 등 사회의 여러 제도와 문화 체계에 지대한 영향을 끼치면서 사회의 통합과 안정에 기여한다. 따라서 주도 종교가 존재하는 사회에서는 종교문화가 뚜렷하며 사회체제도 비교적 안정된 모습을 나타낸다.

그러나 한국 사회에서는 주도 종교로 불릴 만한 종교가 없다. 조선왕조의 이념적 토대가 되었던 유교는 조선 후기에 접어들면서 사회적 영향력이 급속히 약화되기 시작하였으며, 일제강점기에 이르러서는 망국(亡國)에 대한 책임론과 함께 지배종교로서의 위치를 상실하고 말았다. 또한 그 밖의 종교들도 일제강점기 아래에서는 천황제 국가(天皇制國家)의 확립이라는 식민정책에 따라 엄격한 통제와 억압을 받고 있었다.

한국 사회에서 종교의 자유가 공식적으로 보장된 것은 광복을 통해서였다. 1945년 9월 7일, 38선 이남에 진주한 미군은 미태평양육군총사령부 포고령 제1호를 통해 "조선 점령의 목적은 항복 문서 조항의 이행과 조선인의 인권 및 종교상의 권리를 보호함에 있"음을 선언하였는데, 이 포고령은 신앙과 선교의 자유를 보장하는 공식 선언이기도 하였다. 이에 따라 일제강점기에 해체되거나 위축되었던 종교들은 조직을 정비하면서 본격적인 활동을 전개하기 시작하였다.

종교 활동의 재개는 종교 시장의 활성화를 촉진하였다. 어떤 종교도 주도 종교나 지배종교로서의 위치를 갖지 못한 상황에서 종교적으로 우위를 점유하는 최선의 방법은 신자의 수효를 증대시키고 사회적 영향력을 강화하는 것이었다. 따라서 일제 강점 아래에서 위축되어 있었던 각 종교들은 조직을 정비하면서 적극적인 선교 활동을 전개하기 시작하였는데, 이러한 변화는 다종교 상황으로의 진입과 종교 시장의 활성화를 가속화시켰다.

그러나 종교 활동의 재개가 곧 종교 인구의 증가나 사회적 영향력의 강화로 이어진 것은 아니었다. 천주교와 개신교를 비롯한 그리스도교는 급속한 성장을 나타냈으나, 민족주의적 성향이 강한 천도교나 대종교는 오히려 일제강점기보다 크게 위축되기 시작하였다.[3]

이와 같은 종교 간의 차이는 여러 요인들이 복합적으로 작용한 결과였지만, 가장 중요한 요인으로 작용한 것은 새로운 정치 상황에 대한 적응방법상의 차이였다. 제2차 세계대전이 끝난 후, 세계 질서는 미국을 중심으로 하는 자본주의 진영과 소련을 중심으로 하는 사회주의 진영 간의 냉전체제로 전환되기 시작하였다. 이 과정에서 한반도는 38선을 경계로 하여 남북으로 분단되었으며, 남한은 미군정(美軍政)의 통치를 받게 되었다. 이러한 상황에서 시행된 미군정의 통치 전략은 38선 이남을 동서 냉전체제의 최전방으로 삼는 것이었다. 따라서 미군정의 통치 전략 중 가장 우선적인 것은 미국의 세계전략을 지지하고 그에 따른 투철한 반공 이념을 지닌 정부를 수립하는 것이었다.

따라서 여러 종교들이 경쟁하는 상황에서 성장을 위한 정치적 지원을 얻는 최상의 방법은 미군정의 통치 이념인 친미·반공 이데올로기를 지지하는 것이었다.[4] 그런데, 한국 개신교 대부분의 교파들은 미국으로

---

3) 이에 관해서는 다음을 참조할 것. 노치준·강인철, 〈해방 후 한국 사회변동과 종교〉, 한국사회학회·한국사회사학회 편, 《해방 후 한국 사회의 구조적 변동과 사회발전》, 광복50주년 기념 학술대회 발표논문집, 1995. 5. 26.

부터 전래되었으며 오랫동안 미국 선교사들에 의해 주도되어 왔다는 공통점을 지니고 있었다. 또한 천주교도 미국 사회에서 상당한 신도를 지니고 있을 뿐 아니라, 한국 천주교회는 제2차 세계대전 시 미국의 동맹국이었던 프랑스 출신의 선교사들이 오랫동안 주도해 온 종교였다. 여기에 덧붙여 천주교와 개신교는 이미 19세기부터 공산주의와의 관계를 유신론과 유물론, 정신주의와 물질주의, 창조론과 진화론이라는 이분법적 대립구도를 통하여 반(反)종교 세력으로 규정하여 왔으며, 이에 대항할 것을 신자들에게 가르쳐 왔다.[5] 따라서 천주교와 개신교는 미군정기의 정치적 지배이데올로기였던 친미·반공 이데올로기의 생산과 보급의 기지로 기능하기에 유리하였으며, 그 결과 정치권력과 쉽게 유착될 수 있었다.

반면, 강한 민족주의 성향을 나타내면서 38선 이남에 단독정부를 세우려 하는 미국의 한반도 전략에 적극적으로 반대하는 천도교나 대종교는 미국의 한반도 통치 전략에 오히려 장애가 될 수 있었다. 따라서 민족주의 성향을 지닌 전통종교들과 신종교들은 종교 활동을 위한 정치적 지원을 얻는 데 상대적으로 불리할 수밖에 없었다.

이와 같은 상황은 미국에서 활동한 개신교 출신의 이승만이 대한민국 정부 초대 대통령으로 선출됨으로써 계속되었다. 특히, 6·25 전쟁의

---

4) 박승길, 〈해방 이후 한국인의 종교생활과 종교사회학〉, 《광복50년 한국 사회와 사회학》, 1995년 한국사회학회 학술심포지움 발표논문집, 1995. 10. 20, pp. 315-319 참조.

5) 이러한 경향은 특히 천주교에서 더욱 두드러졌다. 강인철, 〈한국전쟁기 반공이데올로기 강화, 발전에 대한 종교인의 기여-천주교를 중심으로〉, 한국사회학회 편, 《한국전쟁과 한국 사회변동》, 풀빛, 1992, p. 191 ; 노길명, 《민족사와 천주교회》, 한국교회사연구소, 2005, pp. 149-156.

체험은 종교 시장에서 그리스도교가 우위를 차지하는 데 중요한 계기로 작용하였다. 정치적 이념으로만 인식하고 있었던 친미・반공 이데올로기를 대다수의 국민들은 전쟁을 통해 철저히 내면화하게 되었으며, 이러한 국민의식의 변화는 그리스도교에 대한 친화감을 증가시키는 중요한 요인이 될 수 있었다.

전쟁의 체험은 종교적 욕구나 신앙 유형, 그리고 교단 운영에도 큰 영향을 끼쳤다. 전쟁 직후, 종교계에서는 신비 체험과 기복 신앙이 급속히 확산되기 시작하였으며,[6] 광복 직후부터 나타나기 시작하였던 개신교와 불교계 내에서의 갈등은 전쟁이 끝난 다음에 이르러서는 교단 분열로 나타나기 시작하였다. 또한 이 시기에는 통일교, 전도관 등을 비롯한 신종교들이 대거 출현하기 시작하였다. 이러한 교단 분열과 신종교의 발생은 각 교단들 간의 선교 활동을 보다 촉진시킴으로써 종교 인구를 증가시키는 요인이 되기도 하였다.[7]

종교 인구의 증가 현상은 1960년대에 이르러 최고조에 달하였다. 그것은 이 시기에 전개된 경제개발정책의 시행과 밀접한 관련을 맺고 있었다. 정부 주도 아래 1962년부터 시행된 경제개발정책과 그에 따라 가속화되기 시작한 도시화 현상은 한국인들의 오랜 결합방식이었던 지연

6) 김홍수, 〈한국전쟁의 충격과 기독교회의 기복신앙 확산에 관한 연구〉, 서울대학교 대학원 박사학위논문, 1998. 8., pp. 105-159 참조.

7) 예를 들면, 개신교의 경우에는 "분열이 성장을 가져왔다"는 주장이 설득력을 얻을 만큼 교파 분열 과정에서도 신자의 수효가 급증하고 있었다. 장로교는 통합파와 합동파로 분열하기 이전인 1959년에 55만 명 정도였는데, 1970년에는 두 교단의 합계가 105만 명이 될 정도로 10년 만에 거의 두 배로 증가하였다. 이 기간 동안 한국 개신교의 신자 수는 132만 명에서 185만 명 정도로 늘어났는데, 증가한 50만 명이 바로 분열한 장로교 두 교단의 증가분이었다. 이광순, 〈한국교회의 위대한 선교적 세기〉, 《기독교사상》, 491, 1999, pp. 21-22.

(地緣)과 혈연(血緣)을 해체시키는 한편, 물질주의와 경쟁주의 등 자본주의적 질서에 적응할 것을 요구하였다. 이러한 생활양식의 급속한 변화는 변화된 상황에서 겪게 되는 경험들을 설명할 수 있는 궁극적인 해석 틀을 요구하게 하는 한편, 해체된 기존 공동체를 대신할 수 있는 새로운 형태의 일차집단을 필요로 하게 만들었다. 이것은 종교적 욕구의 증대와 종교 시장의 활성화를 촉진하였다. 이러한 상황은 종교 간의 선교 경쟁을 더한층 가속화시킴으로써 종교 인구의 급속한 증가를 낳게 하였다. 여기에 덧붙여, 급속한 경제적 · 사회적 변화에 적응하지 못하는 사람들을 중심으로 전개되는 신종교 운동도 종교 시장의 활성화와 종교운동의 다원화를 가속화시켰다. 이러한 종교 시장의 활성화는 1990년대 초까지 이어졌는데, 특히 개신교의 신자 증가율은 대단히 높게 나타나 1960년대에는 412.4%나 되었다.[8)]

그러나 한국 종교계는 1980년대 중반부터 큰 변화를 나타내기 시작하였다. 이러한 한국 종교계의 변화는 종교 친화성에 끼치는 요인들이 바뀌고 있다는 사실과 관련을 맺는 것으로 해석된다. 즉, 개신교의 경우를 보면, 전쟁 이후 대부분의 교단들은 기복(祈福)과 신비 체험을 주된 구제재(救濟財)로 사용하고 있었는데,[9)] 신자 증가에 중요한 요인으로 작용하고 있었다. 1980년대 중반까지의 신자 증가율을 교단별로 비교해보면, 기복(祈福) · 방언 · 치유 · 부흥회 등을 강조하는 교단의 신자 증가율은 대단히 높았던 반면, 인권이나 정의구현 등 사회 참여 활동에 적극적으로 참여하는 교단의 신자 증가율은 그다지 높지 않았다.[10)] 이

8) 이원규, 《한국 교회 무엇이 문제인가》, 감리교신학대학교 출판부, 1998, p. 169.
9) 김흥수, 앞의 논문, p. 86-90.
10) 한완상, 〈교회 양적 성장에 대한 사회학적 고찰〉, 서광선 외 공저, 《한국 교

러한 현상은 불교를 비롯한 타 종교의 경우에도 마찬가지였다. 또한 1960년대에 1백 개 미만이던 신종교 종단의 수효가 이 시기에 급격히 증가한 것도[11] 대부분의 신종교들이 개인의 기복과 신비 체험을 종교적 구제재로 내세웠기 때문이었다.

이와 같은 현상은 1980년대 후반부터 크게 변화하기 시작하였다. 최근의 여러 조사들을 보면, 1960년대에 높은 증가율을 나타내던 개신교의 신자 증가율이 크게 감소한 대신, 불교와 천주교의 신자 증가율이 상대적으로 높게 나타나고 있다.[12] 그 원인은 종교마다 다른 것으로 보이

---

회 성령운동의 현상과 구조》, 대화출판사, 1982, pp. 165-232 ; 노길명, 〈'70년대 한국 종교의 성장과 앞으로의 전망〉, 한국사회학회 편, 《한국 사회 어디로 가고 있나》, 현대사회연구소, 1983. pp. 85-106 ; 이원규, 앞의 책, pp. 176-179 참조.

11) 1969년부터 2년간 문화공보부 주관으로 실시한 조사에서는 58개의 신종교가 파악되었지만(《한국 신흥 및 유사종교실태조사보고서》, 문화공보부, 1970), 1992년 원광대학교 종교문제연구소에서 시행한 조사에서는 소멸된 것까지 포함하면 5백 개가 넘는 것으로 파악되었다(김홍철 외, 《한국신종교실태조사 보고서》, 원광대학교 종교문제연구소, 1997 참조).

12) 예를 들면, 개신교의 증가율은 1950년대에는 10년간 24.6%였던 것이 1960년대에는 412.4%, 1970년부터 1977년까지의 7년 동안에는 56.7%, 1977년부터 1985년까지에는 29.7%, 그리고 1985년부터 1991년까지에는 23.9%가 증가하였다 : 이원규, 앞의 책, p. 169. 그러나 1980년대 중반 이후에는 개신교의 신자 증가율이 다소 둔화된 반면, 불교와 가톨릭의 신자 증가율이 상대적으로 높게 나타나고 있다. 즉, 1985년부터 1991년까지의 신자 증가율을 종교별로 비교해 보면, 개신교 23.9%, 가톨릭 32.8%, 불교 45.5%로 나타난다 : 이원규, 앞의 책, pp. 170-171. 한편, 개신교의 '한국 교회 미래를 준비하는 모임'에서 한국갤럽에 의뢰하여 조사한 결과를 보면, 비종교인들은 앞으로 종교를 택할 경우에 어떤 종교를 선택하겠느냐는 질문에 대해 불교 41.8%, 가톨릭 36.7%, 개신교 21.4%로 응답하여 개신교에 대한 친화성이 가장 낮게 나타났다 : 《한국 개신교인의 교회활동과 신앙의식 -'98 한미준-한국 갤럽 조사보고서》, 두란노, 1999, p. 45.

는데, 불교의 경우는 참선과 같은 불교 특유의 수련 방법을 통한 심리적 인 안정과 평화에 대한 사회적 관심이 증가한 때문이고, 천주교의 경우는 그동안 한국 천주교회가 전개하였던 각종의 사회복지 활동과 사회정의구현 활동, 그리고 성직자와 수도자의 청빈한 생활과 교회 재정 운영의 투명성 등이 천주교에 대한 친화성을 높였기 때문인 것으로 분석된다.[13] 또한 이때부터는 초월명상 · 기공 · 단전 등과 같은 '신영성운동'이 크게 확산되기 시작하였는데, 이는 불안정한 사회에서 제공하던 종교적 구제재들이 사회의 안정화에 따라 매력을 상실하게 되고, 그 대신 새로운 종교적 구제재들이 등장하기 때문인 것으로 분석된다. 즉, 과거 한국 사회가 빈곤과 불안정을 나타내던 시기에는 기복과 신비 체험이 매력을 크게 얻고 있었지만, 삶의 조건을 크게 제약하던 빈곤의 문제가 어느 정도 해결되고, 정치적으로도 민주화가 진전되자, 육체적 · 정신적 건강과 평화가 주된 관심으로 등장하고, 따라서 그것을 보장해 주는 비술(秘術)과 영술(靈術)에 대한 사회적 관심이 증가하기 때문인 것으로 해석된다.[14]

## 2. 한국 종교문화의 성격

종교는 사회와의 관련 속에서 발생하고 기능하며 또한 변동한다. 또한

---

13) 박문수, 〈한국 가톨릭교회의 내적 쇄신과 구조조정의 방향〉, 《아시아 경제위기와 교회의 역할－IMF, 인권과 교회》, 아시아 경제 위기와 교회의 역할에 관한 국제 포럼 · 우리신학연구소 · 국제가톨릭 지식인 문화운동, 1998. 8. 24-29, p. 130.

14) 노길명, 〈한국 신흥종교운동의 성격과 종교문화의 변용〉, 《사목》, 207, 1996, pp. 35-39.

이와 같은 과정을 통해 형성된 종교문화는 신자들의 의식과 행위는 물론 사회에 대해서도 상당한 영향을 끼치게 된다. 따라서 종교문화의 성격을 이해하기 위해서는 종교와 사회 간의 관계를 파악할 필요가 있다.

모든 사회나 사회집단에는 나름대로 그 체제를 구성하는 정치적·사상적 원리로서의 지배이데올로기가 존재한다. 지배이데올로기는 사회나 집단이 지향해 나아가야 할 방향과 성원들이 헌신해야 할 행위 양식을 제시함으로써 사회나 집단의 통합과 발전에 기여한다. 그러나 경우에 따라서는 지배계급이나 주도 세력들이 자신들의 이익을 정당화하고 물적·인적 자원을 동원하거나 현실의 모순을 은폐하기 위한 수단으로 활용되기도 한다.

광복 이후 한국 종교와 사회 간의 관계는 일차적으로 양자를 구성해 온 근본원리가 무엇이었는지를 파악함으로써 드러날 수 있다. 즉, 광복 이후 한국 사회를 이끌어 온 정치적·사상적 지배이데올로기와 한국 종교계를 지배해 온 이데올로기 또는 풍조가 무엇이었는지를 파악함으로써 한국 사회와 종교 간의 관계 및 그에 따른 한국 종교문화의 특성을 파악할 수 있는 것이다.

8·15 광복 이후 한국 사회를 지배해 온 이데올로기는 '친미·반공주의'와 '성장주의'였다. 이 두 가지 이데올로기는 한국 사회의 정치, 경제, 사회, 교육, 문화 등 모든 영역에 절대적 영향을 끼치면서 한국 사회의 성격을 형성해 왔다.[15]

---

15) 일부 학자들은 이에 덧붙여 안정주의와 자유민주주의도 들고 있지만, 이 두 가지 이데올로기들이 지니는 의미는 상대적으로 약했다고 볼 수 있다. 자유민주주의적 가치보다 맹목적인 체제 안정화의 논리가 우선시되고, 안정보다는 양적인 경제성장의 논리가 강조되며, 이 모든 것 위에 '반공'의 가치가 자리잡고 있었기 때문이다 : 임영일, 〈한국 사회의 지배이데올로기〉, 한국산업사회

친미·반공주의는 세계체제의 재편 과정에서 강요된 한국 사회의 구성 원리였다. 제2차 세계대전이 끝난 후 전개되기 시작한 동서 냉전시대의 개막은 한반도를 동서 냉전체제의 최전방으로 만들었으며, 그 결과 남한 사회는 친미·반공주의를 정점으로 하는 사회체제로 재편되기 시작하였다. 따라서 친미·반공주의는 처음부터 민족의 요구나 결단과는 관계없이 외세 규정성이라는 한계를 내포하고 있었으며, 이러한 한계성은 한 민족 내에 두 개의 국가라는 모순으로 이어져 오늘에까지 이르고 있다.

외적 조건으로 가해진 친미·반공주의는 6·25 전쟁을 통해 국민의 심성 속에 자연스럽게 내면화되었다. 전쟁의 체험은 민족과 국가의 존립 기반은 곧 반공인 것으로 인식토록 만들었으며, 전쟁 기간과 전후의 복구과정을 통한 미국의 막대한 군사적·경제적 지원은 미국에 대한 무조건적인 친화성을 강화토록 만들었다. 여기에 덧붙여, 권력의 정당성을 인정받지 못하였던 정치적 지배 세력들은 친미·반공주의를 자신들의 권력 유지와 국민 동원의 수단으로 활용함으로써 보다 강력하고 명료하게 가공해 내는 동시에, 억압적인 국가기구를 동원하여 철저하게 관철시키고자 하였다. 따라서 친미·반공주의는 정치권력에 의해 끊임없이 결집되고 재생산되면서 남북간의 이질화와 분단 상황의 고착화에 기여하는 한편, 한국의 정치문화를 권위주의 체제로 고착시키는 중요한 요인으로 작용하였다.

'발전주의'로 불리기도 하는 성장주의는 친미·반공주의와 밀접한 연

---

연구회 편, 《한국 사회와 지배이데올로기》, 녹두, 1991, p. 77. 한국 사회는 반공 또는 친미·반공 이데올로기와 성장 이데올로기가 두 축을 이루면서 지탱되어 왔다고 보는 것이 타당할 것이다.

관을 맺으면서 영향력을 발휘해 왔다. 반공주의가 '팍스 아메리카나(Pax Americana)'의 정치철학이라면, 성장주의는 그것의 경제철학이라 할 수 있다.[16] 성장주의가 사회의 주요 구성원리로 작용하기 시작한 것은 박 정권 때부터였으며, 이를 보다 체계화하기 시작한 것은 1970년대 초에 이르러서였다. 이것은 경제개발계획으로 집약되는 국가주도 하의 기술관료적 계획을 통해 구체화되었으며, 그 후 유신체제를 정당화하는 이데올로기로 활용되었다.

성장주의는 국민국가를 기본 구성단위로 하며, 참여자는 누구나 자신의 능력에 따라 부와 이익을 획득할 수 있다는 자유경쟁의 원리와 그에 따른 세계경제체제를 상정한다. 이러한 성장주의는 총화·안정·질서를 교리로 삼는 군부 권위주의와의 기능적 상보관계, 즉 개발과 독재가 연결될 수 있는 고리의 형성을 가능케 하는 한편, 군부 엘리트·자본가·기술관료·신중간층 등 사회 지배 세력들 간의 동맹 형성을 통해 혁신 세력의 저항은 물론, 노동자·농민·도시빈민 등 사회 저변층의 생존권 투쟁에 대한 억압을 강화하는 원리로 이용되기도 하였다. 뿐만 아니라, 성장주의에 따른 사회 편성은 물질주의·물량주의·업적주의·경쟁주의·개인주의·형식주의·권위주의 등과 같은 바람직하지 못한 풍조를 사회 전반에 확산시키면서, 많은 사회문제들을 발생시키는 요인이 되기도 하였다.

친미·반공주의와 성장주의는 정치나 경제적인 영역에서만 나타난 것은 아니었다. 그것은 광복 이후 한국의 종교문화를 관통해 온 풍조이기도 하였다. 앞에서 언급한 바와 같이, 한국 종교들, 특히 일찍부터 공

---

16) 최장집·이성형, 〈한국 사회의 정치이데올로기〉, 한국산업사회연구회 편, 《한국 사회와 지배이데올로기》, 녹두, 1991, p. 218.

산주의와의 관계를 유신론과 유물론 간의 대립구도로 신학화(神學化) 한 그리스도교는 광복 직후부터 미국과의 친화관계를 강화하면서 친미 · 반공 이데올로기의 생산과 공급의 기지로 기능하였다. 이러한 현상은 정치권력으로부터 지원과 보호를 얻고자 하였던 대부분의 종교들에서도 마찬가지로 나타났다. 즉, 광복 이후부터 만성적인 내분을 겪으면서 정치권력에 대한 의존을 심화시켜 온 불교는 지배이데올로기에 대한 저항 능력을 상실한 채 경쟁적인 충성 의지를 나타내 왔으며,[17] 신종교들 가운데서도 정치권력으로부터 인정과 보호를 받기 위해 강력한 반공 의지를 내세우는 종단들이 다수 출현하였다.[18] 강력한 권위주의 체제와 다종교 상황에서 종교적 우위를 차지하는 가장 우선적인 방법이 정치권력으로부터 지원을 받는 것이었기 때문에 이러한 현상은 유신체제와 같은 권위주의 체제의 강화에 따라 더욱 두드러지게 나타났다.

종교 내에서의 친미 · 반공 이데올로기의 수용과 확산은 결과적으로 종교가 민족의 화해와 일치보다는 분단과 남북의 이질화에 기여하는 결과를 낳았다. 또한 이러한 지배이데올로기의 수용은 올바른 역사인식을 억제하여 종교와 민족사 간의 올바른 만남을 저지하기도 하였다. 특히 반공

---

17) 노치준 · 강인철, 앞의 논문, pp. 149-162.

18) 이러한 성향은 전후에 등장한 기독교계 신종파의 공통분모이기도 하였다 : 김홍수, 앞의 논문, p. 103. 특히 한국 기독교계 신종교 중 가장 활발한 활동을 보여준 통일교에서는 '반공'을 '혁명공약' 제1조로 내걸면서 쿠데타를 통해 집권한 박정희 정권 시절 '국제승공연합'을 조직하여 활발한 승공운동을 전개하였다. 이 단체는 1970년대 말 전국 175개 시 · 군과 세계 127개국에 지부를 설치하여 승공 사상 세미나 · 승공 강연 · 승공 교육 등의 활동을 하였는데, 그 대상은 공무원 · 기업인 · 군인 · 경찰 · 향토예비군 · 교사 · 학생 · 새마을지도자 · 근로자 등 각계, 각층을 망라하였으며, 승공 교육 이수자는 총 1천9백만 명에 이른 것으로 자체 집계하였다 : 노길명 · 이재민, 《통일교, 그 실상과 오해》, 사목연구소, 1991, pp. 80-81.

을 신학화하고 있었던 그리스도교의 경우에는 친미 · 반공 이데올로기가 외세 의존적, 외래문화 의존적 성향을 확산시켜 한국 교회의 자주적인 성장을 저해하고 토착화를 지연시키는 요인의 하나가 되기도 하였다.

이와 같은 세속적 이데올로기의 종교 내 유입은 성장주의의 경우에도 마찬가지였다. 다종교 상황에서 종교적 우위를 차지할 수 있는 가장 우선적인 방법은 인적 및 물적 자원을 증대시키는 것이었다. 따라서 각 종교들은 '성장'을 선교의 최우선으로 삼고 있었다.[19]

이러한 종교 내에서의 성장주의는 종교의 양적 성장에는 크게 도움이 되었지만, 종교문화의 측면에서는 여러 가지의 부정적 결과를 가져왔다. 우선, 성장주의의 확산은 종교들로 하여금 보편적 가치나 윤리 규범의 제시를 위한 활동보다는 신자의 증대와 물리적 시설의 확장에 보다 관심을 갖도록 하였으며, 물질주의 · 물량주의 · 경쟁주의 · 개인주의 · 업적주의 · 형식주의 · 권위주의 등과 같은 바람직하지 못한 가치들을 한국 종교문화의 특성으로 고착화시키는 결과를 가져왔다. 또한 성장주의는 기복이나 신비 체험을 중요한 선교 방법으로 내세움으로써 건전한 신앙의 형성을 저지하였다. 기복과 신비 체험에 대한 강조는 신앙생활을 감각적이고 개인적인 차원에 국한시킴으로써 종교의 사회적 책임을 간과케 하는 한편, 수많은 종교 체험과 역사 체험을 통해 쌓아온 교리나 신학과 같은 지적 전통에 대한 관심을 억제하여 감상주의나 열광주의와 같은 반(反) 지성적 성향을 낳게 하였다. 오늘날 한국의 종교문화가 개인주의 · 기복 중심 · 형식주의 · 신앙과 행동의 불일치 · 반지

---

19) 이 시기 개신교에서는 '교회성장론'이 지배하고 있었다. 이의 특성과 결과에 대해서는 다음을 참조할 것 : 이원규, 《한국 교회의 현실과 전망》, 성서연구사, 1994, pp. 180-198.

성주의 등으로 특징지어지는 것은 이와 같은 성장주의의 확산과 상당한 관련이 있는 것으로 볼 수 있다.[20]

한편, 종교의 성장주의는 종교 간의 무제한적인 경쟁과 갈등을 촉발함으로써 사회 통합을 저해하는 결과를 낳기도 하였다. 끊임없이 발생하는 훼불 사건(毁佛事件)과 단군상(檀君像) 훼손 사건, 성당에 대한 방화(放火) 사건과 성물에 대한 파괴 행위는 한국 사회에서 종교 간의 갈등 정도와 한국 종교문화의 수준을 극명하게 나타낸다고 할 수 있다.

이와 같은 한국 종교문화의 성격은 여러 형태의 종교문제들을 발생시키는 원인이 되고 있다. 그러나 많은 종교들이 자체의 비리나 문제들을 성역화하여 그에 대한 공론화(公論化)를 피하고 있으며, 그에 따라 종교문제는 더욱 심화되고 있다.[21] 한국 종교계가 부실 기업들과 마찬가지로 양적 성장의 신화에 사로잡혀 도덕성의 제고라는 본연의 기능을 수행할 능력을 상실했다는 비판[22]이나 한국 사회에서 과연 종교가 존재해야 할 당위성을 찾을 수 있는가 하는 비판[23]이 제기되는 것은 기본적으로는 한국 종교들이 사회의 지배이데올로기나 사회적 풍조를 그대로 종교 내부로 유입시켜왔기 때문이다.

---

20) 노길명, 〈새천년 한국 종교지도자의 과제와 역할〉, 《새천년맞이 민족정신선양운동 지도자대회 및 학술연구발표회 발표논문집》, 한국민족종교협의회, 2000. 6. 20, pp. 61-62.

21) 윤이흠, 〈종교의 성역화와 사회적 공론〉, 임종철 외, 《한국 사회의 비리》, 서울대학교 출판부, 1994, pp. 211-237.

22) 길희성, 〈21세기 한국 종교문화의 전망과 과제〉, 《21세기 한국 사회와 종교문화》, 사단법인 가톨릭종교문화연구원 제2회 학술세미나 발표논문집, 1999. 1. 21, p. 16.

23) 이에 관해서는 다음을 참조할 것. 최준식, 〈한국의 종교, 그 존재 당위성의 여부 문제에 관하여〉, 《종교연구》, 18, 1999, 겨울, pp. 43-65.

## 3. 한국의 종교문제

### 1) 신종교에서의 문제

한국 사회는 '신종교의 왕국'이라 불릴 정도로 수많은 신종교들이 존재하고 있다. 따라서 이에 대한 사회적 관심과 논의도 다른 나라들에 비해 상대적으로 활발하다. 그러나 신종교는 그 자체가 문제가 되는 것은 아니다. 오늘날 세계종교로 불리는 불교나 그리스도교, 그리고 이슬람교는 모두 신종교운동으로부터 출발한 후 제도화(制度化, institutionalization)를 거쳐 세계종교로 발전한 종교들이다. 따라서 신종교의 발생은 그 자체가 사회문제라 할 수 없다.

신종교가 일반인들에게 '문제 집단'으로 인식되는 것은 신종교가 갖는 두 가지 특성과 관련된다. 그 하나는 신종교가 기성 종교보다 제도화의 정도가 낮아 불안정한 모습을 띠고 있다는 점이다. 신종교의 조직이나 활동은 제도에 의해서보다는 창시자나 지도자 개인의 카리스마나 취향에 따라 결정되기 쉬우며, 따라서 오랜 역사를 통해 제도적 장치를 갖춘 기성 종교보다 불안정하고 일탈 행위가 발생할 가능성도 상대적으로 높을 수 있다. 둘째는 대부분의 신종교운동은 기존 사회체제의 모순과 문제점, 그리고 기성 종교의 기능적 한계성을 고발하면서 전개된다는 점이다. 따라서 신종교에서는 기존의 가치나 규범을 거부하는 경향을 나타내기 쉬우며, 그러한 개연성은 신종교의 일탈성을 높이는 요인으로 작용하게 된다. 셋째는 신종교에 대한 사회적 인식과 반응의 문제이다. 신종교는 사회적 모순과 기성 종교의 한계점을 고발하면서 등장하기 때문에 사회의 기득권층이나 기성 종교들의 입장에서는 신종교를 반동집단 내지는 도전집단 또는 이단(異端)으로 인식할 가능성이 높게 된다.

신종교가 나타내는 사회적 문제점들은 대체로 다음과 같은 몇 가지 측면으로 정리될 수 있다.

그 첫째는 신종교의 교리나 사상에서 공통적으로 나타나는 종말론과 관련된 문제들이다. 종말론이란 시간의 흐름을 설명하는 종교 사상의 하나로서, 고대종교로부터 현대종교에 이르기까지 거의 대부분의 종교에서 나타나고 있다. 그러나 대부분의 기성 종교들은 수많은 종교 체험과 오랜 역사를 통해 비교적 안정되고 추상화된 종말론을 제시하는 데 반해, 신종교들은 종말의 임박성을 강조한다는 점에서 차이가 있다.

'개벽'이나 '말세'로 표현되는 신종교의 종말론은 현실 세계에서 받는 고통을 초인간적인 존재의 도움을 통해 해결하려는 민중의 열망과 결합함으로써 빈곤이나 억압 또는 박탈감으로 고통받는 사람들로부터 큰 호응을 받아 왔다. 특히 사회변혁기에는 급격한 사회변동에 적응하지 못하는 사람들을 중심으로 새로운 사회질서를 추구하는 민중운동의 중심 이데올로기로 작용하기도 하였다.[24]

신종교의 종말론에서는 이분법적인 구도가 지배한다. 즉, 지금까지의 세계를 '낡은 세계' 또는 '사악한 세계'로 규정하면서, 다가올 세계는 '새 세계' 또는 '선한 세계'라는 등식을 설정한다. 대부분의 신종교 종말론 신봉자들은 낡은 세계는 곧 끝나게 되고 새 세계가 실현될 것이고, 그때에는 지금까지 권력과 부를 누리던 지배계급이 심판을 받아 멸망하게 될 것이며, 자신들만이 선택을 받아 새롭게 펼쳐질 지상천국에 참여

24) 예를 들면, 중세 말 자본주의 등장에 따라 분해되던 농민층이 중심이 되었던 농민전쟁이나, 중국의 태평천국의 난을 비롯하여 19세기 중엽 이후 비서방 사회에서 서구문화나 제국주의의 충격에 대응하여 전개되었던 민중운동의 이념적 토대는 대부분 천년왕국 신앙이었다.

하여 복락을 누리게 될 것이라고 신앙한다. 따라서 이들은 기존의 가치·규범·제도·권위 등을 '사악한 것' 또는 '낡은 것'으로 간주하면서 새로운 사회질서를 강조한다.

이와 같은 신종교의 종말론은 기존 질서에 대한 파괴 행위로 연결될 개연성을 높인다. '낡은 것'과 '새 것', '선한 것'과 '사악한 것'의 이분법적인 구도에서 신종교의 참여자들은 '선한 세계'에 속한 사람들로서 곧 다가올 새 세상에서 참여하여 행복을 누리도록 선택받은 '선민(選民)'으로 인식되며, 선민에게는 기존 사회질서와 '악의 세력'을 타파할 사명이 부과된다. 그러한 사명은 기존의 사회질서나 기존 사회체제에서 기득권을 누리는 '악의 세력들'에 대한 공격 가능성을 수반하게 된다.

이러한 가능성은 천년왕국의 도래를 갈망하는 조급성으로 인해 더욱 고조될 수 있다. 즉, 지상천국을 실현하겠다는 종교적 욕구의 성급한 처리 방식은 절박하면서도 궁극적이고 집단적인 구원을 찾게 하며, 민중의 집단적 앙분상태(昻奮狀態)나 광조성(狂躁性)을 고조시킬 수 있는 것이다. 종말론집단에서 흔히 나타나는 광기(狂氣) 상태의 집단예배 방식은 이와 같은 조급성과 그에 따른 광조성의 표현이라 할 수 있다. 이러한 상태에서는 자신들의 목표 달성에 장애가 된다고 간주되는 대상들을 적대시하며 극단적인 공격을 가하거나 파괴적인 행위를 서슴지 않게 된다.[25)]

광조성에 따른 공격 행위는 외부로만 표출되는 것은 아니다. 그것은 집단 내부로 향할 수도 있다. 이때의 적대감 처리 방식은 여러 형태로 나타날 수 있다.[26)] 그 첫째는 사회로부터 도피하여 자신들의 내적 응집

25) 황선명, 《민중종교운동사》, 종로서적, 1980, pp. 47-48.

26) 노길명, 《한국신흥종교연구》, 경세원, 1996, pp. 245-247.

력을 강화하면서 스스로 새로운 세계를 건설하는 방식이다. 많은 신종교집단들이 깊은 산속이나 특정 지역에 신앙촌을 이루어 자신들만의 공동생활을 영위하면서 지상천국을 직접 건설코자 하는 것은 이에 속한다. 둘째는 주도문화와는 다른 하위문화(sub-culture)를 창출하는 방식이다. 신종교운동의 참여자들 중에는 높은 교육 수준이나 직업적 성공 또는 경제적 부의 축적과 같이 사회적 가치를 추구할 능력이나 수단을 갖지 못하고 있어 심한 욕구 불만과 자아 존중의 훼손을 겪는 이들이 많다. 이들은 자신들이 쉽게 적응할 수 있는 새로운 가치와 도덕 기준을 창출하고 그에 적응함으로써 욕구 불만과 자아 존중의 문제를 해결하려는 경향을 나타내기도 한다. 이러한 경향은 광란적인 집회나 성적 문란 행위로 표현되기도 한다. 셋째는 집단 히스테리 현상이다. 지상천국의 도래라는 열망이 조속히 실현되지 않거나 그에 대한 가능성이 급격히 사라질 때 신종교집단이 지닌 광조성은 집단 자살과 같은 현상으로 나타날 수도 있다.27)

지상천국의 임박을 특징으로 하는 시한부 종말론은 한국 사회에서도 끊임없이 등장하면서 많은 문제를 야기해 왔다. 또한 1980년대부터는 새로운 천년의 도래에 대한 불안감이 사회주의권의 붕괴에 따른 동서 냉전체제의 와해, 새로운 세계경제 블럭의 형성, 정보화 사회로의 진입, 환경오염과 생명 경시 풍조의 만연 등과 같은 시대적 상황과 결합되

---

27) 집단자살 사건의 예로는 1978년에 남미 가이아나에서 발생한 '인민사원'(914명 사망), 1994년 스위스에서 발생한 '태양의 사원'(53명 사망), 1997년 미국 캘리포니아에서 발생한 '천국의 문'(39명 사망), 2000년 아프리카 우간다에서 발생한 '신의 십계(十戒) 운동'(1천 명 이상 사망 추정)을 들 수 있으며, 집단 폭력에 의한 사망사건의 예로는 1930년대 한국에서 발생한 '백백교사건'(사체 발굴 346명)을 들 수 있다.

면서 소위 '1992년 종말설' 또는 '휴거설'을 비롯하여 여러 형태의 시한부 종말론들을 발생시키기도 하였다. 또한 그에 따라 직업 · 학업 · 재산 · 가정 등을 포기하는 사례들도 속출하였다.[28)]

둘째로는 신종교의 창교자가 갖는 독특한 카리스마(charisma)와 관련된 문제들이다. 대부분의 신종교에서는 종말 때에는 이 세상을 심판하고 새로운 세계를 펼쳐 줄 메시아가 출현할 것이라고 강조한다. 그러면서 이들은 그러한 메시아는 바로 자기 종단의 창교자 또는 현재의 교주(教主)라고 주장한다. 따라서 신종교의 창시자나 교주는 단순히 종단의 대표자나 지도자가 아니라 이 세상을 구원할 '구세주' 또는 '심판자' 또는 신으로 간주되기도 한다. 이와 같은 창교자나 교주의 강력한 카리스마는 그를 절대적 존재로 만들며, 종교집단을 제도나 규정보다는 그의 관심과 판단에 따라 운영하도록 만드는 요인으로 작용한다.

창교자나 교주를 절대적 존재로 신앙한다는 것은 신자들이 그러한 존재의 출현을 갈망한다는 것을 의미한다. 즉, 사회적으로 소외되고 억압받고 고통받는 소외계층들은 자신들이 직면한 문제들을 해결해 주고 새로운 세계를 펼쳐 줄 메시아를 고대하는데, 그러한 그들의 열망이 창교자나 교주에 대한 신격화로 나타나게 되는 것이다. 이와 같은 신격화가 대부분 창교자나 교주 자신보다는 신자들에 의해 이루어지는 것은 이 때문이다.[29)]

---

28) 이에 관해서는 다음을 참조할 것. 김성건, 〈종말론 대두에 관한 사회학적 분석 : 최근 한국에 등장한 시한부 종말론을 중심으로〉, 《사회과학연구》, 5, 1992 ; 노길명, 〈시한부 종말론의 배경과 성격 – '1992년 종말론'을 중심으로〉, 오태순 신부 은경축기념논문집 간행위원회 편, 《한국 사회와 복음선교》, 빅벨, 1994 ; 이원규, 《한국 교회 어디로 가고 있나》, 대한기독교서회, 2000 중 제10장 〈천년왕국운동과 시한부 종말론〉.

창교자나 교주의 강력한 카리스마는 그의 가르침이나 지시를 거역할 수 없는 명령으로 신성화시킨다. 특히 사회와 격리된 깊은 산속이나 특정 지역에서 공동생활을 하는 도피형의 신종교집단에서는 창교자의 명령이나 지시는 절대성을 띠게 되며, 그를 거부할 경우에는 집단으로부터 가혹한 처벌을 받게 될 가능성이 한층 높아지게 된다. 이러한 형태의 종교집단에서 폭력이나 노동력 착취 또는 성과 관련된 일탈 행동이 자주 발생하는 것은 이 때문이다.

### 2) 기성 종교에서의 문제

종교문제는 제도화의 수준이 낮은 신종교에서만 나타나는 것은 아니다. 그것은 기성 종교에서도 마찬가지로 나타날 수 있다. 오늘날 한국 사회에서 기성 종교들이 제기하는 주요 문제들로서는 종단의 분규와 분열, 지배이데올로기의 유입에 따른 종교 비리 현상, 반지성적 신앙의 확산, 다종교 상황에 따른 배타적 태도 등을 들 수 있다.

먼저, 종단의 분규와 분열은 종교의 제도화 과정에서 흔히 나타나는 현상이다. 종교는 창교자의 종교 체험을 바탕으로 형성된다. 그러나 동일한 종교 체험이나 종교 신념을 공유하는 사람들이 하나의 집단을 형성하게 되면, 여타의 사회집단과 마찬가지로 그 안에서도 역할과 권력의 분화가 나타나게 되며, 이를 얻기 위한 경쟁과 갈등이 따르게 된다. 이것은 종교의 제도화를 촉진하는 요인이 되지만, 다른 한편으로는 갈등과 분열, 그리고 사회적 역기능들을 유발하는 요인이 되기도 한다.

초기 종교운동의 구심점은 창교자의 카리스마이다. 창교자의 카리스

---

29) 노길명, 《한국의 신흥종교》, 가톨릭신문사, 1988, pp. 145-146.

마는 추종자를 불러 모으고, 종교운동의 목표와 방향을 결정짓는 가장 중요한 요인으로 작용한다. 그렇기 때문에 창시자가 생존하는 기간에는 확립된 조직체계보다는 창교자의 카리스마를 중심으로 한 창교자와 추종자 간의 수직적 관계가 지배한다. 그러나 창교자가 사망하게 되면, 초기의 종교운동은 심각한 위기에 봉착하게 된다. 이러한 위기는 누가 권력을 계승할 것인가 하는 후계자의 선정 문제로 나타난다.

제도화에 성공한 기성 종교들은 대체로 카리스마를 특정 개인보다는 성직(聖職)이나 조직 자체에 부여함으로써 이 문제를 해결한다. 그러나 그때에도 대표자의 선정이라는 문제는 중요한 과제가 된다. 대표자의 선정은 종교집단의 정책과 방향뿐 아니라 재산의 운영이나 관리에도 관련되기 때문에, 경우에 따라서는 교권 장악을 위한 경쟁과 갈등 및 교단의 분열로 연결되기 쉽다. 이와 같은 대립과 갈등은 내면적으로는 권력이나 재산의 장악을 향한 것이면서도 외면적으로는 정통과 이단이라는 교리상의 대립으로 표현되는 경우가 대부분이다. 이때, 종교집단 내의 경쟁과 갈등은 폭력의 사용이나 교단 재산의 횡령 등과 같은 일탈 행위를 발생시키거나 종단의 분열로 이어지기도 한다. 이와 같은 종단 내부의 갈등과 그에 따른 분열은 역사가 비교적 오래되고 재산 규모가 큰 기성 종교들에게서도 마찬가지로 나타날 수 있다.

대부분의 종교문제는 종교집단이 사회와 단절하려 하거나 또는 사회로 몰입코자 할 때 발생한다. 종교가 사회와 단절하게 되면 현실 세계와는 유리되어 스스로 사회적 기능의 수행을 차단하는 동시에 폐쇄된 종교집단들에서 흔히 보이는 것처럼 각종 비리와 일탈 행동을 유발할 수 있다. 한편, 종교가 지나치게 사회적 풍조를 받아들이게 되면 종교가 지닌 성스러움은 약화되며 종교집단 자체가 하나의 이익집단으로 변모하게 된다. 이 경우에도 종교는 사회에 대해 순기능보다는 역기능을 수행할 가능성이 높게 된다. 기성 종교들에서 발생하는 문제들의 대부분은 종교가 사회의 지배이데올로기나 사회 풍조들을 여과 없이 수용함으로써 나타난 현상들이라 할 수 있다. 예를 들면, 성장주의가 수반하는 물질주의 · 물량주의 · 경쟁주의 · 개인주의 · 업적주의 · 형식주의 등과 같은 풍조들은 일반 사회뿐만 아니라 종교계에서도 거의 마찬가지로 나타나고 있는 것이다.[30] 한국 종교들이 나타내는 비리나 역기능의 상당 부분은 어떤 형태로든 이러한 풍조들과 연관되어 있다.

한편, 한국 종교계가 나타내는 반지성적 신앙의 확산 역시 한국의 종교문화를 바람직하지 못한 방향으로 이끄는 주요 요인으로 작용하고 있다. 종교적 신앙 안에는 이성적이고 합리적인 요소뿐 아니라 감성적이고 감정적인 요소도 포함된다. 어떤 의미에서는 감성적이고 감정적인 요소가 사람들의 정서를 더욱 깊이 있게 만들기도 한다. 또한 그것은 종교적 열정이나 적극성의 원동력이 되기도 한다. 그러나 감성 일변도로 나가게 되면 광신성을 확산시키고, 합리적인 문제 해결 방식이나 민주적 절차를 무시하게 만들며, 비합리적 · 비지성적인 행위들을 발생시킬 수도 있다.[31]

앞에서 살펴본 바와 같이, 광복 이후 한국 종교들은 경쟁적인 선교 활동을 벌이면서 성장주의를 지향하여 왔다. 이 과정에서 한국 종교들이 흔히 내세운 종교적 구제재(救濟財)는 기복과 신비 체험이었다. 한국 사

---

30) 노길명, 〈새천년 한국 종교지도자의 과제와 역할〉, 《새천년맞이 민족정신선양운동 학술연구발표회 발표논문집》, 한국민족종교협의회, 2000. 6. 20, pp. 57-72.

31) 이원규, 〈한국 종교계의 문제와 개혁 과제〉, 한국사회학회 엮음, 《한국 사회 개혁의 과제와 전망》, 샛길, 1994, pp. 462-463.

회에서 급속한 양적 성장을 나타낸 종교집단들은 대부분 이 두 가지를 주요 구제재로 삼아 왔다는 공통점을 나타내고 있다.[32] 이러한 구제재들은 상실감이나 고통을 체험하는 사람들의 욕구와 쉽게 일치함으로써 신도를 확보하는 데에는 유리할 수 있다. 그러나 이에 대한 강조는 신앙생활을 개인의 안일과 복락을 위한 수단으로 삼게 하여 종교의 사회적 책임을 간과케 하며, 신앙생활을 수많은 종교 체험과 역사 체험을 바탕으로 쌓아온 교리나 신학과 같은 지적 전통과 유리되도록 함으로써 감각적이고 개인적인 수준에 머물게 하고, 광신적이며 광란적인 분위기를 조장하여 감상주의나 열광주의와 같은 반(反) 지성적 성향을 조장할 수 있다. 한국의 종교계가 급속한 양적 성장을 나타내면서도 종교문화가 이에 따르지 못하는 것은 이러한 신앙 경향 때문이기도 하다.

그리고 한국 종교계의 주요 특징이라 할 수 있는 다종교 상황 역시 종교 간의 대립과 갈등을 촉발함으로써 건전한 종교문화의 형성을 저해하는 요인으로 작용하고 있다. 종교의 믿음 체계는 출생과 삶, 결혼, 고통, 재난, 죽음 등 생활 주변에서 발생하는 일상적인 것과 비일상적인 것, 현실적인 것과 초현실적인 것을 모두 포함한다. 또한 종교는 인간이 지향해야 할 삶의 목적과 방법은 물론 사회가 추구해야 할 보편적 가치와 윤리 규범을 제시한다. 그렇기 때문에 종교는 인간이 경험하는 모든 내용들을 설명하는 가장 궁극적인 해석의 틀이며 설명 체계이기도 하다.

이와 같은 특성으로 인해, 종교적 가치나 설명 체계는 흔히 절대성을

---

32) 노길명, 〈1970년대의 종교성장과 앞으로의 과제〉, 한국사회학회 편, 《한국사회 어디로 가고 있나》, 현대사회연구소, 1983, pp. 87-91 ; 이원규, 앞의 책, pp. 179-184.

띠게 된다. 즉, 자신의 설명 체계만이 옳으며, 여타의 것은 그르거나 충분하지 않다는 배타성을 지니게 되는 것이다. 종교 간의 대립과 갈등은 이와 같은 종교적 가치의 절대성과 그에 따른 배타적 태도에 기인한다. 특히 사회의 권력이나 부(富)가 종교에 따라 심한 편차를 나타낼 때, 종교 갈등은 보다 격렬하게 나타난다. 예를 들면 특정 종교의 신봉자들이 전체 사회 성원의 대부분을 차지하고 있음에도 불구하고, 정치적 권력이나 경제적인 부는 소수의 타 종교인들이 차지하고 있는 사회에서는 종교적 대립과 갈등이 첨예하게 나타나게 된다. 세계 여러 나라에서 나타나는 극심한 종교 갈등은 이와 같은 정치적 또는 경제적 요인이 관련된 경우가 대부분이다.

한국 사회에서의 종교 간의 대립과 갈등은 아직은 계급 문제와는 깊은 관련을 맺지 않고 있다. 그러나 종교 간 계층구조의 차이는 점차 나타나기 시작하고 있다.[33] 한국 사회에서의 종교 갈등은 대부분 다종교 상황이라는 한국적 종교 상황에 미성숙한 종교문화가 맞물리면서 나타난다고 볼 수 있다. 즉, 각 종교들이 전개하는 무제한적인 선교 경쟁이 다른 종교의 가치나 이념을 인정하지 못하는 편협된 종교문화와 결합함으로써 타 종교에 대한 배타적 태도와 공격적 행위로 연결되고 있는 것이다. 종교 간의 대립과 갈등은 가정은 물론 사회적으로도 중요한 문제로 등장하고 있다. 예를 들면, 종교의 차이로 인한 가족성원 간의 갈등

33) 한 조사결과에서는 중산계급과 신중간계급 및 구중간계급을 합친 비율은 한국인 전체 평균은 57.5%인데 비해, 불교인은 50.7%, 개신교인은 66.6%, 가톨릭인은 76.1%인 것으로 분석되었다. 서우석, 〈중산층 대형교회에 관한 연구〉, 서울대학교 대학원 석사학위논문, 1993, p.25 ; 노치준·강인철, 〈해방 후 한국 사회변동과 종교〉, 《해방 후 한국 사회의 구조적 변동과 사회발전》, 한국사회학회·한국사회사학회, 1995, pp.183-184 참조.

과 별거 또는 이혼, 사찰과 불상을 파손하는 훼불(毁佛) 행위와 단군상(檀君像) 훼손 행위, 성당 건물에 대한 방화(放火)와 성물 파손 행위 등은 이러한 미성숙한 종교문화가 수반하는 일탈 행동들이라 할 수 있다.

## 4. 건전한 종교문화의 형성을 위한 방안

현대사회는 급격하게 변화하고 있다. 오늘날의 사회변동은 사회의 어느 한 영역에서만이 아니라 모든 영역에 걸쳐 일어나고 있으며, 그 속도 또한 점차 가속화되는 추세에 있다. 특히 교통과 통신 수단의 발달에 따른 정보화의 물결은 오랫동안 분절되어 있던 가치, 이념, 종교들의 지역적 이동을 촉진하면서, 전 세계를 '지구촌'이 아니라 '지구 가족'으로 변모시키고 있다. 따라서 사회는 급속히 다원 사회로 변화되고 있다.

이와 같은 정보화와 그에 따른 세계화의 물결은 전통적 생활양식은 물론 인간의 사회적 행위를 결정짓던 기존의 가치나 의식구조까지도 크게 변화시키고 있다. 이러한 흐름은 소위 '탈현대(post-modern)'라는 이름으로 확산되면서 기존의 종교 형태나 기능에 대해 도전한다. 따라서 이러한 흐름에 어떻게 대응하느냐 하는 것은 종교의 기능 문제뿐 아니라 종교의 정체성을 위해서도 중요한 과제가 되고 있다. 따라서 한국 사회에서 건전한 종교문화가 형성되기 위해서는 한국 종교계의 특징인 다종교 상황과 함께 정보화와 세계화의 흐름에 대한 능동적인 대처가 전제되어야 할 것이다.

이는 다음과 같은 변화를 요구한다.

그 첫째는 타 종교에 대한 새로운 인식이다. 우선, 정보화와 세계화의 물결은 종교에 관한 다양한 정보를 입수하도록 만듦으로써 '종교 정보의 붐'을 가져오면서 기존의 종교적 가치와 신념을 위태롭게 만들기도 한다.

이러한 도전에 대한 반응은 대체로 두 가지로 나타난다. 그 하나는 다원주의적 입장의 등장이다. 즉, 다양한 종교들의 이념과 윤리, 그리고 그에 바탕을 둔 신앙생활에 대한 정보는 지금까지 자신의 신앙만이 절대적으로 옳은 것이고 여타의 것들은 모두가 '사이비'이거나 '이단'이라는 기존의 배타적 태도를 더 이상 지니기 어렵게 만든다. 따라서 타 종교도 나름대로의 사회적인 선(善)과 윤리적 가치를 지니고 있다는 다원주의적 입장으로 바꾸면서 타 종교와의 대화와 협력을 강화해 나가는 방법이다. 그리고 다른 하나는 근본주의나 원리주의의 강화이다. 이질적인 수많은 종교 정보는 지금까지 자신이 지녀왔던 절대적 가치나 신앙을 훼손시킬 가능성이 있기 때문에 그에 대응하기 위해서는 자신의 종교적 신념을 더욱 강화하면서 여타의 것들은 철저하게 배척하려는 입장이다. 세계화가 촉진되면서 그리스도교 근본주의와 이슬람 원리주의가 더욱 강하게 등장하고 있는 것은 이 때문이라 할 수 있다. 세계적인 정치학자인 미국 하버드 대학의 헌팅턴(Samuel P. Huntington) 교수는 오늘날과 같은 정보화시대에는 문명 간의 이질성 때문만이 아니라 상대 문명에 대한 몰이해와 예단으로 인해 문명 간의 충돌이 발생할 가능성이 대단히 높음을 경고하고 있다.[34)]

정보화와 세계화의 물결은 타 종교에 대해 지금까지와는 다른 태도를 가질 것을 요구한다. 사회적 분절(分節)과 특수주의가 강조되던 전통사회에서는 단일 가치가 사회 통합의 근간으로 기능하며 여타의 가치는 배격된다. 그러나 정보・통신 수단의 발달에 의해 시간적・공간적 차

---

34) Samuel P. Huntington, *The Clash of Civilizations and the Remaking of World Order*, Simon & Schuster, 1996.

이가 소멸되는 오늘날에는 다양한 정보 · 이념 · 신앙이 공존할 수밖에 없다. 특히 다종교 상황을 나타내는 한국 사회에서는 다양한 종교적 신념과 신앙 양식이 존재할 수밖에 없다. 따라서 정보화와 세계화의 물결, 그리고 다종교적 상황은 여러 종교 간의 대립과 갈등보다는 이해와 협력을 요구한다. 이러한 상황에서는 자기의 절대성만을 강조하면서 여타의 것들은 배제하려는 태도는 '걸맞지 않는 사투리'가 될 수밖에 없다. 물론 이러한 흐름이나 상황 속에서 자신의 종교적 신앙을 지켜나가기 위해서는 자신의 종교적 정체성을 더욱 분명하게 할 필요가 있다. 그러나 종교적 정체성의 확립이 곧 타 종교에 대한 부정과 배척을 뜻하는 것은 아니다. 오늘의 한국 사회에서는 자기의 종교적 정체성을 지키면서 타인의 종교적 신앙도 존중하며 종교 간에 협력하는 자세가 요구되는 것이다.

둘째로는 새로운 변화의 흐름에 맞는 보편적 가치와 윤리 규범의 창출이다. 종교의 가장 중요한 기능은 인간 존엄성 · 사회정의 · 세계 평화 등과 같은 인류의 보편적 가치와 공동선 · 인간애 · 해원상생 등과 같은 윤리 규범의 제시에 있다. 한국 종교들이 새로운 시대에 맞는 보편적 가치와 윤리 규범을 제시할 수 있을 때 한국의 종교문화는 한국 사회의 발전에 기여할 수 있게 된다.

그것은 새로운 교리를 창안해 내는 것이 아니다. 그것은 창교자들의 가르침 안에서 찾아낼 수 있어야 한다. 종교 창교자들이 제시한 가치나 이념은 우연의 산물이 아니라 필연의 산물이며, 공허한 이론이 아니라 그의 처절한 고뇌와 체험 그리고 인간애가 바탕이 되어 제시된 것이다. 이것은 결코 변화될 수 없는 그 종교의 본질적인 핵이다. 필요한 것은 시대와 상황의 변화에 따라 이것을 재조명하고 재해석하는 작업이다.

종교의 생명력과 역동성은 창교 이념의 근원적인 변화가 아니라, 변화된 조건에서 그 의미와 이념을 실현시키는 구체적인 방법에 있는 것이다. 따라서 창교 이념의 본질과 그 실존적 의미를 묻는 작업은 창교 이념의 화석화(化石化)를 방지하는 작업이고, 자신의 존재 의미와 시대적 사명을 밝히는 길이며, 또한 종교의 쇄신을 향한 출발점이기도 하다.[35) 따라서 한국 종교들은 창교자들이 제시한 창교 이념의 본질과 그 실존적 의미를 되묻는 일에 충실해야 한다. 이러한 노력은 관념적인 차원을 넘어, 생활을 통해 사회적으로 구현될 수 있도록 생활 윤리로 구체화될 수 있어야 한다. 소위 '탈현대' 흐름에 부응하기 위해서는 생명 · 자연 · 환경에 대한 종교적 이념과 가치, 그리고 그에 따른 생활 윤리의 확립이 필요하다고 할 수 있다. 또한 정보화와 세계화, 그리고 다종교 상황에 필요한 '상생(相生)' 윤리도 제시될 수 있어야 할 것이다. '상생'은 한국 사회가 당면하고 있는 남북한 간의 화해와 일치, 지역 간 · 계층 간 · 세대 간, 여야(與野) 간의 갈등을 해소하고 종교 간의 이해와 협력을 이루는 데 필요한 보편 윤리라 할 수 있다. 이와 같은 '상생'의 이념을 상징화하고 그것을 구현하는 구체적인 방안을 제시하며 그에 모범적으로 투신하는 것이야말로 한국 종교들이 급변하는 사회변동의 흐름 속에서 자신의 정체성을 확립하면서 건전한 종교문화를 형성하는 최상의 방안이 될 수 있는 것이다.

셋째로는 종교는 사회적 풍조나 지배이데올로기와 일정한 거리를 지켜야 한다는 점이다. 한국의 종교문화가 저질로 평가받는 중요한 이유의 하나는 성장주의와 같은 사회적 풍조를 여과 없이 종교 내로 수용함

35) 노길명, 《한국 사회와 종교운동》, 빅벨출판사, 1988, p. 229.

으로써 종교집단이 사회의 일반적인 이익집단과 마찬가지로 변모되고 있다는 점이다.

종교와 사회 간의 관계는 여러 형태로 나타날 수 있다. 예를 들면, 도피형의 종교집단에서 보이는 바와 같이, 경험적인 현실 세계(empirical reality)를 부정하면서 초월적인 이상 세계(transcendent ideal)만을 지향할 수도 있고, 초월적인 이상 세계에는 무관심한 채 주어진 현실 문제에 집착할 수도 있다. 전자는 사회적 분리성(social disjunction)의 형태이며, 후자는 사회적 용해성(social fusion)의 형태이다. 종교와 사회 간의 바람직한 관계는 종교가 초월적이고 이상적인 성스러움을 추구하면서도 현실 사회도 중요한 의미를 갖는 것으로 인정하여 현실 세계를 이상 세계로 변화시키려 하는, 다시 말하면 분리성과 용해성 간에서 창조적 긴장 상태를 유지하는 것이다.[36] 이것은 구체적으로는 종교가 종교적 순수성을 지향하면서도 예언자적 기능을 통해 사회의 그릇된 것에 대해서는 바로잡으려는 노력을 전개함으로써 가능하다.

넷째로는 종교문제의 공론화이다. 종교는 개인의 신앙에서 출발하지만, 같은 신앙을 공유하는 사람들이 신앙공동체를 형성하면 사회집단으로서의 성격을 지니게 된다. 종교는 궁극적 또는 초월적 세계를 지향한다는 점에서 신성한 성격을 지니지만, 하나의 사회집단이라는 점에서는 사회적 책임을 지닐 수밖에 없다.

종교가 종교로서의 사회적 책임을 수행하지 못하거나 각종 비리 또는 일탈 행동을 일으킬 경우에는 일반 사회집단들과 마찬가지로 사회적으

36) 로버트 벨라, 《사회변동의 상징구조》, 박영신 옮김, 삼영사, 1981, pp. 172-175(Robert N. Bellah, "Epilogue", Robert N. Bellah(ed.), *Religion and Progress in Modern Asia*, Free Press, 1965).

로 비난이나 제재를 받아야 함은 당연하다. 그러나 비리나 일탈 행동을 발생시킨 종교들 중에는 자신의 교리에 입각한 판단과 초월적 가치를 내세워 세속적인 비판과 사법적인 처리를 거부하려는 경향을 나타내기도 한다. 즉, 종교의 이름을 앞세워 성역화(聖域化) 하며 초법적 성격을 지니려 하는 것이다. 언론기관이 종교적 비리나 문제를 보도할 경우, 수많은 신도들이 조직적으로 언론기관을 점거하여 농성하는 것은 이와 같은 성역화의 단적인 예라 할 수 있다. 이러한 성역화의 경향은 종교로부터 지원을 얻으려는 정치 세력과 종교집단과의 갈등을 회피하려는 언론을 비롯한 사회적 여론 형성 세력(social opinion making group)의 무관심으로 인해 더욱 강화되기도 한다.[37] 성직자에 대한 비공식적인 갑근세 면제, 종교시설과 종교기관에 대한 각종 특혜 및 감독체계의 부실, 종교문제에 대한 보도 기피 등은, 종교의 성역화가 종교뿐 아니라 한국사회의 정치사회적 여건과 한국 지성계의 문제들이 결합된 것이라는 점을 잘 나타내고 있다.[38]

종교문제를 예방하기 위해서는 종교문제를 사회적 공론에 회부하는 것이 필요하다. 사회적 공론은 종교단체들로 하여금 자신의 신념과 운영 체계에 대한 외부로부터의 비판과 경계를 적극적으로 수용함으로써 종교문제의 발생을 스스로 예방토록 하는 한편, 사회적으로는 다종교 상황에서 종교의 존재 양식에 대한 새로운 질서를 창출케 할 수 있다. 뿐만 아니라, 종교의 공론화는 종교가 다원주의 사회의 형성은 물론 도덕적 사회를 지향하는 데에도 중요한 역할을 수행하도록 촉진하는 요인

37) 노길명, 〈종교문제〉, 김영모 편, 《현대사회문제론》, 고헌출판사, 2000, pp. 368-369.

38) 윤이흠, 앞의 논문, pp. 213-215.

이 될 수 있다.[39]

건전한 종교문화의 형성을 위해서는 다양한 노력이 필요하다. 종교계의 자정(自淨) 노력뿐 아니라 그것을 뒷받침할 수 있는 법적·제도적 장치도 따라야 한다. 그러나 보다 중요한 것은 신앙인들 각자의 종교의식이 보다 성숙되어야 한다는 것이다.

그동안 전 세계적으로 찾아보기 어려울 정도의 양적 성장을 보여 온 한국 종교계가 최근에 이르러 종교의 존재 이유마저 운위될 정도로 정체성의 위기를 맞게 된 가장 근본적인 원인은 한국 종교문화가 지닌 특성 때문이라 할 수 있다. 특히 광복 이후 지배이데올로기와 사회 풍조의 한국 종교계로의 유입은 한국의 종교문화를 세속문화와 구별하기 어렵게 만들었으며, 그 결과 한국 종교계는 많은 문제들을 나타내면서 정체성마저도 위협받고 있다.

종교의 중요한 기능은 개인에게 삶의 의미와 방법을 제시해 주고 질병, 고통, 죽음 등과 같이 일상생활에서 직면하게 되는 여러 경험들을 해석하도록 도와줌으로써 인성의 통합과 삶의 조직화에 기여하는 것이다. 또한 종교는 보편적 가치와 윤리 규범의 제시를 통해 사회의 통합과 발전에 기여한다.

그러나 이러한 종교의 사회적 기능은 건전한 종교문화를 바탕으로 하지 않고서는 수행되기 어렵다. 건전한 종교문화를 바탕으로 하지 못하는 종교의 가르침이나 주장은 도덕적 정당성을 가질 수 없으며 따라서 그들이 전개하는 사업이나 활동 또한 사회적으로 동의를 얻기 어렵

39) 위의 논문, pp. 232-233.

다. 그럴 경우, 종교의 존립 기반은 약해질 수밖에 없게 된다. 그동안 세계적으로 주목을 받아 온 한국 종교계의 양적 성장세가 최근 들어 정체되거나 감소세로 돌아서고 있는 것은 이를 잘 나타낸다. 따라서 건전한 종교문화의 형성이야말로 한국 종교계가 직면한 가장 중요한 과제라 할 수 있다.

한국 종교계가 건전한 종교문화를 형성하기 위해서는 정보화와 세계화로 특징지어지는 변화의 물결과 함께 다종교 상황이라는 한국적 현실에 적응할 수 있어야 한다. 그것은 종교 간의 이해와 협력, 시대 상황에 대응할 수 있는 보편적 가치와 윤리의 제시, 사회적 풍조들과의 거리 유지, 종교문제의 공론화 등을 통해 이루어질 수 있으며, 이런 작업을 통해 건전한 종교문화는 형성될 수 있는 것이다.

## 참고문헌


■ **단행본**

《갱정유도개설》. 갱정유도성당, 단기 4322(1989).

《대종교 중광 60년사》. 대종교총본사, 1971.

《동경대전》.

《명동천주교회 2백년사 제1집 – 한국가톨릭인권운동사》. 명동천주교회, 1984.

《문선명 선생 강연선집》. 성화사, 1980.

《삼국유사》.

《원불교전서》. 원불교중앙총부 교정원, 1989.

《천도교 요의》. 천도교중앙총부 출판부, 1988.

《통일세계》. 세계기독교통일신령협회, 1979.

《한국 개신교인의 교회활동과 신앙의식 – '98 한미준 - 한국 갤럽 조사보고서》. 두란노, 1999.

《한국 신흥 및 유사종교실태조사보고서》. 문화공보부, 1970.

《한국가톨릭대사전》. 한국교회사연구소.

《한국민족문화대백과사전》. 한국정신문화연구원.

《한국민족종교총람》. 한누리, 1992.

《한국사》. 국사편찬위원회.

《한국의 종교현황》. 문화관광부, 2000.

《현대의 복음선교》.

《홍암신형조천기》. 대종교총본사, 개천 4428(1971).

강만길. 《한국근대사》. 창작과비평사, 1984.

강성학. 《시베리아 횡단열차와 사무라이》. 고려대학교출판부, 2000.

강인철. 《한국 기독교회와 국가 · 시민사회 – 1945-1960》. 한국기독교역사

연구소, 1996.
김남식 편. 《네비우스 선교방법》. 성광문화사, 1990.
김　녕. 《한국정치와 교회-국가 갈등》. 소나무, 1996.
김성건. 《종교와 이데올로기》. 민영사, 1991.
김옥희. 《최양업 신부와 교우촌》. 학문사, 1983.
김진소. 《신바람 사는 보람》. 한국교회사연구소, 1987.
김항제. 《통일교의학연구 I》. 선문대학교 출판부, 2000.
김홍철 외. 《한국신종교실태조사 보고서》. 원광대학교 종교문제연구소, 1997.
노기남. 《나의 회상록》. 가톨릭출판사, 1969.
______. 《당신의 뜻대로》. 휘문출판사, 1978.
노길명. 《가톨릭과 조선 후기 사회변동》. 고려대학교 민족문화연구소, 1988.
______. 《민족사와 천주교회》. 한국교회사연구소, 2005.
______. 《한국 사회와 종교운동》. 빅벨출판사, 1988.
______. 《한국신흥종교연구》. 경세원, 1996.
______. 《한국의 신흥종교》. 가톨릭신문사, 1988.
노길명 · 이재민. 《통일교. 그 실상과 오해》. 사목연구소, 1991.
노길명 외. 《문화인류학의 이해》. 일신사, 1998.
망원한국사연구실. 《19세기 농민항쟁분과 1962년 농민항쟁》. 동녘, 1988.
민경배. 《한국 기독교회사》. 대한기독교서회, 1976(1972).
______. 《한국민족교회형성사론》. 연세대학교 출판부, 1974.
______. 《한국의 기독교회사》. 대한기독교서회, 1968.
변태섭 외. 《전통시대의 민중운동》. 상 · 하. 풀빛, 1981.
박문수 · 주원준. 《한국의 종교문화와 뉴에이지 운동》. 바오로딸, 1998.
백낙준. 《한국개신교사》. 연세대학교 출판부, 1979.
불교문화연구원 편. 《한국미륵사상연구》. 동국대학교 출판부, 1987.
四方博. 《이조 인구에 관한 신분계급별적 관찰》. 이화여자대학교 사회학과 역. 1962.
세계기독교통일신령협회. 《원리강론》. 성화사, 1966.
____________________. 《원리강의안》. 성화사, 1982.

손정윤. 《개벽과 은혜의 성자 소태산 대종사》. 소태산대종사탄생 백주년 성업봉찬회, 1991.
신복룡. 《전봉준의 생애와 사상》. 양영각, 1982.
신철호. 《한국중흥종교 교조론－홍암 나철 대종사》. 대종교총본사, 1992.
심일섭, 《한국 민족운동과 기독교 수용사고－민족·교회·토착화》. 아세아문화사, 1982.
안병태. 《한국 근대경제와 일본제국주의》. 백산서당, 1982.
안응렬·최석우 공역. 《한국 천주교회사》. 중·하. 분도출판사, 1980.
양도천. 《공회송가》. 하나님의집공회, 천기 4년.
오경환. 《종교사회학》. 서광사, 1990.
유동식. 《한국 종교와 기독교》. 대한기독교서회, 1977.
윤경로. 《한국 근대사의 기독교사적 이해》. 역민사, 1992.
윤사순. 《동양사상과 한국사상》. 을유문화사, 1984.
윤승용. 《현대 한국 종교문화의 이해》. 한울아카데미, 1997.
윤이흠. 《한국 종교연구》. 2. 집문당, 1988.
이광린. 《한국개화사 연구》. 일조각, 1974.
이기백. 《한국사신론》. 일조각, 1978.
이뢰자. 《인간의 종말》. 새일수도원.
이용원. 《제2공화국과 장면》. 범우사, 1999.
이원규. 《기독교의 위기와 희망－종교사회학적 관점》. 대한기독교서회, 2003.
______. 《한국 교회 무엇이 문제인가》. 감리교신학대학교 출판부, 1998.
______. 《한국 교회 어디로 가고 있나》. 대한기독교서회, 2000
______. 《한국 교회의 현실과 전망》. 성서연구사, 1994.
이원순. 《조선서학사연구》. 일지사, 1986.
______. 《조선시대사 논집－안과 밖의 만남의 역사》. 느티나무, 1992.
______. 《한국 천주교회사 연구》. 한국교회사연구소, 1986.
정석종. 《조선 후기 사회변동 연구》. 일조각, 1983.
정대철. 《장면은 왜 수녀원에 숨어 있었나》. 동아일보사, 1997.
정재식. 《의식과 역사－한국의 문화전통과 사회변동》. 일조각, 1991.
조 광. 《조선 후기 천주교사 연구》. 고려대학교 민족문화연구소, 1988.

조 광. 《한국천주교 200년》. 햇빛출판사, 1989.
차기진. 《조선 후기 서학과 척사론 연구》. 한국교회사연구소, 2002.
최석우. 《한국 천주교회의 역사》. 한국교회사연구소, 1982.
천도교정통연원회 편. 《천도교정통약사》. 정통출판사, 1992.
최재석. 《한국가족제도사연구》. 일지사. 1983.
탁명환. 《한국의 신흥종교－기독교 편(상)》. 신흥종교문제연구소, 1972.
한국사상연구회. 《한국사상사의 주류》. 경인문화사, 1975.
한국사회학회 편. 《한국 사회 어디로 가고 있나》. 현대사회연구소, 1983.
한국산업사회연구회 편. 《한국 사회와 지배이데올로기》. 녹두, 1991.
허흥식. 《고려불교사 연구》. 일조각, 1986.
홍승직 외. 《한국 사회개발연구》. 고려대학교 아세아문제연구소, 1983.
홍장화. 《천도교운동사》. 천도교중앙총부, 1990.
황선명. 《민중종교운동사》. 종로서적, 1980.
_____. 《조선조 종교사회사 연구》. 일지사, 1985.

시마조노 스스무(島薗進). 《현대 일본 종교문화의 이해－현대종교구원론》. 박규태 옮김. 청년사, 1997.
____________________. 《精神世界の ゆくえ：現代世界と 新靈性運動》. 東京堂出版, 1999.

Berger, Peter L. *The Sacred Canopy*. Garden City. Doubleday & Company, 1969.
Bellah, Robert N. & Phillp E. Hammond, eds. *Varieties of Civil Religion*. Harper & Row, 1980.
Clark, C. A. *The Korean Church and Nevius Methods*. Fleming H. Revell, 1930.
Clouse, Robert G., ed. *The Meaning of the Millennium*. (로버트 G. 클라우스. 《천년왕국》. 권호덕 옮김. 성광문화사, 1980)
Cohn, Norman. *The Pursuit of Millennium*. Oxford University Press, 1977.
Dallet, C. H. *Histoire de l'Eglise de Corée*. Victor Palme, 1874.
Durkheim, Emile. *Suicide*. Free Press, 1966.

Gasset, Ortega y. *La Rebelion de las Masas.* 1930.

Gordon, Melton. J. *New Age Encyclopedia.* Detroit : Gale Research Inc., 1990.

Huntington, Samuel P. *The Clash of Civilizations and the Remaking of World Order.* Simon & Schuster, 1996.

Luckmann, Thomas. *Invisible Religion.* The Mamillan Company, 1967.

Marcuse, Herbert. *One-Dimensional Man.* Beacon Press, 1964.

Moffett, S. H. *The Christians of Korea.* Friendship Press, 1962.

Queiroz, Maria Isaura Pereira de. *Réforme et Révolution dans les sociétés traditionnelles : histoire et ethnologie des mouvements messiaques.* Editions Anthropos, 1968. (페레이라 데 케이로즈. 《세계의 메시아운동》. 이상률 옮김. 청아출판사. 1992)

Sandeen, Ernest R. *The Roots of Fundamentalism : British and American Millenarianism 1800-1930.* The University of Chicago Press, 1970.

Spengler, Oswald. *The Decline of The West.* 1922.

Thompson, Damian. *The End of Time.* Sheil Land Associates Ltd., 1996. (데미안 톰슨. 《종말》. 이종인·이영아 옮김. 푸른숲, 1999)

Toffler, Alvin. *The Third Wave.* Bantam, 1980.

Weber, Max. *The Sociology of Religion.* Trans. by Ephraim Fischoff. Beacon Press, 1963.

Yang, C. K. *Religion in Chinese Society.* University of California Press, 1961.

Yinger, J. Milton. *The Scientific Study of Religion.* Macmillan, 1970.

## ■ 논문

강돈구. 〈미군정의 종교정책〉. 《종교학연구》. 12. 1993.

______. 〈한국 신종교의 역사관〉. 《현대 한국 종교의 역사관》. 한국정신문화연구원, 1997.

강인철. 〈한국전쟁기 반공이데올로기 강화. 발전에 대한 종교인의 기여－천주교를 중심으로〉. 한국사회학회 편. 《한국전쟁과 한국 사회변동》, 풀빛. 1992.

강진철. 〈고려 말기의 사전 개혁과 그 성과〉. 《진단학보》. 66. 1988.

고성훈. 〈정조조 정감록 관련 역모사건에 대하여－이경래 · 문인방 사건을 중심으로〉. 《역사학의 제 문제－하석 김창수 교수 화갑기념 사학논총》. 범우사, 1992.

고흥식. 〈고종조 병인교난 연구〉. 고려대학교 교육대학원 석사학위논문. 1986.

_____. 〈병인교난기 신도들의 신앙－《捕盜廳謄錄》을 중심으로〉. 《교회사 연구》. 6. 1988.

금장태. 〈한국 유교의 변동과 현황에 관한 조사연구〉. 한국정신문화연구원 편. 《사회변동과 한국의 종교》. 한국정신문화연구원, 1987.

길희성. 〈21세기 한국 종교문화의 전망과 과제〉. 《21세기 한국 사회와 종교문화》. 사단법인 가톨릭종교문화연구원 제2회 학술세미나 발표논문집. 1999.

김광식. 〈기독교 토착화 시안〉. 《한국의 신학사상》. 대한기독교서회. 1983.

_____. 〈대한불교 조계종의 성립과 역사적 의의〉. 대한불교 조계종 · 교육원 · 중앙종회 · 불교신문사 공동주최. 《통합종단 출범 40주년기념 학술세미나 자료집》. 2002.

김광일. 〈한국신흥종교의 사회심리학적 고찰〉. 《대화》. 39. 1973.

김　녕. 〈장면과 가톨릭교회. 그리고 시민사회－이상과 현실〉. 《운석 장면과 제2공화국이 우리에게 남긴 것은?》. 운석 장면연구회 · 경기사학회 공동주최 운석 장면과 제2공화국 관련 학술회의 발표논문집. 2001.

김무경. 〈단학선원－신화의 회귀와 '카리스마의 일상화'〉. 《한국 종교연구》. 2. 2000.

김삼용. 〈미륵신앙의 원류와 전개〉. 《한국사상사학》. 6 : 《미륵사상의 본질과 전개》. 1994.

김상현. 〈진표의 미륵신앙과 그 역사적 의의〉. 《제1회 미륵사상학술세미나 주제논문집》. 사단법인 미륵사상연구협의회, 1998.

김성건. 〈종말론 대두에 관한 사회학적 분석－최근 한국에 등장한 시한부 종말론을 중심으로〉. 《사회과학연구》. 5. 1992.

김성환. 〈한국불교의 회고와 반성〉. 《정세연구》. 1994. 6.

김영호. 〈실학과 개화사상의 관련문제〉. 《한국사연구》. 8. 1972.

김용복. 〈해방 후 교회와 국가〉. 한국기독교사회문제연구소 편. 《국가권력과 기독교》. 민중사, 1982.

김종서. 〈서양 신종교의 이해〉. 김종서 외 2인. 《현대 신종교의 이해》. 한국정신문화연구원, 1994.

김홍철. 〈갱정유도의 새세계 건설이념과 방향〉. 사단법인 한국민족종교협의회 편. 《새천년 민족종교의 진로 – 한국민족종교총론》. 늘하늘, 2000.

_____. 〈신종교학 연구 어디까지 왔나〉. 한국종교학회 편. 《해방 후 50년 한국 종교연구사》. 창, 1997.

_____. 〈한국 신종교의 미륵신앙〉. 《한국사상사학》. 6. 1994.

김흥수. 〈한국전쟁의 충격과 기독교회의 기복신앙 확산에 관한 연구〉. 서울대학교 대학원 종교학과 박사학위논문. 1998.

노길명. 〈개화기의 한국가톨릭교회와 국가간의 관계 – 한국 교회의 정책. 활동 및 그 결과를 중심으로〉. 《가톨릭사회과학연구》. 4. 1987.

_____. 〈광복 이후 한국 가톨릭교회와 국가 간의 관계〉. 《교회와 역사》. 147. 1987.

_____. 〈광복 이후 한국 신종교운동의 전개와 연구 동향〉. 《종교와 문화》. 3. 1997.

_____. 〈광복 이후 한국 사회의 지배이데올로기와 교회〉. 《한국 천주교회사의 성찰과 전망 2 – 해방 공간과 한국전쟁을 중심으로》. 한국천주교중앙협의회, 2001.

_____. 〈구조・기능적 측면에서 본 한국 기독교의 수용과정〉. 《인간과 미래》. 중앙신학교 출판부, 1977.

_____. 〈근대 민족사에 대한 갱정유도의 대응〉. 사단법인 한국민족종교협의회 편. 《새천년 민족종교의 진로》. 늘하늘, 2000.

_____. 〈기 수련 운동의 전개와 성격〉. 《월간 레지오 마리애》. 190. 2004.

_____. 〈동학에서의 신 관념의 체계화 과정〉. 《인문대논집》. 13. 1995.

_____. 〈박해기 개화기의 한국 천주교회와 사회개발〉. 《한국 천주교회창설 2백주년 기념 한국 교회사 논문집》. 1. 한국교회사연구소, 1984.

_____. 〈새천년 한국 종교지도자의 과제와 역할〉. 《새천년맞이 민족정신선양운동 학술연구발표회 발표논문집》. 사단법인 한국민족종교협의회, 2000.

노길명. 〈시한부 종말론의 배경과 성격－'1992년 종말론'을 중심으로〉. 오태순 신부 은경축기념논문집 간행위원회 편. 《한국 사회와 복음선교》. 빅벨, 1994.
______. 〈신영성운동의 세계관〉. 《월간 레지오 마리애》. 192. 2004.
______. 〈신영성운동의 전개와 성격〉. 《인천가톨릭대학교 논문집－누리와 말씀》. 12. 2002.
______. 〈신영성운동의 확산 이유〉. 《월간 레지오 마리애》. 195. 2004.
______. 〈신종교 II－기독교계〉. 《한국 민속의 세계》. 10. 고려대학교 민족문화연구원, 2001.
______. 〈신흥종교 창시자와 추종자의 사회적 배경과 그들간의 관계－증산교를 중심으로〉. 《증산사상연구》. 3. 1977.
______. 〈신흥종교－기독교계〉. 《한국민속대관》. 3. 고려대학교 민족문화연구소, 1982.
______. 〈신흥종교운동의 교리와 사상〉. 임희섭·박길성 공편. 《오늘의 한국 사회》. 나남, 1993.
______. 〈종교문제〉. 김영모 편. 《현대사회문제론》. 고헌출판시, 2000.
______. 〈한국 그리스도교의 성격 형성과 사회개발 사업〉. 홍승직 외. 《한국 사회개발연구》, IX. 고려대학교 아세아문제연구소, 1983.
______. 〈한국 신종교운동의 전개과정〉. 《한국 종교》. 23. 1998.
______. 〈한국 신종교운동의 성격－용어문제를 중심으로〉. 《대순사상논총》. 대진대학교 부설 대순사상학술원, 1999.
______. 〈한국 신흥종교운동의 성격과 종교문화의 변용〉. 《사목》. 207. 1996.
______. 〈한국 신흥종교의 민족의식과 사회변동－초기 증산교운동을 중심으로〉. 《인문대논집》. 15. 1997.
______. 〈한국 신흥종교운동의 사상적 특성〉. 《종교신학연구》. 2. 1989.
______. 〈한국 종교문화의 성격과 과제〉. 《정산종사탄생 100주년 기념 국제학술회의 발표논문집－미래사회와 종교》. 원광대학교, 2000.
______. 〈1950년대 한국 사회변동과 명동성당〉. 《민족사와 명동성당》. 명동성당 축성 100주년 기념논문집. 천주교서울대교구 주교좌명동교회, 2001.

노치준. 〈일제하 한국 개신교운동의 사회학적 연구〉. 서울대학교 대학원. 1982.

박승길 · 강인철. 〈해방 후 한국 사회변동과 종교〉. 《해방 후 한국 사회의 구조적 변동과 사회발전》. 한국사회학회 · 한국사회사학회 공동주최, 광복 50주년기념 학술대회 발표논문집. 1995.

島薗進. 〈신영성문화와 종교전통〉. 《미래사회와 종교》. 정산종사탄생 100주년 기념 국제학술대회 발표논문집. 원광대학교, 2000.

류대영. 〈개신교에 대한 개화기 지식인들의 태도와 근대성 문제〉. 《종교문화비평》. 4. 2003.

민경배. 〈한국 근대문화와 기독교의 형태 및 그 영향범위〉. 《한국사학》. 1. 1980.

박규태. 〈일본의 현대종교에 관한 몇 가지 쟁점 — 정신세계 · 신영성운동. 신신종교〉. 《신종교연구》. 3. 2000.

박문수. 〈한국 가톨릭교회의 내적 쇄신과 구조조정의 방향〉. 《아시아 경제위기와 교회의 역할 — IMF. 인권과 교회》. 아시아 경제위기와 교회의 역할에 관한 국제 포럼 · 사단법인 우리신학연구소 · 국제가톨릭 지식인 문화운동. 1998.

박상언. 〈과학시대의 치유의 신을 찾아서 — 단학선원을 중심으로〉. 《한국종교연구》. 6. 2004.

박승길. 〈해방 이후 한국인의 종교생활과 종교사회학〉. 안계춘 편. 《한국사회와 사회학》. 나남, 1998.

배재민. 〈불교정화운동의 현재적 조명〉. 《불교와 한국 사회》. 3. 1989.

서광선. 〈한국 기독교와 반지성〉. 김용복 외. 《한국 기독교와 제3세계》. 풀빛, 1981.

서우석. 〈중산층 대형교회에 관한 연구〉. 서울대학교 대학원 석사학위논문. 1993.

서종태. 〈병인교난기 신도들의 사회적 배경과 신앙의 성격〉. 제120회 한국교회사 연구발표회 발표요약문. 1999.

石井壽夫. 〈고종조의 조선 천주교와 그 박해 — 특히 포도청 등록을 소재로 하여〉. 《한국 천주교회사 논문선집》. 2. 1977.

손인수. 〈한국 근대교육의 유형 · 보급과 그 실태〉. 《한국교육연구》. 1. 1980.

송병기. 〈19세기말 근대의식의 성장〉. 《한국사학》. 1. 1980.
신일철. 〈《정감록》 해제〉. 《세계사상전집》. 41 : 《한국의 민속 · 종교사상》. 삼성출판사, 1977.
심일섭. 〈한말 개화사상과 기독교의 수용과정에 관한 연구〉. 《신학사상》. 28. 1980.
양은용. 〈근대 한국의 도참사상〉. 숭산 박길진박사 고희기념사업회. 《한국 근대종교사상사》. 원광대학교 출판국, 1984.
우혜란. 〈서구의 '뉴에이지' 연구 동향〉. 《종교문화비평》. 5. 2004.
_____. 〈한국 현대 종교현상의 연구와 종교학 개념의 문제-'영성(spirituality)'에 대한 논의를 중심으로〉. 한신대학교 인문학연구소 주최, 제6회 한신 종교문화 포럼발표문. 2005.
원재연. 〈박해시대 천주교 신자들의 사회 · 경제적 생활-《邪學漢家舍汁物放賣成冊》의 분석을 중심으로〉. 《교회와 역사》. 288. 1999.
윤병철. 〈조선 후기 유랑지식인의 사회사적 의미〉, 《정신문화연구》. 제20권 제4호(통권69호). 한국정신문화연구원, 1997.
윤이흠. 〈종교의 성역화와 사회적 공론〉. 임종철 외. 《한국 사회의 비리》. 서울대학교 출판부, 1994.
이광린. 〈개화기의 개신교관〉. 《역사학보》. 66. 1975.
이광순. 〈한국 교회의 위대한 선교적 세기〉. 《기독교사상》. 491. 1999.
이기백. 〈진표의 미륵신앙〉. 《신라사상사연구》. 일조각, 1986.
이만열. 〈개신교의 전래와 일제하의 교회와 국가〉. 《국가권력과 기독교》. 민중사, 1982.
이보연. 〈이조 말기에 있어서의 한국과 미국〉. 《아세아연구》. 제X권 제2호. 1967.
이영숙. 〈진보적 개신교 지도자들의 사회변동 방안 연구〉. 한국사회사연구회. 《현대 한국의 종교와 사회》. 문학과지성사, 1992.
이원규. 〈한국 종교계의 문제와 개혁 과제〉. 한국사회학회 엮음. 《한국 사회개혁의 과제와 전망》. 샛길, 1994.
이원순. 〈명 · 청말 한역서학서의 한국사상적 의의〉. 《한국 천주교회사논문선집》. 2. 한국교회사연구소, 1978.
이태진. 〈휴전고〉. 《한국학보》, 10. 1978.

이태진. 〈14-15세기 농업기술의 발달과 신흥 사족〉. 《동양학》. 9. 1979.
인곡 황성모박사 화갑기념논문집간행위원회 편. 《사회구조와 사회사상》. 심설당, 1986.
장병길. 〈아메리카 포교와 한국 그리스도교에 대한 영향〉. 《아세아연구》. 제X권 제2호. 1967.
장영민. 〈유랑지식인과 사회변혁운동〉. 《정신문화연구》. 제20권 제4호(통권69호). 한국정신문화연구원, 1997.
전명수. 〈신영성운동에 대한 종교사회학적 고찰〉. 《한국 사회》. 5. 2004.
정대위. 〈한국 사회에 있어서의 종교혼합〉. 《사상계》. 1960년 3월.
정석종. 〈숙종조의 사회동향과 미륵신앙〉. 《조선 후기사회변동 연구》. 일조각, 1983.
______. 〈조선 후기 숙종 연간의 미륵신앙과 사회운동〉. 《한우근박사 정년기념사학논총》. 1983.
정순우. 〈조선 후기 유랑지식인 형성의 사회문화적 배경〉. 《정신문화연구》. 제20권 제4호(통권69호). 한국정신문화연구원, 1997.
정태환. 〈전통적 정치변동의 국내·외적 역학(I) — 유교정치의 전개과정을 중심으로〉. 《고려사회학논집》. 3. 1985.
______. 〈한국의 정치사회적 변동과 이념적 갈등〉. 《인문대논집》. 12. 1994.
조 광. 〈1960년대 명동성당의 존재 이유〉. 《민족사와명동성당》. 명동성당 축성 100주년 기념논문집. 천주교서울대교구주교좌명동교회. 2001, pp. 208-209.
______. 〈신유박해의 분석적 고찰〉. 《교회사 연구》. 1. 1977.
______. 〈한국 근대문화의 실학적 기초〉. 《한국사학》. 1. 1980.
조성윤. 〈1898년 제주도 민란의 구조와 성격 — 남학당의 활동과 관련하여〉. 한국사회사연구회. 《한국 전통사회의 구조와 변동》. 문학과지성사, 1986.
조용헌. 〈진표율사 미륵사상의 특징〉. 대산 김상룡박사 고희기념논총간행위원회 편. 《마한·백제문화와 미륵사상》. 원광대학교 출판국, 1994.
진재교. 〈이조후기 유랑지식인의 문학사적 의미〉. 《정신문화연구》. 제20권 제4호(통권69호). 한국정신문화연구원, 1997.

차기진. 〈최양업 신부의 생애와 선교 활동의 배경〉. 《교회사 연구》. 14. 1999.

차성환. 〈고려 말 조선 초 가치체계의 변동과 사회계층〉. 《사회학연구》. 1. 1984.

최만자. 〈논평－평화 생명 여성 주제를 통한 대화와 협력의 시대를 여는 계기가 되기를〉. 《새길교회 창립 15주년기념 세미나 발표집－이웃종교에서 보는 한국 기독교》. 사단법인 새길기독사회문화원, 2002.

최순식. 〈백제 유민의 저항운동과 미륵신앙의 변천과정－전북 모악산 금산사를 중심으로〉. 한국사상사학회 발표논문. 1992.

최용규. 〈을해·병오 교난기 천주교도의 분석적 고찰－1802~1846년을 중심으로〉. 《교회사 연구》. 6. 1988.

최준식. 〈한국의 종교. 그 존재 당위성의 여부 문제에 관하여〉. 《종교연구》. 18. 1999.

한명기. 〈사회세력의 위상과 저항〉. 《조선정치사. 1800~1863》. 청년사, 1990.

한승조. 〈신흥민족종교에 담겨진 한국 사회의 미래상〉. 《제1회 한국학 국제학술회의 논문집》. 한국정신문화연구원, 1979.

한완상. 〈교회 양적 성장에 대한 사회학적 고찰〉. 서광선 외 공저. 《한국교회 성령운동의 현상과 구조》. 대화출판사, 1982.

한용희. 〈한국 사회와 가톨릭 정치윤리〉. 《가톨릭사회과학연구》. 1. 1983.

함세웅. 〈1970년대 가톨릭 사회정의 구현활동과 평가〉. 《가톨릭사회과학연구》. 3. 1984.

홍범초. 〈증산의 천지공사에 나타난 미륵사상〉. 《한국사상사학》. 6 : 《미륵사상의 본질과 전개》. 1994.

황석영. 〈미륵의 세상. 사람의 세상〉. 김지하 외. 《미륵사상과 민중사상》. 한진출판사, 1988.

西山茂. 〈新宗教の現況－〈脫近代化〉にせけた意識變容の視座から〉. 《歷史公論》. 5-7. 1979.

井上順孝. 〈'新新宗教概念の學術的有效性について'へのリプライ〉. 《宗教と社會》. 3. 〈宗教と社會〉學會, 1997.

Bellah, Robert N. "Epilogue". Robert N. Bellah, ed. *Religion and Progress in Modern Asia.* Free Press, 1965. (로버트 벨라. 《사회변동의 상징구조》. 박영신 옮김. 삼영사, 1981)

______________. "Religious Evolution". in *American Sociological Review,* 29. 1964.

Coleman, John A. "Civil Religion". in *Sociological Analysis.* vol. 31. 1970.

Coleman, John A. & G. Baum, eds. *New Religious Movement.* The Seabury Press, 1983.

Oosterwal, Gottifried. "Messianic Movements". *Philippine Sociological Review.* vol. XVI. January-April. 1968.

# 찾아보기

한국의 종교운동

초판 발행 2005년 9월 10일
초판 5쇄 2017년 9월 15일
지은이 노길명
펴낸곳 고려대학교출판문화원
www.kupress.com
kupress@korea.ac.kr
02841 서울특별시 성북구 안암로 145
02-3290-4230, 4232
Fax 923-6311
찍은곳 네오프린텍(주)

ISBN 89-7641-555-8 03200

값 15,000원

* 잘못 만들어진 책은 바꿔드립니다.